国家出版基金项目
NATIONAL PUBLICATION FOUNDATION

大時代書系

主编◎厉以宁 艾丰 石军

中国新型城镇化理论与实践丛书

新型城镇化与农地制度改革

中国新型城镇化理论与实践丛书
编委会

总 序

2012 年 11 月，中国共产党第十八次代表大会提出，中国要推进“新型城镇化”。

2013 年 12 月，中共中央召开了新中国成立以来的第一次城镇化工作会议。

2014 年 3 月，中共中央、国务院印发了《国家新型城镇化规划（2014—2020 年）》。

我国进入了新型城镇化重要时期。

习近平同志在中央城镇化工作会议上的讲话指出，推进新型城镇化是解决农业、农村、农民问题的重要途径，是推动区域协调发展的有力支撑，是扩大内需和促进产业升级的重要抓手，对全面建成小康社会、加快社会主义现代化具有重大的现实意义和深远的历史意义。李克强同志多次强调，新型城镇化是现代化的必由之路和必需之策。

到目前为止，成功实现工业化、城镇化进而达到现代化的发达国家，人口加起来总共约 10 亿。如果到 21 世纪中叶，中国城镇化率达到 80%，转移人口将达到12 亿左右，超过发达国家的人口总和，其规模之宏大和问题之复杂，在世界城镇化历史上是空前的。顺利完成中国城镇化，堪称中国历史发展的奇迹，也是世界发展史上的奇迹。

顺利推进新型城镇化，关键在于理论和实践的结合。它包括几个层次：

一是掌握城镇化的基本规律。

二是找到中国城镇化的特殊规律。

三是认识新型城镇化的内涵和要求。

四是根据以上认识，作出相应的决策，包括战略、规划、政策和措施。

五是在实施过程中，根据实践经验不断深化认识和改进操作。新型城镇化是一个新事物，没有现成的套路可以照搬，必须在理论和实践的结合中，不断前进。

本着为新型城镇化作出一份贡献的宗旨，特编辑出版了这套“中国新型城镇化理论与实践丛书”。

一、世界城镇化进程基本规律

世界城镇化已经有了 260 年的历史，贯穿了人类社会工业化和现代化的整个历程。其内在基本规律可以概括如下：

城镇化的基本矛盾是要素整合和空间配置的关系。社会生产力的发展靠要素整合，而要素整合离不开空间配置。要素整合和空间配置的互动互促，是城镇化的实质。

（一）六个要点

由此基本矛盾派生出城镇化基本规律的六个要点：

一个根据。劳动生产率。人类社会进步的基本动因是劳动生产率提高。工业靠人口的城镇聚集提高劳动生产率，农业靠减少农村人口提高劳动生产率。这是城镇化的基本根据。

二力协调。工业的拉力和农业的推力。农村人口转移是靠一拉一推实现的。而且，拉力和推力必须协调，二力不协调就会出现问题。

三个要素。人、业、地是城镇化的三个基本要素。人是核心，业是支撑，地是载体。所谓城镇化就是恰当运作这三个基本要素，以达到社会进步的目的。

四类主体。政府、企业、居民、智库。城镇化是这四类主体协作参与的社会工程。在发挥市场配置资源的决定性作用和更好地发挥政府作用的原则下，由政府统领，这四类主体各就各位、各尽所能、互相协作、形成合力，才能顺利推进城镇化。

五种杠杆。资源、资金、技术、文化、谋略。这些杠杆要素在城镇化的实施中，分别起着依托、融合、提升、活力、统筹的作用。

一个成果。现代化城镇体系建设。城镇体系包括宏观体系、中观体系、微观体系。城镇体系也包括实体体系、关系体系、文化体系。

（二）五项原则

分析世界各国城镇化经验教训，可以总结出五项原则：

1. **有序原则。**城镇化基本按照“地点转换，职业转换，身份转换”的顺序进行。

2. **同步原则。**城镇化进程要与产业支撑同步发展。

3. **渐进原则。**城镇化是一个自然发展过程，不可操之过急。

4. **匹配原则。**城镇化的模式要与国情相匹配。

5. **持续原则。**城镇化进程要可持续，城镇发展要可持续。

六个要点和五项原则，可以成为对城镇化规律的基础性认识。

二、中国城镇化历程

中国城镇化的伟大历史进程已经清晰地展现在我们眼前。

过去 65 年，中国城镇化走过了曲折发展的道路。

1. **新中国成立初期 10 年。**新中国成立初期 10 年，城镇化启动，城镇化率从 1949 年的 10.6%提高到 1957 年的 15.6%。

2. **1958—1978 年。**1958 年以后进入停滞期，到 1978 年，城镇化率达到 17.9%。20 年的时间城镇化率只提高 2.3%，城镇化速度年均 0.1%。

3. **改革开放以后至 2013 年。**改革开放以后，我国城镇化进程明显加快，到 2013 年已上升到 53.7%，年均城镇化速度在一个百分点以上。城镇常住人口从 1978 年的 1.7 亿增加到 2013 年的 7.3 亿，城市数量从 193 个增加到 658 个，建制镇从 2173 个增加到 20113 个。京津冀、长三角、珠三角三大城市群初步形成，西部和东北地区城市焕发出新面貌。

目前，我国城镇化正处在城镇化率 30%～70% **的中期阶段，**城镇化率为 53.7%，如果按户籍人口计算，城镇化率只有 36%左右，低于发达国家 80%以上的平均水平，也低于类似发展中国家 60%的平均水平。

4. **展望未来。展望未来，还有非常艰巨的任务。**《国家新型城镇化规划（2014—2020 年）》提出的目标是，到 2020 年，城镇化率达到 60%左右，户籍人口城镇化率达到 45%左右。

还可以设想，到 2030 年，城镇化率达到 70%左右，而后再用 20 年，即到 2050 年，城镇化率达到 80%左右，同时做好相应的调整和提高工作。

这就是说，新中国的城镇化将走过 100 年的历程，新中国成立 100 周年，将是中国城镇化基本完成之时，也是中国现代化程度达到中等发达国家水平之日，两者基本重合。

三、中国城镇化特色

如何理解中国城镇化的“特色”?

（一）在“大反差”的条件下进行

基于国情，中国城镇化是在“大反差”的条件下进行的。

1. **人口。**“总量多”和“人均少”之间的大反差。“人均少”往往形成硬制约。如我国 GDP 总量世界第二，但人均 GDP 排名在世界 80 名左右；耕地总量占国土面积的 13.5%，但人均耕地 1.4 亩，是世界平均水平的 40%。

2. **区域。**不同区域之间在自然环境、经济发展、人口聚集等方面的大反差。由黑河到腾冲划出的所谓“胡焕庸线”，东南侧占全国 43.18%的国土面积，集聚全国 93.77%的人口，产出 95.7%的 GDP。西北一侧占 56.82%的国土面积，集聚全国 6.23%的人口，产出 4.3%的 GDP。

3. **城乡。**城乡二元结构形成的大反差。劳动生产率方面，农村人口占全国人口将近一半，而农业的 GDP 贡献率只有 10%左右；农村居民和城镇居民购买力之比是 1∶3；城乡二元体制。

4. **城镇。**大城市、特大城市和中小城市、小城镇之间的大反差。大城市急剧膨胀，中小城市、小城镇容量不足。

5. **经济。**落后农业国的起点和现代化目标之间的大反差。面临传统工业化补课和现代化赶超的双重历史任务。飞船早已上天，还有几千万人没有解决温饱问题。

（二）中国城镇化任务艰巨复杂

从国际比较看，中国城镇化任务非常艰巨复杂。

1. **转移人口总量大。**过去65年，城镇常住人口增加5.6亿，到城镇化基本完成时，累计转移农村人口12亿之众。这个数量是人类总人口的1/6。

2. **区域发展不平衡。**目前我国东部城镇化率为62.2％，中部城镇化率为48.5％，西部城镇化率为44.8％。三个不同区域城镇化所处阶段和面临的问题很不相同。由此出现了世界少有的区域人口大流动的现象。

3. **城镇模式多样化。**我国有人口稠密的地方，也有地广人稀的地方；有城镇密集的地方，也有城镇稀疏的地方。人均土地、人均资源、人均GDP的巨大差异，必然形成城镇模式上的多样化。中国各地各类城镇应该采取的模式可以说囊括了世界各国的各种模式。

4. **时间跨度比较长。**中国基本完成城镇化需要100年左右的时间。在世界各国中，这个时间跨度是比较长的，也是世界人口最多的国家城镇化所必需的。

5. **国际影响很深远。**在世界经济全球化的今天，世界最大的发展中国家的城镇化，其影响和意义必然超越国界。外国经济学家把中国城镇化看成推动21世纪世界经济发展的两大引擎之一，是有道理的。中国城镇化和世界经济发展的互动，成为必然。

（三）城镇化进程中存在的六个“滞后”

立足当前，必须正视城镇化进程中存在的六个“滞后”。

1. **城镇化滞后于工业化。**我国第二和第三产业增加值占GDP的比重达到90％，而城市人口和农村人口的比例是54∶46，城镇化率低于同等工业化水平的国家。

2. **人口城镇化滞后于土地城镇化。**城镇化过程存在着重“物的城镇化”，轻“人的城镇化”的倾向。城市结构松散，占地过多，城镇用地增长快于人口容纳增长。

3. **城市建设滞后于城镇化速度。**城市基础设施、公用服务设施、城镇住房建设远不适应城镇人口增长。

4. **身份转换滞后于职业转换。**我国目前的城镇化率，按户籍人口计算是35%，按常住人口计算是53%，相差18个百分点。这意味着有2亿多农民工有待市民化。

5. **文化建设和生态建设滞后于实体建设。**城镇化中历史文化传承问题没有很好地解决，城镇的文化特色、地方特色、民族特色正在消失。城镇的环境污染越来越严重。

6. **城市管理滞后于城市发展。**城镇管理体制、城镇管理经验、城镇管理人才都还不适应城镇化的快速发展。

六个“滞后”说明，依靠劳动力廉价供给推动城镇化快速发展的模式难以持续，依靠粗放式消耗土地等资源推动城镇化快速发展的模式难以持续，依靠公共服务非均等化压低成本推动城镇化的模式不可持续。

四、“五位一体”的新型城镇化目标

所谓新型城镇化，就是落实科学发展观，体现工业化、城镇化、信息化、农业现代化“四化协调”和经济建设、政治建设、文化建设、社会建设、生态文明建设“五位一体”的城镇化。

具体来说，就是以人口城镇化为核心，以城市群为主体形态，以综合承载能力为支撑，以体制机制创新为保障，促进产业发展、就业转移和人口集聚相统一，走出一条以人为本、四化协调、集约高效、布局优化、生态文明、文化传承的中国特色的新型城镇化道路。

新型城镇化是基于中国城镇化的规律、适应新形势的要求、针对现存的主要问题提出来的。

可以用“三八原则”和“三五要点”具体解读新型城镇化。

（一）新型城镇化的“三八原则”

所谓“三八原则”即是：

1. **正确处理八个方面关系。**一是空间：正确处理城乡之间、不同区域之间、城镇之间、各类城区之间的关系；二是产业：正确处理产业发展和城镇化进程之间的关系和第一次产业、第二次产业、第三次产业之间的关系；三是要素：正确处理人、业、地、钱等各种要素之间的关系；四是居民：正确处理各种居民之间的关系，特别要保证不能损害农民的利益，逐步实现公共服务均等化；五是文化：正确处理传承和创新的关系，把现代化和历史文化传承统一起来；六是模式：正确处理统一和多样的关系，各个城镇既要遵循国家统一规划，又要从实际出发作出选择；七是进程：正确处理速度和质量的关系，新型城镇化必须注意条件匹配、质量优先；八是主体：正确处理政府、企业、居民之间的关系，正确处理“有形的手”和“无形的手”的关系，按照“政府引导，多方参与”的原则推进城镇化。

2. **符合八条基本标准。**一是城乡一体；二是以人为本；三是经济繁荣；四是城建现代；五是布局合理；六是文化发展；七是社会和谐；八是绿色低碳。

3. **运用八条操作要领。**一是以人口为核心；二是以产业为支撑；三是以环境做定位；四是以城建做载体；五是以土地为依托；六是以资金做杠杆；七是以制度做配套；八是以改革为动力。

强调以改革为动力，用改革的方法解决城镇化中遇到的各种问题很重要。处在社会转型期的中国，必须通过全面深化改革，克服思维、制度、体制、政策等方面不适应城镇化的制约和障碍，才能保证城镇化的顺利进行。

（二）新型城镇化的“三五要点”

所谓“三五要点”即是：

1. **抓住五个难点问题。**一是农民工市民化问题；二是土地问题；三是城镇住房和公共服务问题；四是资金问题；五是历史文化传承问题。

2. **抓住五个战略重点。**一是重视产业发展和城镇化互动。我国是发展中国家，经济建设是中心，经济发展是城镇化的支撑，城镇化是经济发展的结果，又必须促进经济持续发展。二是重视“城乡一体化”。在我们这样的农业大国，正确解决农村、农业、农民问题，在城镇化中占有特殊重要的地位。不能走牺牲“三农”的城镇化歧路。三是重视“就近城镇化”。充分发挥中小城市和小城镇的作用，就近转移人口，才能解决城镇人口容量问题、巨量人口流动问题和各类城镇人口分布严重不平衡的问题。中国把世界通行的“城市化”概念改为“城镇化”，就是出于这种考虑。四是重视现代化城镇体系建设。在宏观体系、中观体系、微观体系三个层次中，实施“中观突破”策略，把城市群建设作为城镇化的主体形态。五是重视“五位一体”。

在我们这样的发展中国家，城镇化进程中最容易出现的片面性是：重城镇建设，轻社会建设，不能及时解决新出现的城市“二元结构”问题；重经济效益，轻生态建设，不能及时解决环境恶化的问题；重现代化赶超，轻文化传承，不能很好解决文化建设问题；重实体建设，轻制度配套，不能适应城镇化管理的新要求。“五位一体”是根治这些病症的良药。

3. **抓住五种基本手段。**一是制定科学的系统的城镇化规划；二是建立“政府引导，多方参与”的运行机制；三是强化城镇化的法治保障；四是建立新型城镇化的评价体系；五是执行区别对待、分类指导的工作方针。

五、关于丛书出版

近年来，在党和政府的倡导下，我国一些党政机关、社会团体、研究机构、领导干部、专家学者和企业家，对新型城镇化已经做了很多研究，出了不少成果；国家立法机关和政府部门也在积极制定相关的规划，出台了不少相关政策和措施。新型城镇化已经出现了上下关注、多方献策的大好局面。特别是中央城镇化工作会议的召开和《国家新型城镇化规划

(2014—2020年)》的发布，进一步明确了新型城镇化工作的方向和要求。

这些都为本丛书的编辑出版创造了良好的条件。

我们这套“中国新型城镇化理论与实践丛书”，意在强调理论和实践的结合，并希望能够通过丛书这种形式，集思广益、博采众长，集中归纳，突出重点，达到在认识上便于全面把握，在操作上又容易借鉴的目的。

本套丛书由三部分组成。

第一分册《中国新型城镇化概论》，是丛书的总论部分，全面论述了新型城镇化相关各个方面的基本问题。

第二分册到第五分册，是专论部分，分别就城乡一体化、人口问题、土地问题、资金和财税问题，做专门论述。

第六分册到第十分册，是实践操作部分，从全国选取不同类型的新型城镇化案例，每册对一个重点案例进行评介。

丛书采取开放形式，随着时间的推移，可能不断有新的分册加入。

鉴于新型城镇化的复杂性，社会上多有不同意见的讨论。本丛书提供的只是“一家之言”。如果本丛书能够对我国新型城镇化有所贡献，对新型城镇化的决策者和参与者有所帮助，那就是编者和作者最大的希望和欣慰了。

本丛书是艾丰经济发展研究院的一个重点策划项目，由于涉及内容广泛，篇幅比较浩大，有多位领导同志、专家学者和企业界朋友积极参与包括组织协调、讨论撰写、出版推广等各方面的工作。在此，主编者代表发展研究院向他们表示感谢。

目录
Contents

前 言 | 001

第一篇 Chapter One

综合研究篇

第一章 农村承包土地制度改革研究 003

003 一、我国农村承包土地制度的演变与现状
009 二、农村承包土地集体所有权制度研究
023 三、农村土地承包关系“长久不变”研究
031 四、农村土地流转与适度规模经营研究
037 五、工商资本参与农地经营研究
043 六、农村土地承包经营权抵押研究
052 七、农村土地承包经营权退出机制研究
058 八、完善农村承包土地法律法规与政策的基本思路

第二章 农村宅基地制度改革研究 062

062 一、我国宅基地使用权制度的变迁与现状
077 二、完善宅基地使用权制度涉及的重点问题
103 三、完善宅基地法律法规和政策的建议

第三章 农村集体建设用地制度改革研究 111

111 一、我国农村集体建设用地制度变迁
116 二、新型城镇化背景下加快农村建设用地流转入市的重大意义
119 三、集体建设用地流转的地方实践与典型模式
122 四、农村集体建设用地流转需要关注的几个问题

125 五、加快农村集体建设用地流转制度改革的政策建议

第四章 农地征收制度改革研究 131

131 一、我国农地征收制度变迁
145 二、现行农地征收制度存在的问题
150 三、当前农村土地征占制度的症结所在
153 四、四川省、浙江省征地制度改革的做法和经验
156 五、完善农村土地征占制度的建议

第二篇 Chapter Two

专题研究篇

第五章 以起点公平为基础实现农村土地承包关系长久不变 169

169 一、“长久不变”是完善我国农村土地承包制度的基本方向
171 二、实现农村土地承包关系长久不变要以起点公平为必要前提
173 三、渐进式改革背景下如何体现农村土地承包关系的起点公平
176 四、在起点公平的基础上实现农村土地承包关系长久不变

第六章 承包制度、资源配置与农业绩效 179

179 一、贵州“生不增、死不减”农地制度的运行情况
181 二、“生不增、死不减”政策下的土地流转与组织创新

185 三、“生不增、死不减”背景下的农业绩效
188 四、研究结论与几点启示

第七章 城镇化进程中的耕地保护与农民土地权益保护 191

191 一、耕地保护与农民土地权益保护面临的严峻形势
194 二、问题的根源
199 三、各地保护耕地和农民土地权益的主要做法与启示
202 四、相关建议

第八章 “三权分离”、多元经营与制度创新 208

208 一、发展阶段变化呼唤以使用权为核心的农地制度创新
211 二、“三权分离”新型农地制度的内涵特征与政策取向
216 三、在“三权分离”制度框架下探索解决现实土地问题

第三篇 Chapter Three

对策研究篇

第九章 关于深化农村土地制度改革的若干意见 225

225 一、关于完善农村土地承包制度
232 二、关于改革农村集体土地征收制度
240 三、关于农村集体建设用地制度改革

第十章 不断健全完善“三权分离”的农地制度 247

247 一、现行“两权分离”的农地制度已有创新必要
248 二、实施“三权分离”的农地制度切实可行
249 三、构建“三权分离”农地制度的政策取向

附录 河北省农村土地承包问卷调查结果分析 251

251 一、农民尚缺乏清晰、强烈的土地产权意识
252 二、农民对土地承包经营权证作用的主观认识超出了其客观作用
252 三、二轮承包以来各村人口均呈上升态势
252 四、多数农民不支持“增人不增地、减人不减地”的政策，还有部分村庄定期调整土地
253 五、多数农民认为三轮承包时应打乱重分
254 六、多数农民认为三轮承包应当规定具体期限
254 七、农民对工商企业到农村租地和承包地、宅基地抵押持开放态度
254 八、多数农民对城镇居民到农村买房持否定态度
255 九、多数农民愿意通过宅基地整理上楼居住

256 **参考文献**
260 **后　记**

前 言

我国正处于人类有史以来规模最大、速度最快的城市化进程之中，“中国未来最大发展潜力在城镇化”。土地是农业之源、农民之本，同时也是城市建设的立足之基，推进城镇化与农村土地制度改革存在广泛的“交集”，两者之间密不可分。一方面，农业现代化是城镇化顺利推进的基础和前提。特别是对于我国这个世界头号人口大国而言，农业现代化更为推进城镇化所须臾不可离。而土地制度是决定农业生产绩效的基础制度安排，是基础的基础。另一方面，有序推进农业转移人口市民化是新型城镇化战略的核心内容。农业转移人口市民化的过程，不仅是农民就业转移和身份转变的过程，同时也是城乡资源、资产流动和交换的过程。土地是农民最重要的财产，其价值能否实现、如何实现直接关系到农民在城镇化进程中的得与失，也直接决定着城镇化的质量。

出于个人志趣，更出于自己担负工作的职责所在，长期以来笔者一直对农地制度研究满怀热情，并在不同时期、围绕农地制度问题不断有新的认识、新的思考，并陆续形成一些想法，丰富笔者对有关农地制度创新的思想。特别是2012年下半年以来，笔者围绕着在城镇化进程中推进农业现代化这一主题，以承担清华大学中国农村研究院2012年度课题“完善农村承包土地和农村宅基地法律法规和政策研究”为契机，组织研究团队就农村土地制度改革系列重大问题再度进行了深入研究，而据此形成的研究报告，对决策产生了重要影响。本书便是该系列研究成果的集中体现。基于研究内容之间的逻辑关系，本书分为三个相对独立但又内在联系的部分。

第一部分是综合研究篇，包括本书的第一章至第四章，展现了推进新型城镇化背景下对农地制度改革的系统考虑。第一章是农村承包土地制度改革研究，围绕农村土地承包关系“长久不变”、工商资本参与农村土地经营、农村土地承包经营权抵押和农业转移人口退出土地承包经营权等问题进行了系统分析。第二章是农村宅基地制度改革研究，同样基于“问题导向”逻辑，在回顾农村宅基地制度演变历程的基础上，对事关制度变迁具有重要影响的系列重大问题进行了细致剖析。第三章则较为系统地考察了农村集体建设用地问题，并提出相应的政策建议。除了上述三个方面外，直接关系城镇化与农地制度，为社会各界高度关注，也被各方所诟病的征地问题是农地制度研究所不能回避的重大问题，第四章专门对此进行了研究。

第二部分是专题研究篇，包括本书的第五章至第八章，主要是对综合研究中涉及但限于篇幅难以展开的重大问题进行深入剖析，从而为综合研究提供支撑。第五章重点研究了农村土地承包关系“长久不变”问题，指出实现“长久不变”的关键在于合理确定农村土地承包的“起点”。第六章则是在实地调研的基础上，考察了贵州“生不增、死不减”农村土地承包制度表现出来的制度绩效，以及从中所透视出对农村土地制度改革的借鉴意义。第七章从保护耕地资源和维护农民利益这一维度出发，研究了在快速的城镇化进程中这方面所面临的关键问题并提出了相应的政策主张。第八章是研究者对于未来农村土地承包制度和农业经营方式创新的深度思考，以长期研究形成的基本观点为问题导向，提出和论证以土地所有权、承包权、经营权“三权分离”作为求解农村土地问题和促进农业经营方式变革的一个制度框架。

第三部分是对策研究篇，包括本书的第九章和第十章，系统展示了关于深化土地制度改革的政策主张和措施建议。第九章是结合中共十八届三中全会《关于全面深化改革若干重大问题的决定》的要求和本书系列研究成果，所凝练出来的对农村土地制度改革38个关键问题的看法和建议。第十章“不断健全完善‘三权分离’的农地制度”，是关于农地制度“三权分离”主张的具体阐释。笔者早在多年前就提出了这一主张，经过近年来的理论思考和对实践探索的近距离观察，认为现行“两权分离”的农地制度已有创新必要，实施“三权分离”的农地制度切实可行。此外，本书附录还展示了研究者2013年春季对河北省8个乡镇16个村的219名农民的问卷调查结果，反映农民群众对土地制度改革的看法和意愿。

实践永远是理论创新的源头活水。近两年来，农村土地制度改革探索日新月异，十八届三中全会明确了农村土地制度改革的基本方向。本书中所提出的一些主张，比如土地经营权的相对独立、土地经营权的抵押等，已经在一定范围有了实践经验的支撑；而另外的一些观点和看法，诸如对集体所有权问题的探讨，对农民宅基地制度的认识，对进城农民土地退出问题的主张，还有待在今后的实践中进一步深化和具体化。随着经济社会发展和城镇化的推进，实践将对本书的结论做出检验，并不断提出需要深入研究的新课题。

本书是笔者近年来主持开展的与城镇化进程中农地制度改革相关的系列研究成果的汇集和系统梳理，由张红宇担任全书的总撰稿人。第一章由张红宇、李伟毅、杨久栋、刘俊杰撰写，第二章由张红宇、李迎宾撰写，第三章、第四章由张红宇、李迎宾、杨久栋撰写，第五章、第六章由张红宇、李伟毅撰写，第七章、第九章由张红宇、王乐君、李迎宾、李伟毅撰写，第八章、第十章由张红宇撰写。附录由李生、李迎宾、李冠佑撰写。此外，由李伟毅承担全书的总撰助理工作。

本书中主要内容来自张红宇主持的清华大学农村研究院2012年度课题“完善农村承包土地和农村宅基地法律法规和政策研究”成果并经允许出版，特此对清华大学农村研究院的支持表示感谢。国务院发展研究中心韩俊副主任审阅了全文，在此一并致谢。

最后，需要指出的是，尽管研究者试图尽量把握住城镇化进程中农地制度改革的关键问题，但农地制度研究博大精深，由于篇幅所限，也由于力有未逮，本书还难以穷尽城镇化进程中农地制度改革的重大问题。诸如城镇化如何集约、节约利用土地、“城中村”改造、城乡建设用地增减挂钩等问题，本书未曾涉及或着墨不多，但并非这些问题不重要，而是有待今后进一步深入研究和思考。

张红宇

2014 年 9 月

第一篇

综合研究篇

农村承包土地制度改革研究

农村宅基地制度改革研究

农村集体建设用地制度改革研究

农地征收制度改革研究

土地是农业生产的基本要素，是农民的基本生产资料，也是农民最基本的生活保障。我国的改革发轫于农村，以农村承包土地制度为突破口，通过制度变革极大地调动了农民的生产积极性，使农业生产力得到了空前的解放和发展。

宅基地制度是农村土地制度的重要组成部分，长期以来在保障农民安居乐业方面厥功甚伟。但随着工业化、城镇化的发展，宅基地使用权制度也面临着新的形势和问题，其改革和完善也作为我国土地管理制度改革的重要组成部分提了出来。

综合考虑我国城镇化和农村改革的阶段性特征，满足新型城镇化快速发展的土地需求，促进城乡土地资源要素平等交换和均衡有效配置，维护和实现农民的土地财产权利，必须按照中共十八届三中全会提出的健全城乡发展一体化体制机制的改革导向，加快深化农村集体建设用地制度改革。

第一章

农村承包土地制度改革研究

土地是农业生产的基本要素，是农民的基本生产资料，也是农民最基本的生活保障。我国的改革发轫于农村，以农村承包土地制度为突破口，通过制度变革极大地调动了农民的生产积极性，使农业生产力得到了空前解放和发展。在渐进式改革的大背景下，经过三十多年不断探索，农村承包土地制度逐步健全，目前已经建立起了较为完善的政策框架和法律法规体系。但随着工业化、城镇化、信息化和农业现代化进程的推进，近年来我国经济社会发展又出现了一系列新的特征，城乡、工农关系的重大变化和农业生产力的进步，要求持续健全完善农村承包土地制度。本研究立足快速推进的城镇化对农业农村发展的影响，着眼于农业农村经济发展中重大战略性、趋势性、阶段性问题的判断，从生产关系与生产力矛盾运动的基本规律出发，分别就农村承包土地相关问题深入研究，提出改革创新农村承包土地制度的基本思路与具体措施。

一、我国农村承包土地制度的演变与现状

改革开放以来，我国农村承包土地制度走过了一条渐进式改革道路。在经历了长期实践探索之后，逐步确立了现行承包土地政策框架，并使成熟的政策法制化，建立了相应的法律法规体系。因此，需要在准确理解判断现有承包土地制度的基础上，把握和判断未来农村承包土地制度创新的

方向与目标。

（一）我国农村承包土地法律法规与政策的变迁历程

我国现行农村土地制度框架是在改革开放以来逐步形成的。在经历了土地改革、农村土地合作化和人民公社等几个时期的土地制度之后，最终确立了农村土地的农民集体所有、农户家庭经营的基本形态。现行农村承包土地制度的演变也呈现出明显的阶段性特征：

1. 家庭承包经营制度的初步确立（1978—1983 **年**）

1978 年中国共产党十一届三中全会拉开了农村改革的序幕。安徽凤阳等地的一些农民率先开始了“联产承包、包干到户”等多种形式的农业经营方式探索，这一做法得到了高层的重视、认可以及推广。1979 年《中共中央关于加快农业发展若干问题的决定》，1980 年中共中央印发《关于进一步加强和完善农业生产责任制几个问题的通知》，以及 1982 年和 1983 年中央一号文件，逐步放开了对农户家庭承包经营的限制。到 1983 年年底，联产承包责任制在农村土地制度历史性变革中得到确立，全国农村基本上实行了家庭承包经营，以家庭承包经营为基础、统分结合的双层经营体制初具雏形。

2. 家庭承包经营制度框架的健全（1984—1992 **年**）

在基本制度初步形成后，1984 年的中央一号文件明确规定了土地承包制一般应在 15 年以上，进一步稳定了土地承包期限，并明确了允许土地调整“大稳定、小调整”的基本原则，以及鼓励土地逐步向种田能手集中。随后，1987 年 1 月的《把农村改革引向深入》，1990 年 12 月的《关于 1991 年农业和农村工作的通知》以及 1991 年 11 月的《中共中央关于进一步加强农业和农村工作的决定》等一系列中央文件中，都反复强调要稳定农户的土地承包关系，给农民土地家庭经营以稳定预期。此外，在坚持土地所有权不变的前提下，这一时期一些地区也探索了“两田制”“规模经营”以及“股份合作制”等不同土地使用形态和模式。

3. 土地延包和政策的初步法制化（1993—2002 **年**）

这一阶段土地制度变迁的主要内容是在稳定农户土地承包关系的基础

上，做好以延长农户的土地承包期限为中心的制度完善工作，同时加快了农地关系调整法制化的进程。1993 年 11 月《中共中央、国务院关于当前农业和农村经济发展若干政策措施》明确，农户的土地承包期期限延长 30 年，提倡“增人不增地，减人不减地”，允许土地使用权依法有偿转让。与此同时，1993 年八届全国人大第二次会议将农村基本经营制度载入《宪法》，以国家的根本大法保障这一制度长期稳定。同年 7 月，又将其载入《农业法》。1998 年 10 月中共中央十五届三中全会通过的《关于农业和农村工作若干重大问题的决定》，再次明确提出要坚定不移地贯彻土地承包期再延长 30 年的政策，同时强调要抓紧制定确保农村土地承包关系长期稳定的法律法规，赋予农民长期而有保障的土地使用权。

4. 农村土地承包法律法规的健全（2003—2008 年）

2003 年 3 月 1 日，《中华人民共和国农村土地承包法》正式颁布实施，标志着我国农地制度步入法制化轨道。《农村土地承包法》对农村土地承包的主要方面都作出了法律规定，从稳定、规范、维权、发展四个方面体现出维护农民的根本利益，依法保护和调动农民积极性的宗旨。2007 年，《中华人民共和国物权法》正式颁布实施，将农村土地承包经营权规定为用益物权，而且还明确当耕地、草地、林地的承包期届满，由土地承包经营权人按照国家有关规定继续承包，对于保护土地承包经营权人的利益，意义重大。在这一时期，我国全面取消了农业税，并开始建立完善农业补贴制度，实现了对农业由“取”到“予”的历史性变革，国家、集体与农民之间围绕着农地的利益关系格局发生了根本变化。

5. 新阶段农村土地制度的稳定和完善（2008 年至今）

经过近 30 年的政策探索和法制建设之后，我国农村土地承包法律法规和政策框架已经确立。2008 年，中共十七届三中全会通过的《中共中央关于推进农村改革发展若干重大问题的决定》指出：“赋予农民更加充分而有保障的土地承包经营权，现有土地承包关系要保持稳定并长久不变。搞好农村土地确权、登记、颁证工作。完善土地承包经营权权能，依法保障农民对承包土地的占有、使用、收益等权利。加强土地承包经营权流转管理和服务，建立健全土地承包经营权流转市场，按照依法、自愿、有偿原则，允许农民以转包、出租、互换、转让、股份合作等形式流转土地承包经营权，发展多种形式的适度规模经营。”中共十七届三中全会决定进一步确立土地承包关系“长久不变”的基本原则，同时又明确了整体制度框架稳定之下的政策创新方向。2013 年，中共十八届三中全会通过的《中共中央关于全面深化改革若干重大问题的决定》，进一步对完善农村土地制度提出了新要求，包括明确赋予农民对承包地占有、使用、收益及承包经营权抵押、担保权能等重大创新，开启了完善农村土地制度的新阶段。

（二）现行农村承包土地制度的基本框架

随着中国特色社会主义法律体系的形成，我国农村土地制度不断健全。目前，农村土地承包相关的法律法规包括《宪法》《农业法》《农村土地承包法》《物权法》《农村土地承包经营纠纷调解仲裁法》《农村土地流转管理办法》等，以及不同时期出台的大量政策性文件，共同构成了农村承包土地法律法规与政策的基本框架。其基本内涵为：

1. 农户承包土地的所有权属集体

农村土地和森林、山岭、草原、荒地、滩涂等，除由法律规定属于国家所有的以外，属于集体所有。属于村民集体所有的，由村集体经济组织或者村民委员会代表集体行使所有权；分别属于村内两个以上农民集体所有的，由村内各该集体经济组织或者村民小组代表集体行使所有权；属于乡镇农民集体所有的，由乡镇集体经济组织代表集体行使所有权。

2. 实行农村土地承包经营制度

农民集体所有和国家所有由农民集体使用的耕地、林地、草地以及其他用于农业的土地，依法实行土地承包经营制度。土地承包经营权人依法对其承包经营的耕地、林地、草地等享有占有、使用和收益的权利，有权从事种植业、林业、畜牧业等农业生产。不宜采取家庭承包方式的荒山、荒沟、荒丘、荒滩等农村土地，可以采取招标、拍卖、公开协商等方式承包。农村土地承包后，土地的所有权性质不变。承包地不得买卖。县级以上人民政府应当向土地承包经营权人发放土地承包经营权证、林权证、草原使用权证，并登记造册，确认土地承包经营权。此外，草原、水面和集体林地也普遍实行了家庭承包经营。

3. **稳定农村土地承包关系**

《农村土地承包法》明确指出，国家依法保护农村土地承包关系的长期稳定。承包合同生效后，发包方不得因承办人或者负责人的变动而变更或者解除，也不得因集体经济组织的分立或者合并而变更或者解除。承包期内，除法定情形外，发包方不得收回和调整承包地。承包期内，发包方不得单方面解除承包合同，不得假借少数服从多数强迫承包方放弃或者变更土地承包经营权，不得以划分“口粮田”和“责任田”等为由收回承包地搞招标承包，不得将承包地收回抵顶欠款。

4. **土地承包经营权可以流转**

通过家庭承包取得的土地承包经营权可以依法采取转包、出租、互换、转让或者其他方式流转。土地流转应按照依法、自愿、有偿原则，平等协商进行，任何组织和个人不得强迫或者阻碍承包方进行土地承包经营权流转；不得改变土地所有权形式和土地的农业用途；流转期限不得超过承包期的剩余期限。国家要求，健全土地承包经营权流转市场，有条件的地方可以发展多种形式的适度规模经营。截至 2012 年 12 月底，全国土地流转面积约 2.7 亿亩，占家庭承包耕地面积的 21.2%。

（三）农村承包土地制度面临的热点问题与研究思路

尽管我国农村承包土地制度的基本框架已经确立，健全完善的总体方向也已明确，但这并不意味着农村承包土地制度改革创新的终结。一方面，现有的政策法规中，部分问题仅有原则性要求或者处于空白状态，随着形势的发展需要作出进一步明确；另一方面，一些相关的具体政策也需要根据经济社会的发展不断完善。目前，亟待农村土地承包制度明确和完善的主要包括以下几个方面：

1. 农村承包土地集体所有权制度研究

集体所有是我国农村承包土地制度的一个基本点，并已经过政策实践的检验和法律法规的认可。但随着城镇化进程中农村人口的流动和迁移，农村集体的内涵和外延都在不断变化，作为承包经营权主体的农户也在急剧的分化之中。现有的农村集体所有权制度框架如何健全和完善，是完善农村承包土地的法律法规和政策要考虑的首要问题。

2. 农村土地承包关系“长久不变”研究

中共十七届三中全会提出现有土地承包关系要保持稳定并长久不变的要求；2013 年中央一号文件进一步提出要抓紧研究现有土地承包关系保持稳定并长久不变的具体实现形式，完善相关法律制度；中共十八届三中全会再次强调“长久不变”的要求。落实“长久不变”的要求，需要对一系列重大问题作出回应，包括“长久不变”的实现形式，“长久不变”的起点从何处开始，“长久不变”是否应有期限，“长久不变”之后迁移农民的土地承包经营权是否应退出，等等。

3. 农村土地流转与适度规模经营研究

随着工业化、城镇化进程中农村劳动力的转移，如何调整和优化人地资源配置关系就成为了重大的政策选择，我国的具体实现路径为土地流转和适度规模经营。土地流转是在土地家庭承包制度下的独特创造，而我国的适度规模经营的基本内涵、实现路径和政策取向也与国外根本不同，这两者都是阶段性、政策性和可变性很大的措施，需要根据经济社会的发展来逐步调整完善。

4. 工商资本参与农村土地经营研究

工商资本进入农业参与农地经营日益成为普遍现象，对农业既存在有利的一面，也可能产生不利影响。而且从发达国家的经验看，在不同发展阶段和历史时期也采取了迥异的政策取向。我国当前和长远对工商资本进入农业参与农地经营应采取何种政策取向，建立什么样的法律法规与政策，需要在充分了解现状和借鉴国际经验的基础上予以明确。

5. 农村土地承包经营权抵押研究

目前的法律法规对农村土地承包经营权的抵押是禁止的，但近年来实践中各种试点探索层出不穷，中共十八届三中全会更是明确提出了赋予承包经营权抵押、担保权能的重大制度创新。这就需要在认真总结地方实践经验的基础上回答好以下重大问题：发挥农村土地承包经营权的抵押融资功能的作用有多大？在大范围内实施农村土地承包经营权抵押、担保是否可行？对此需要什么样的前提条件和政策法规？

6. 农村土地承包经营权退出研究

我国正在经历着全球规模最大、涉及人口最多的城镇化。当农村人口向城镇迁移之后，是否需要建立转移人口的土地承包经营权退出机制，如果不需要退出，那么理由何在？如果需要退出，那么条件是什么？在退出与不退出之间，是否还有第三条道路可以选择？本部分拟尝试回答上述问题。

农村承包土地制度的改革创新涉及方方面面，需要回答的问题很多，但通过深入分析，本研究拟从以上几个方面入手，对相关法律法规和政策进行梳理总结，对相关重大问题作出方向性判断，在此基础上提出系统的制度框架设计。

二、农村承包土地集体所有权制度研究

改革开放以来，我国最终确立了以家庭承包经营为基础、统分结合的双层经营制度。土地集体所有、家庭承包经营的制度框架，在稳定承包权属关系、组织集体行动、坚持农地农用方向、维护土地管理秩序等方面发挥了重要作用。经过长期探索和不断完善，这一制度得到法律形式的确认和认可，成为我国现行的农村基本经营制度。但近年来，随着城镇化快速推进和农村劳动力大量转移，农村承包土地所有权主体——农村集体的内涵和外延发生了重大变化，各地土地确权登记颁证实践中也出现新的理论和实践问题。本部分从我国农村土地产权的制度变迁入手，从所有权制度

的一般法理出发，分析集体所有制的内在机理和实现形式，提出今后一个时期农村土地改革要以“还权赋能”为宗旨，沿着“坚持集体所有权、提高家庭承包权、充实自主经营权、保障流转收益权、强化用途管制权”的路径指向，进一步完善具有中国特色的农村承包土地集体所有权制度及其相关制度。

（一）我国农村土地集体所有权制度的历史变迁

我国农业和农村发展始终与土地制度的变革相联系。新中国成立以来，农村土地所有权制度经历了三次大的历史变迁：从封建地主私有到农民所有，从农民所有到集体所有、统一经营的产权统一模式，再从产权统一的集体所有到产权分化的集体所有，即在坚持农民集体所有制的基础上，赋予农户家庭承包经营土地的权利。

1. **新中国成立初期**（1949—1956 **年**）

全国范围内开展了旨在废除封建地主土地所有制的土地改革，实现了耕者有其田，农村土地归农民私有，由农民自主经营。1950 年《土地改革法》规定，废除地主阶级封建剥削的土地所有制，实行农民的土地所有制。1954 年《宪法》规定，国家依照法律保护农民的土地所有权。这两部重要法律的颁布实施，使农民的土地权利得以明确和充实。“土改”全面完成后，全国农村总人口 70%以上缺地少地的农民无偿获得了土地，改变了“地主所有、租佃经营”的制度，实现了“农民所有、农户经营”的产权结构。这一时期，农民既是土地的所有者，也是土地的经营者，享有完全的土地所有权，对土地的占有、使用、收益、处分等各项权能高度统一。

2. **农业合作化和人民公社化期间**（1956—1978 **年**）

为实现对农业的社会主义改造，农村土地所有制度从农民私有、自主经营发展为初级社阶段的农民私有、合作经营，进一步发展到高级社阶段的集体所有、统一经营。1956 年《高级农业生产合作社示范章程》规定，入社的农民必须把私有的土地和耕畜、大型农具等主要生产资料转为合作社集体所有。1962 年，中央颁布的《农村人民公社工作条例修正草案》规定，生产队范围内的土地，都归生产队所有。此后，经过一系列文件确定了“三级所有，队为基础”的农村土地集体所有制度安排。

3. 改革开放以后（1978 年至今）

随着经济体制改革全面推进，逐步确立了集体所有、家庭承包经营的土地制度。1979 年，《中央关于农村工作问题座谈会纪要》做出“不是偏远地区的地方有人包产到户，不必禁止，不批不斗，不要勉强纠正”的探索。从 1980 年开始连续 5 个中央一号文件，逐渐肯定了包产到户，在土地集体所有的基础上，实行家庭承包经营。1982 年《宪法》规定，农村和城市郊区的土地，除由法律规定属于国家所有的以外，属于集体所有。1986 年《土地管理法》规定，集体所有的土地依照法律属于村农民集体所有，由村农业生产合作社等农业集体经济组织或者村民委员会经营、管理。此后，《农村土地承包法》《物权法》等法律法规详细规定了土地所有权和相关权属性质，以及承包权利义务关系等。2010 年，中共中央国务院下发了《关于加大统筹城乡发展力度进一步夯实农业农村发展基础的若干意见》，提出：“加快农村集体土地所有权、宅基地使用权、集体建设用地使用权等确权登记颁证工作。”这一时期的政策和措施，从所有权主体和行使主体的一体化，逐步实现权利在集体和农民之间分化，在维护社会主义市场经济基本制度的基础上，逐步改变国家高度集中统一的计划控制和管理，渐进式地赋予农民更多土地权利，上述政策和法律文件，基本形成了具有中国特色的农村承包土地集体所有权制度及其相关规范体系，并为进一步巩固和完善农村土地产权制度明晰了路径选择和提供了制度保障。

（二）农村承包土地集体所有权的内涵分析

所有权制度作为一种基础性的财产权利制度，不仅对经济效率有重要影响，还构成了市场制度及其他制度安排的基础。新中国成立以来，经过半个多世纪的实践和发展，目前我国已经基本形成了具有中国特色、符合社会主义市场经济体制的农村承包土地集体所有权制度体系。

1. 权利主体及其成员：法律地位与边界

农村承包土地集体所有权，本质上是一种民事财产权利。按照民法基本理论，对一项权利的定义主要是根据权利客体进行划分的。而集体所有权是根据权利的主体进行的定义，按照马克思主义的物权理论，所有权是所有制在法律上的反映，所有制形式决定生产资料归谁所有，即是全民所有、集体所有还是个人私有。从我国立法实践看，从宪法、法律到相关规范性文件，无一例外地采取延续历史的方法，规定农村土地由农民集体或集体经济组织所有。

（1）农村集体的起源与演变。根据《现代汉语词典》的解释，“集体”是许多人合起来有组织的整体。有关“集体”的表述，最早从原有政治术语袭用而来。1954 年《宪法》提出了“劳动群众集体所有制”的概念，后续立法出现过“劳动群众集体”“农民集体”“本集体成员集体”等表述方式。在现行法律规范体系内，农村集体土地所有权主体的相关称谓，主要有：乡镇集体经济组织、村民委员会、村民小组、农民集体、农村集体经济组织、农村集体组织、村集体成员集体等。1982 年《宪法》第 9 条规定：“农村和城市郊区的土地，除由法律规定属于国家所有的以外，属于集体所有。”对于“农民集体”的界定，《土地管理法》第 10 条规定：“农民集体所有的土地依法属于村农民集体所有的，由村集体经济组织或者村民委员会经营、管理；已经分别属于村内两个以上农村集体经济组织的农民集体所有的，由村内各该农村集体经济组织或者村民小组经营、管理；已经属于乡（镇）农民集体所有的，由乡（镇）农村集体经济组织经营、管理。”根据此条的含义以及农村的现实情况来看，农民集体主要是村农民集体，特殊情况下包括村小组或乡镇农民集体。

进一步分析，立法赋予农民集体的代表——农村集体经济组织和村民委员会的管理资格。《村民委员会组织法》第 5 条第 3 款规定：“村民委员会依照法律规定，管理本村属于村农民集体所有的土地和其他财产，教育村民合理利用自然资源，保护和改善生态环境。”《物权法》的措辞有所变化，该法第 60 条规定：“属于村民集体所有的，由村集体经济组织或村委会代表集体行使所有权。”实践中，我国大部分地区农村集体经济组织早已不复存在，农村承包土地集体所有权主体设置仍然难以突破政社不分的困境，只有依靠村委会代行主体资格。

由此可见，除《宪法》根据其规范特点对农村土地集体所有权主体——农民集体的界定较为抽象、概括以外，其他法律及相关规范性文件对农民集体的界定趋于统一，具体有乡镇农民集体、村农民集体、村小组农民集体（内含农村集体经济组织）三种形式。然而由于政策模糊设置和立法技术限制，只是采取枚举式的方法予以分类，根本上仍然回避了农民集体的内涵和外延问题。

（2）农民集体成员资格及其变动。农民集体作为团体性的组织体，必然由农民个体组成的，农民集体的意志由作为集体成员的农民表达、权利和义务关系由农民来承受。到底谁是农民集体的适格成员？我国立法对此采取回避态度。依据惯例和相关规范性文件，农村集体成员的资格获得主要包括三类：一是农村集体初设时的成员，即在20世纪50年代创设农业合作社的入社成员，当然取得农村集体成员资格；二是农村集体成员子女，自出生后取得集体成员资格；三是婚姻或收养关系迁入的人员，包括嫁入、入赘、收养而迁入取得农村集体成员资格。实践中，农村集体成员资格的冲突很多，如户籍迁出人员、超生子女等是否具有集体成员资格，各地大多根据当时情况和村民意志，采取“一事一议”的方式处理，操作办法不尽相同。

集体由集体成员组成，而集体成员有进有出，有生有死，处于经常变化之中。究竟是静态上的集体成员所有，还是动态上的集体成员所有没有明确。特别是近年来，随着城镇化进程加快，农村人口大量转移，农村集体和成员、土地发包方和承包方长期分离，不仅导致农村承包土地所有权行使、承发包关系稳定、土地承包管理等问题悬而未决，还对“确权登记”乃至今后“长久不变”等制度演进提出新的待解课题。

2. 农村承包土地集体所有权的表现形式

土地制度通常按照“所有权”形式分为三类：私人所有权、国家所有权和集体所有权。我国法律规定农村土地归农民集体所有，即集体成员共同所有。但是对于农村土地共同所有的形式，究竟是按份共有还是共同共有，法律并没有作出明确的区分。长期以来，“按人口分配土地、农户承包经营”的家庭承包经营模式使得农民和土地形成了直接的占有关系，呈现“人地合一”的外在表象。实践中，集体成员参与承包土地的分配、使用、管理等事务，既有按成员资格——“一人一票”或“一户一票”式的选择，也不乏按照其分配土地份额为比例参与活动的实例。因此，从承包土地集体所有权实现形式看，不同地方、不同实践中存在按份共有和共同共有两种形式。

3. 农村承包土地集体所有权的权能结构

农村承包土地集体所有权，是农民集体对承包土地享有排他性的支配权利，包括占有、使用、收益和处分四项权能。由于承包土地的生产资料和特殊资源属性，我国通过立法限定的方式，将其中部分权能（主要表现和权能核心是承包经营权）让渡或分化给集体成员。

（1）占有权能。承包土地占有权是指承包户对承包地实际掌握、控制的权利，主要表现为承包权。1984 年，全面实行包产到户以后，占有权是从农村集体的原始直接占有，让渡和分化到农户的继受直接占有。我国承包土地占有制度一大特色就是追求均等占有，按家庭人口数量、土地优劣等均等分配土地，一轮和二轮分配土地都实现了“起点”公平。为稳定占有关系，不断延长占有期限，从 15 年承包期延长到 30 年，再明确提出“现有土地承包关系保持稳定并‘长久不变’”。

（2）使用权能。承包土地的使用权是农民利用承包地从事农业种养业的生产经营权利，主要表现为经营权。农民获得土地承包经营权后，在不改变土地用途情况下，可以根据自己的意愿以及对市场的把握，自主决定并从事生产经营。《土地承包法》明确“尊重承包方的生产经营自主权，不得干涉承包方依法进行正常的生产经营活动”。市场经济体制下，尊重农民生产经营自主权，就是对农民独立的市场主体地位的尊重，也是对农民土地承包经营权的尊重，任何组织都不能强迫或替代农民进行生产经营决策。

(3) 收益权能。收益权是农民承包经营土地的全部经济获得，包括农产品收入、各种补贴补助及流转土地的收益。近年来，国家全部免除农业税费，并出台一系列价格支持、农业补贴、放开市场流通等政策措施，主要目的就是尽可能地实现和扩大农民的经济收益。

(4) 处分权能。处分权是所有权中带有根本性的一项核心权利，是所有权最基本的权利。从 1982 年中央一号文件规定“土地不准买卖、出租、不准转让和荒废”，到近年来一号文件屡次重申“转包、出租、互换、转让、股份合作等多种土地流转形式”。这说明国家和集体从严格控制承包土地的自由处分，到逐步放权于民。农民对承包土地的处分形式更加多样化，获得更大自由支配空间。但由于土地维护国家粮食安全的重要资源属性，以及考虑当前承载的社会保障功能，国家或农民集体仍然保留着严格农地用途管制、严格规范工商资本租用土地等核心处分权。这些权利保留，也是我国农村承包土地集体所有制度的基本和核心所在。

4. 农村承包土地集体所有权制度的价值体现

我国农村土地所有权制度与西方国家不同，西方国家多采用私有产权形式，而我国长期实行农村土地集体所有的公有产权模式。从实践效果来看，两种土地所有权制度并无优劣之分，只是制度赖以形成的政治基础和路径选择不同。相比较而言，我国农村承包土地集体所有权制度的优势主要体现在以下三个方面：一是有利于发挥集体组织和动员能力，集中力量办一些一家一户办不了、办不好的事情。比如组织千家万户分散的小规模农业生产经营主体，出资出力兴修农田水利基础设施等；二是有利于稳定承包经营规模，农村集体具有相对封闭性和稳定性，可以有效防止外来人员迁入分田分地；三是有利于促进农业劳动力向非农领域平稳有序转移，避免农村劳动力外出就业受挫失地失业，为农民提供基本生活保障，发挥农村乃至全社会秩序维护的“稳压器”和“缓冲器”作用。

（三）现行农村承包土地集体所有制度的秩序问题与效率损失

农村承包土地集体所有权制度在农村土地制度中处于基础性地位，然而由于现实中集体产权主体虚化、农民承包经营行为短期化、承包经营土地细碎化等问题，使得承包土地集体所有权制度存在难以根除的秩序问题，以及诱发相关效率损失。

1. **承包土地所有权主体的虚化问题**

农村集体作为一个民事主体，理应有其独立的民事法律人格。我国《民法通则》规定，民事主体包括自然人、法人和非法人组织。至于“农民集体”属于哪一类法律主体，具备何种法律地位，在理论上和实践中都颇受争议。有学者认为，“农民集体”既非个人（自然人），也非法人，不是一种独立的民事主体，不能作为人格者享有集体土地所有权；① 也有学者认为，“‘农民集体’不是一个抽象的名词，而是一种能按章程或规则行使权利的组织形式”；还有学者认为，“‘农民集体’既非自然人，也非法人或其他组织，而是一种新型的特殊民事主体”。② 由于立法上农村集体所有权主体术语使用上的这种混乱和模糊，未能有效确立集体的主体资格及其内部构造，难以避免在实践中出现农村集体所有权主体认定和权利行使的混乱状态。此外，村民小组或村委会代行集体管理权只是集体所有权主体缺位的无奈之举，况且我们一直面临着承包土地集体所有权充实与去行政化的难题。

2. **承包土地集体所有权的弱排他性问题**

农民集体的主体缺失和羸弱带来一个负面效应，就是承包土地所有权的弱排他性。③ 现行制度下，农民集体土地所有权大多由村委会或村民小组代表行使，同时村委会和村民小组对外承担着准行政职能，对内担负社

---

① 高飞．集体土地所有权主体制度研究［M］．北京：法律出版社，2012 年 2 月第 1 版：第 116 页．

② 朱悦蘅，黄韬．农村土地集体产权的主体化及其治理机制［J］．经济社会体制比较，2013 年第 2 期．

③ 黄维芳，李光德．中国农地产权弱排他性下的产权冲突及其优化路径选择［J］．江西财经大学学报，2012 年第 6 期．

会管理事务，与基层乡镇政府有着千丝万缕的联系。当涉及集体土地征用时，村委会和村民小组处于土地权利博弈的弱势一方，村干部往往充当了土地权利的主体代表，受到基层政府的强势干预。农村承包土地集体所有权的弱排他性，农民集体主体不明，集体组织能力欠缺，无力抵御外来权利侵蚀，也无心参与土地收益谈判，使得地方政府的强制征地畅通无阻。特别是近些年来，我国工业化和城市化迅速发展，大量占用农村土地。据统计，1996 年我国耕地面积为 19.51 亿亩，2011 年减少到 18.25 亿亩，年均耕地减少 1000 多万亩。耕地征用过程中，土地所有权的拥有者集体话语权缺失。

3. 农民土地承包经营行为的短期化问题

从民事法律理论上讲，所有权具有绝对性、对世性和排他性。农民集体对农村承包土地的所有，就应当是长期、公然的占有，不受外界干涉和侵犯。由所有权派生的相关权利亦应当具备相关属性。尽管我国立法和相关政策一再延展农民承包土地的期限，从一轮承包期 15 年延长到二轮的 30 年，中共十七届三中全会上提出“长久不变”的理念，但是由于农地物权主体的不确定和农地承载的社会保障功能，从根本上难以摆脱农民经营土地的短期化问题。实践中，“大稳定、小调整”“大调整、大变动”的分地方式仍占相当大的比例。频繁调地诱发的不稳定性，使农民对土地经营难有长远打算，不愿长期投资，选择短期收益。造成这种现象的根本原因在于，农民集体是个动态的概念，集体边界和内涵都缺乏准确界定，在此基础上形成了集体土地人人有份，人口变动就必须调整土地。

4. 承包经营土地细碎化诱发的效率损失问题

在现代市场经济体制下，所有权与其衍生的占有、使用、收益等权能相互分离、独立运作已不存在制度上的障碍。但是我国农村承包土地所有权主体与经营主体在产权制度安排和权责关系上始终处于模棱两可的状态，土地分配时过于追求公平造成的农地经营分散化、规模趋于小型化的问题，难以在权利运行中得到矫正。一方面，农民集体将所有权部分权能分化和让渡与农民，但这些权能的使用仍然受到严格限制，特别是权属不清的障碍制约、影响土地流转进程。另一方面，进入“分田单干”以后，农民集体的组织能力大大降低、组织手段明显滞后、组织成本过高，农民集体无力承担兴修农田水利、维护公共设施等公共产品供给的任务。

（四）农村承包土地集体所有权行使的创新模式

我国农村集体土地按人口承包到户，实行家庭承包经营。这种集体所有权行使模式，是承包土地占有和使用的主流。也有一些地方在保持土地集体所有的前提下，进行了大胆的制度创新和实验探索。

1. 农村社区股份合作模式——以上海九星村为例

农村社区股份合作是我国农村集体所有权实现形式的一种创新，是在坚持集体所有制、巩固发展集体经济原则下逐步探索并开始推广的一种集体所有权实现形式。上海九星村实行农村社区股份合作制，主要包括四个方面的内容：一是改革农村集体产权制度，对承包土地等农村集体资产实行股份化，明晰股份到人；二是实行农民股份合作，积极发展农村集体股份合作经济；三是以留用地为主，配套保障措施，确保失地农民的生活保障和权益；四是建立了一套科学严格的管理制度，确保包括土地在内的集体资产保值增值，保障集体经济的健康发展。

社区股份合作的显著特点就是将农村社区包括承包土地等集体资产进行量化，并且折股到个人，个人拥有红利分配权，所有权和经营管理权归股份合作社集体所有。农村社区股份合作创造性地解决了多年来困扰农村集体经济发展的一系列问题，如农村土地集体产权模糊、集体组织功能退化等问题。九星村农村社区股份合作制度创新取得了显著的经济效益、制度效益和社会效益。2008 年，村民福利总额 1803 万元，户均 18703 元，全村劳力 100％就业。全村男 55 周岁以上，女 50 周岁以上最低养老金为 988 元/月，比同期“镇保”平均水平还要高 366 元。

这种模式的可取之处在于：一是立足于对原农村集体的组织再造。广大农民既是集体经济组织成员，又是股份合作制经济组织的股民；农民不仅是承包地的经营主体，也是集体经济组织的经营主体。农民与集体经济组织的利益关系更紧密了。农民作为股东，在集体经济组织中的地位和权益都发生了重大变化；二是农民集体成员的成员权变得清晰而有保障。通过设立股份合作社的方式使农民集体由虚化变实，农民集体成员借助股东身份明晰了相关权利和义务；三是股份合作改革解决了农村集体土地使用细碎化的问题。股份合作实现了原承包土地的“合”，不仅是分散经营向规模经营的集中，还是所有权与经营权的一致行使，均由农民集体成员按股行使相关权利。

2. 土地承包经营权流转模式

土地流转是享有土地承包经营权的农户将土地经营权（使用权）转让给其他农户或经济组织，即保留承包权，转让使用权。农业部《农村土地承包经营权流转管理办法》自 2005 年颁布实施以来，土地承包经营权流转成为农村集体土地权利行使的重要途径。据农业部统计数据，截至 2012 年年底，全国土地流转面积约 2.7 亿亩，占家庭承包耕地面积的 21.5%，经营面积在 100 亩以上的专业大户、家庭农场超过 270 万户。通过土地流转，实现了集中连片种植和集约化、规模化经营，节约了生产成本，促进了农业发展和农民增收。[①]

土地流转的制度优势，主要体现在坚持农户家庭承包经营制度和稳定农村土地承包关系，强调流转主体意思自治，流转规模、用途、价格、期限等事项均由承包方与流转方平等协商确定。这种自发式的集体土地权利行使方式，有助于摆脱国家、集体的不当干预，更能反映农民主体的真实意愿，具有蓬勃旺盛的生命力。

3. 土地股份合作模式

土地股份合作制在农村土地集体所有、家庭联产承包的基础上，放活土地使用权，农民用自己的承包地入股，变地权为股权，成立股份制或股

---

① 资料来源：农业部网站。

份合作制农业经营实体，由合作社集中连片发展农业规模经营或转给其他经济实体，所得利润农民按股分红。成都市探索土地股份合作模式，积累了一些好的经验和做法。例如，成都崇州怡顺土地承包经营股份合作社由22户农户以土地承包经营权入股方式组建，入股面积124.79亩，主要从事粮食作物和经济作物的标准化、规模化、集约化、品牌化经营。合作社制定章程和相关内部管理制度，成立理事会统一组织生产经营，监事会对生产经营和财务收支执行情况进行监督。年终经营纯收入按9∶1比例按股分红，即收入的90%用于土地入股分红，收入的10%作为公积金、风险金和工作经费。合作社成立当年，农民每亩土地年股分红收入1100～1200元，比入社前亩平增收200～300元。

土地股份合作制在一定程度上克服了我国家庭承包经营中土地规模分散的弊端，适应了新时期土地稀缺并日益增值、农业专业化、生产经营合作化、劳动力大量向工业和城市转移等特点，是土地这种稀缺要素价值和资产价值，土地生产、收益、就业、生活保障和资本经营多种功能的重要实现形式。

4. 新型“公有公用”模式

农村集体土地“公有公用”并非农村承包土地集体所有权行使模式创新。这里所谓的新型“公有公用”模式，是在传统农村集体公有制的基础上，进行灵活和精密的制度设计，其农村承包土地集体所有权行使模式和追求的价值目标已经不同于人民公社时期制度安排和做法。这一制度是在旧的制度基础上创新和发展，焕发出新的生机活力。[①] 河北省晋州市周家庄乡是我国为数不多以乡为单位核算的农村集体经济组织，改革开放以来一直延续包括农村承包土地在内的集体资产所有权集中行使的模式，实行“集体经营、专业承包、按劳分配、统一核算”的经营体制，在生产责任制的制度安排下，建立各种农工商合作社，大田粮棉种植由生产队分组管

---

① 董景山．农村集体土地所有权行使模式研究［M］．北京：法律出版社，2012年2月第1版：第55页．

理，果园、菜园实行专业承包，集资共建集体工业企业。30 多年来，周家庄乡探索出一条“不分家也能调动积极性，搞集体经济也能致富”的发展路子。

新型“公有公用”模式的成功经验，在于其精密的制度设计。通过制度设计和安排，把包括承包地在内的农村集体所有权集中行使，避免了土地和家庭财产的细碎化，促进农业规模经营和实现自我工业化；在制度设计和权利运行安排上，维护和尊重农民成员权，把集体经营的权、责、利落实到成员个人，防止“大锅饭”和“搭便车”。

（五）以还权赋能为宗旨创新农村承包土地集体所有权制度

农村承包土地是集体和农民最为重要的财产权利。2013 年中央一号文件明确提出，建立归属清晰、权能完整、流转顺畅、保护严格的农村集体产权制度。同时，进一步要求依法保障农民的土地承包经营权。承包土地农民集体所有，归根到底要为农民所用。农村承包土地集体所有权制度创新，应以“还权赋能”为宗旨，坚持集体所有权，提高家庭承包权，充实自主经营权，保障流转收益权，强化用途管制权。

1. 坚持农村承包土地集体所有制不动摇

农村土地所有制是我国农村产权制度的核心。实践证明，在我国农村承包土地集体所有的基础上，建立的以家庭承包经营为基础、统分结合的双层经营体制，适应社会主义市场经济体制，符合农业生产特点，必须毫不动摇地坚持。近年来，我国有关“三农”立法都是在坚持农村土地集体所有权制原则上展开的渐进性立法，如《农村土地承包法》《物权法》《农民专业合作社法》《农村土地承包经营纠纷仲裁法》等，基本形成了农村承包土地集体所有的制度框架。各地经过实践探索，也积累了一些成熟做法和经验。特别是考虑到社会认可程度及变革的成本，继续坚持农村承包土地集体所有制是最理性的选择。农村承包土地集体所有制的一些缺陷和问题，可以通过立法完善和制度创新逐步解决。一是尽快通过立法方式明确农民集体的法律地位，清晰界定集体的边界；二是明确集体成员资格，确定集体成员以“按份共有”的方式间接享有土地所有权，成员按其承包土地份额享有重大事项表决、参与具体管理的权利；三是明确国家、集体、农民三者有关承包土地的权责利关系。

2. **提高农民土地承包权在农地所有权体系中的地位**

农民土地承包权是一项法定权利，是农民基于其集体成员资格而获得的用益物权。切实维护农民土地承包经营权，关键要把农民承包权摆在农村土地所有权体系中的重要位置。应采取有效措施，强化承包权能，提升承包户的主体地位。一是加快推进“确权颁证”工作，把土地所有权明确给集体，把承包经营权明确给农民，两个权属证书都是法律凭证，具有同等效力。承包给农民的土地，就是农民的个人财产，农民可以独立支配，任何组织和个人不得干涉和侵占；二是尽快落实“长久不变”政策，赋予农民长久的土地承包期限，稳定农民心理预期；三是妥善解决特殊群体的承包资格问题，合理考虑出嫁女（入赘男）、大学生、在职军人以及离婚妇女等主体的承包资格。四是随着农村人口大量转移进城，可考虑坚持土地承包权的财产权属性，剥离附着在承包地上的身份属性，明确举家进入设区的市的农户成员地位不改变、集体成员资格不丧失，允许农民带着土地进城。

3. **尊重和充实农民自主经营权**

我国农村承包土地产权制度历经“私有公用”“公有公用”“公有私用”三个阶段，农民获得土地利用权限越大、自由度越高，农民生产积极性和农地市场繁荣程度越高。在市场经济体制下，农民是从事生产经营、参与市场活动的主体。一是维护农民自主决定经营内容的自由。农民可以根据资源条件、市场行情等因素，自主决定种植何种庄稼、养殖哪类品种。政府可以通过宏观引导的方式进行优势产业布局，改变微观干预的做法；二是维护农民自主选择经营方式的自由。目前，农民家庭经营仍然是农业生产经营的主要方式，一些地方种粮大户、家庭农场、专业合作社、农业产业化龙头企业等蓬勃发展，既要尊重农民自己耕种的习惯，也要因地制宜，因势利导，在保障农民获得合理收益的基础上，鼓励和引导土地向规模经营主体集中。

4. 放活和保障土地流转收益权

随着工业化、城镇化的快速发展，农民外出就业机会显著增加，一些农民自己不再直接经营土地，而是将土地流转给他人获取间接收益。特别是近些年来，土地流转规模明显增加，土地流转已成为农民实现土地利益的重要途径。保障农民以多种形式获取土地收益，要继续坚持和放活土地流转。一是放宽土地流转客体限制，继续以转包、出租、互换、入股、转让等多种形式流转土地，逐步探索和放开承包经营权抵押；二是搭建土地流转服务平台，规范流转活动，提供流转信息等相关服务；三是合理规定流转最长期限，重点防范农民长期全部流转土地可能出现的失地失业问题；四是审慎对待工商资本大面积租用耕地，依靠资本优势挤压小农户生存空间。

5. 国家和集体要强化承包土地用途管制

土地既是集体和农民的重要财产，也是国家的战略资源。农村承包土地承载着农民生存发展和国家粮食安全保障双重功能。我国人多地少、农业资源紧缺，必须坚持最严格的耕地保护制度和土地用途管制制度，层层落实责任，坚决守住 18 亿亩耕地红线，守住 16 亿亩粮田。一是国家及有关部门要从严执法，严格执行《土地管理法》《农村土地承包法》等有关农村承包土地仅限于农业用途的规定，防止土地非农化、非粮化；二是农民集体认真履行所有权人和发包方职责，组织动员加强农业基础建设，提供集体公共服务，监督和管理承包方依照承包合同开展农业生产经营。

三、农村土地承包关系“长久不变”研究

中共十七届三中全会提出了现有土地承包关系要保持稳定并长久不变的重大命题，此后几年的中央一号文件多次明确要求修订完善相关法律法规和政策，落实“长久不变”的要求，中共十八届三中全会再次强调要稳

定农村土地承包关系并保持长久不变。要把“长久不变”的要求落到实处，既需要明确这一政策取向的具体内涵，实现政策前后“无缝对接”，也需要进一步明确相关的法律法规如何修改，实现从有限的土地承包期到长久不变土地承包关系的转变。

(一)“长久不变”政策思想的演变脉络

我国农村土地承包制度变迁具有明显的渐进性特征，“长久不变”政策思想是逐步演变形成的。从确立农村土地家庭承包经营制度到提出“长久不变”，经历了一个相对长期的演变过程。

1. 家庭承包经营制度的确立

从20世纪70年代末开始，我国实行了二十余年的人民公社体制开始发生转变，土地的家庭承包经营作为新制度的核心内容逐步得到确立。到1983年年底，全国农村基本上实行了以家庭承包经营为基础、统分结合的双层经营体制，实行包干到户的基本核算单位占到了全国基本核算单位的97.8％，实行包干到户的农户占到了全国农户总数的94.45％。在这一时期，改革之初土地承包只是集体经济组织内部的责任制，土地承包合同基本是一年或数年一定。

2. 十五年土地承包期的明确

在土地家庭承包经营制度普遍实行并取得明显绩效之后，如何使这一制度保持稳定就成为了政策层面必须要明确的首要问题。《中共中央关于1984年农村工作的通知》明确规定“延长土地承包期，鼓励农民增加投资，培养地力，实行集约经营。土地承包期一般应在十五年以上。生产周期长的和开发性的项目，如果树、林木、荒山、荒地等，承包期应当更长一些。”与此同时，中央还就土地调整问题明确了“大稳定，小调整”的基本原则。

3. 土地延包与承包期的拓展

20世纪90年代之后，一些地区的土地十五年承包期最早将于1993年到期。1993年中央下发文件明确“为了稳定土地承包关系，鼓励农民增加投入，提高土地的生产率，在原定的耕地承包期到期之后，再延长三十年不变。开垦荒地、营造林地、治沙改土等从事开发性生产的，承包期可以更长。为避免承包耕地的频繁变动，防止耕地经营规模不断被细分，提倡在承包期内实行‘增人不增地、减人不减地’的办法。”

4. 三十年土地承包期的法制化

1998 年通过的《土地管理法》明确：“农民集体所有的土地由本集体经济组织的成员承包经营，从事种植业、林业、畜牧业、渔业生产。土地承包经营期限为三十年。”2002 年通过的《农村土地承包法》规定：“耕地的承包期为三十年。草地的承包期为三十年至五十年。林地的承包期为三十年至七十年；特殊林木的林地承包期，经国务院林业行政主管部门批准可以延长。”

5. “长久不变”政策思想的提出

尽管土地承包期从最初较短时间到十五年不变再到延长为三十年，已经有了明显拓展。但无论是十五年还是三十年，始终未能解决土地承包经营期“有限”问题。1998 年，中共十五届三中全会提出“依法赋予农民长期而有保障的农村土地使用权”。2007 年颁布实施的《物权法》规定，“承包期届满，由土地承包经营权人按照国家有关规定继续承包”，初步从法律上对三十年的承包期满之后的土地承包问题作出了说明。中共十七届三中全会则正式提出现有土地承包关系要保持稳定并长久不变。

（二）“长久不变”的政策取向与现实意义

“长久不变”是中共十七届三中全会提出的一项重大决策，但这属于原则性的要求，如何理解其具体的政策含义，各方尚未形成一致意见。从有关主管部门的解读看，认为土地承包关系“长久不变”，应当是指现有土地承包所形成的全部权利义务关系长久不变，既包括农村土地承包经营制度长久不变，也包括承包期限更长，权利更加充分而有保障，义务更加明确，地块也不再动。

一是稳定现有土地承包关系。就是要把现有土地承包所形成的全部权利义务关系按照法律和政策的规定全部落实下来，在全面完成延长土地承包三十年工作的基础上，妥善解决遗留问题，开展土地承包经营权的确权登记颁证工作，确保承包合同、证书、地块、面积“四到户”，把农民承包土地的各项权利依法落到实处。

二是实现土地承包关系长久不变。即现有土地承包关系所形成的承包方与发包方的权利和义务关系继续保持下去并长久不变，承包地块、面积除法律另有规定外也长久不变，土地承包期限由目前三十年的固定期限转变为长久不变。

三是赋予农民更加充分而有保障的土地承包经营权。按照“长久不变”的要求和农村经济发展的需要，土地承包经营权还需要进一步拓展农民入股发展农民合作经济组织等权利，健全土地承包仲裁法律制度，加强对土地承包经营权的物权保护。①

以家庭承包经营为基础、统分结合的基本经营制度被视为党的农村政策的基石，土地家庭经营制度又是基本经营制度的核心。在农村改革三十周年之际提出并一再强调的“长久不变”思想，具有深刻的长远影响和明确的现实意义。

1. “长久不变”是农村土地承包政策的延续和完善

从前述对“长久不变”政策思想演变脉络的回顾看，逐步延长土地承包期限、稳定土地承包关系一直是政策演变的基本方向。从土地承包合同一年一定到十五年的土地承包期，再到土地承包期延长到三十年，进而提出“长久不变”；从“大稳定、小调整”到“增人不增地、减人不减地”，进而再到“长久不变”，体现出农村土地承包政策的延续和完善，是历史和逻辑的统一。

2. “长久不变”是土地承包经营权物权性质的体现

改革之初土地承包只是集体经济组织内部的责任制。2003 年开始实施

---

① 上述对“长久不变”的解释见孙中华．关于稳定和完善农村基本经营制度的几个问题［J］．农村经营管理，2009 年第 5 期．

的《农村土地承包法》，凸显了农村土地承包经营权的物权性质。2007年《物权法》颁布实施，进一步确定土地承包经营权是用益物权。用益物权是一种排他性权利，依法保护用益物权，必然要求稳定土地承包关系，“长久不变”正是农村土地承包经营权物权性质的应有之义。

3. “长久不变”有利于强化农民土地承包权益保护

明确农村土地承包关系长久不变，是强化对农民土地承包权益保护的重要措施。一方面，更长的承包期限，意味着农民在土地流转时可以获得更多的收益，在土地被征用时可以获得更高的补偿，有利于调动农民保护土地的积极性；另一方面，更长的承包期限，也意味着城镇化占地成本的提高，有助于减少征用土地的数量，推动集约节约使用土地。

4. “长久不变”是提高农地资源配置效率的有效途径

以往出于对地权不稳定的预期以及担心土地流转后无法要回等原因，我国耕地的流转长期滞后于农村劳动力转移步伐。实现“长久不变”，有利于引导稀缺的土地资源向种粮大户、家庭农场等有效率的经营者集中，提高耕地资源的配置效率。与此同时，实现“长久不变”还能够刺激农民增加中长期投资，提升土壤肥力，改善土地生产条件。

（三）“长久不变”面临的主要障碍与矛盾

尽管“长久不变”有着明确的指向和政策含义，具有多方面的意义和价值，但要把“长久不变”从政策要求落实到具体的政策措施，则在理论、操作和配套政策等方面都还面临不少障碍与矛盾。

1. “长久不变”起点应从何时算起

实现“长久不变”，要求必须有一个清晰而公平的“起点”。只有从一个公平的起点出发，才有可能达到公平的结果，起点公平才能够实现其社会价值。但我国农村改革走的是一条“摸着石头过河”的渐进式改革道路，改革初期对农村土地承包并没有系统的制度框架，各地农村土地承包的具体办法和规则并不一样，“起点”并不是整齐划一，而是有多种模式。以土地调整为例，既有“生不增、死不减”的长期不变模式，也偶有小变动的“大稳定、小调整”模式，甚至还有剧烈变动的“大调整、大变动”等截然不同的模式。此外还有部分地方土地承包到户之后，集体或农户又新开垦了不少荒地，但新增耕地并未纳入统计和管理；有的地方土地被大量征用，大部分农民已经失去了土地；还有个别地区土地一直未承包到户，实行的是集体统一经营模式。凡此种种，不一而足。土地承包关系的现状要求先对土地承包的“起点”进行规范，由此在起点公平的基础上才能实现“长久不变”。①

2. “长久不变”是否应有具体期限

“长久不变”政策目的在于给农民以稳定的预期，但是否应有明确的承包期限，则从理论到具体操作上都还面临不少问题。从政策目标来看，只要能达到给予农民稳定预期的目的，不再设立具体的土地承包期限，抑或是以目前的三十年为一个承包周期，并无本质区别。但从具体操作层面看，是否设立具体的承包期限则影响重大。比如，目前的《农村土地承包法》明确规定，土地流转的期限不得超过承包期的剩余期限，若是土地承包不再设具体的期限则要求对此进行修改完善。又比如，《土地管理法》规定，被征收的耕地按照被征收前三年平均年产值倍数进行计算，补偿倍数最高不得超过 30 倍。土地承包是否应有期限以及期限的长短对此影响重大。

3. “长久不变”需要修改法律法规

目前，我国已经建立起了包括《宪法》《农业法》《农村土地承包法》《物权法》《土地承包经营纠纷调解仲裁法》《农村土地流转管理办法》等在内的法律法规体系。落实“长久不变”的要求，势必要求对相关法律法规进行全面的梳理和修改。第一个层次，包括对直接规定土地承包期限的法律法规的修改，比如《农业法》《土地管理法》《农村土地承包法》《物权法》等关于耕地的承包期为三十年，以及其他土地承包期限具体的规

---

① 鉴于农村土地承包的“起点公平”这一问题的复杂性和深远影响，笔者专门就此进行了研究，具体内容参见第五章。

定；第二个层次，与土地承包期直接相关的法律法规的修改，比如对《农村土地承包法》《农村土地流转管理办法》等对于土地流转期限的规定，对《土地管理法》关于土地征收补偿标准倍数的相关规定；第三个层次，还涉及一些目前法律法规尚未涉及的领域，比如农村承包土地的继承权的问题，目前的法律法规尚未涉及，实行“长久不变”要求对此作出进一步的说明。

4.“长久不变”如何建立退出机制

与实行土地承包关系“长久不变”形成鲜明对比的是，当前我国正处于快速推进的城镇化中，城乡人口分布状况变化剧烈。就存量而言，目前全国流动人口已经达 2.36 亿人，大部分是城乡之间流动的农民工。随着城镇化的推进，未来还有数亿人口将离开农村。农民的土地承包经营权基于其农村集体经济组织成员的身份而产生，是有条件的。大规模的城乡人口流动，必然会导致相当部分农户土地承包资格的丧失。“长久不变”带来土地承包关系的稳定和固化，人口流动则会导致承包主体的流动与承包资格的丧失。为解决这一矛盾，必然要求对丧失土地承包资格的承包者如何退出作出说明。虽然目前的《农村土地承包法》第 26 条规定：承包期内，承包方全家迁入设区的市，转为非农业户口的，应当将承包的耕地和草地交回发包方。承包方不交回的，发包方可以收回承包的耕地和草地。但在如何退出，对承包者拥有“长久不变”的物权如何补偿，退回的耕地如何处置等，都还缺乏系统考虑和细化的规定。要实现“长久不变”，必然要求对此进行说明和规范。

（四）实现“长久不变”的具体路径选择

“长久不变”是一个庞大的系统工程，具有牵一发而动全身的极端重要性。与我国农村承包土地制度变迁的渐进型特征相对应，实现“长久不变”也是一个渐进的过程，需要分阶段、有步骤地渐次推进。

1. 以土地确权明确“长久不变”的起点

2013 年的中央一号文件明确要求，用 5 年时间基本完成农村土地承包经营权确权登记颁证工作。农村土地承包经营权确权登记作为一种物权登记，是对农民土地承包经营权权益的法律认可。经过确权登记颁证后的农村土地，用益物权的性质体现更为明显，权能更加充分和完善。若该项工作扎实有效推进，在切实解决历史遗留问题、做到起点公平的基础之上确权颁证，则可为农村发展明确最为基础和关键的基本产权关系，为农村土地承包关系长久不变提供基础条件。建议可以土地确权作为“长久不变”的起点，在扎实做好农村土地确权工作，做到起点公平的基础上，明确宣布农村土地承包关系长久不变，亦即农村土地承包经营制度长久不变，农村土地承包所形成的全部权利义务关系长久不变，农村土地承包期限更长、权利更加充分而有保障、义务更加明确、地块也不再动。

2. 因地制宜通过不同模式实现起点公平

我国不同区域形成了多样化的土地承包模式，起点公平具有不同的含义和要求。应在充分考虑现有土地利益格局的基础上，因地制宜地探索不同的土地确权和长久不变的形式。一是对于长期实行“生不增、死不减”模式的地区，自分地到户以来土地承包关系就非常稳定，农户对现有土地承包关系充分认可，可以现有土地承包关系作为土地确权和长久不变的起点；二是对于长期实行“大稳定、小调整”模式的地区，可在现有土地承包关系基本不变的情况下，针对历史遗留问题和个别特殊案例作最后一次小调整，在此基础上确权颁证和实现长久不变；三是对于个别土地承包关系频繁大范围调整，或者土地长期数量不清、分配不匀的地方，要下大力气摸清底数，在群众充分认可的条件上公平分配，并以此为基础确权颁证并明确今后长久不变。

3. 相机探索实施“长久不变”配套措施

在做到“起点公平”，为实现农村土地承包关系“长久不变”提供必要前提的同时，还应从政策上试点探索相关的配套措施，解决好“长久不变”的关键问题。一是明确“长久不变”但有承包周期的办法。在“长久不变”的基本制度框架下，可明确相对较长的承包期限（比如五十年、七十年或一百年），并明确在一个承包周期届满之后，符合条件承包者的承包周期自动延长；二是明确土地承包经营权可以继承。除非发生农户失去农村集体经济组织成员权等情况，失去承包土地的资格，农户的土地承包经营权可以依法继承；三是要探索建立农村土地承包经营权的退出机制。对于举家迁入城镇、丧失农村集体经济组织成员资格的农户，明确其应退出土地承包经营权，但对其退出的土地承包经营权应按照市场价格给予合理补偿，使原承包者土地承包经营权的财产权利得以实现；四是研究提高征收耕地的补偿标准，使“长久不变”的土地承包经营权得以实现经济价值。

4. 修改完善法律法规以完成“长久不变”

我国农地制度的变迁通常以政策探索开始，但最终必然要走向法制规范的方向。“长久不变”农地制度的最终确立和完善，也要以修改和完善相关法律法规为保障。但相关法律法规的修改完善，也是一个长期的渐进过程。一是应该修改目前直接规定具体承包期限的法律法规。将《农村土地承包法》等法律法规中关于耕地的承包期为三十年、草地的承包期为三十年至五十年、林地的承包期为三十年至七十年等具体规定进行修改，明确为土地承包关系长久不变，或是明确土地承包关系长久不变加按周期承包的模式；二是还要修改与土地承包期间相关的法律法规。与直接相关的法律法规相比，这方面的任务更为烦琐而影响深远，比如土地流转方面的法律法规、土地征收补偿标准的法律法规等；三是要创设一批目前尚处于空白阶段的法律法规。比如农村土地承包经营权继承的法律法规、农村土地承包经营权退出的法律法规等。

四、农村土地流转与适度规模经营研究

随着工业化、城镇化向纵深推进，大量农村劳动力纷纷转向城市、流向非农产业，传统小农自营的农业土地经营方式已经越来越显示出对现代农业发展的制约。推进农业适度规模经营，是加快发展现代农业、转变农业发展方式的重要内容。而在农地制度的基本框架之下，通过土地流转来实现经营规模的扩张，是我国现代农业适度规模经营的重要途径。

（一）规模经营是我国农业现代化的必经之路

农业经营客观上存在着一个与人力资源、技术水平等资源要素条件相匹配的最优经营规模。寻求土地与人力、科技资源的最佳匹配状态，是农业经营永恒的命题。长期以来，如何在我国农户家庭承包、超小规模经营的条件下，逐步实现土地的适度规模经营，一直是长期受到关注也是充满争议的研究课题。中共十七届三中全会、十八大和十八届三中全会都对适度规模提出了明确要求。究其根本原因，就在于工业化、城镇化快速推进的背景赋予了规模经营重要的现实价值。

1. 规模经营有利于解决“谁来种地”问题

城镇化释放了大量的农村劳动力，使务农劳动力的绝对数量和相对比重都出现了明显下降。但与数量下降相比，更为严重的是农村劳动力转移具有明显的结构性特征，外出的大多是科技文化素质相对较高的劳动力，这导致务农劳动力科技文化素质出现明显下降。目前，务农劳动力的年龄结构、知识结构和性别结构都出现了明显变化，老龄化、低学历化和女性比例提高的趋势明显。2006 年第二次农业普查的结果表明，50 岁以上的农业从业人员所占比重已经达到 32.5%，比 1996 年第一次全国农业普查时提高了 14.4 个百分点，近年来这一趋势还在不断加剧。随着城镇化加快推进，“谁来种地”问题日益突出。规模经营有利于弥补农业劳动力大量外出后留下的空间，使稀缺的土地资源向更有效率的规模经营主体集中，实现农业生产的专业化、规模化、标准化和集约化，促进农业和粮食生产稳定发展。

2. 规模经营有利于解决“地怎么种”问题

我国的城镇化主要体现为农村劳动力的就业转移而不是人口迁移，体现为劳动个人的流动而非家庭的流动，这就导致了明显的人户分离和普遍的兼业行为。第二次农业普查的结果表明，2006 年年末，全国共有农业生产经营户 20016 万户，其中以农业收入为主的户占 58.4%，比 10 年前降低了 7.2 个百分点，非农兼业户比重明显上升。另据统计，2012 年年末全国人户分离人口已经达到2.79亿人，其中流动人口为2.36亿人。农户兼业行为对于优化家庭劳动力资源配置、增加家庭收益具有正面效应，但对于提高土地产出效率来说则有负面影响。很多兼业农户开始退出商品农产品的生产，农业生产行为逐步演变为“保口粮”“保自给”。在引发“谁来种地”问题的同时，城镇化还引发了“怎么种地”的问题。规模经营有利于现代农业科技装备的推广应用，对接现代农业生产要素，提高土地产出水平和资源配置效率。

（二）土地流转是实现农业规模经营的重要途径

改革开放三十多年来，如何在一家一户小规模经营的基础上实现农业规模经营，我国经历了多方面的探索和实践。政策导向和实践探索都表明，尽管我国农业规模实现途径存在多样化的选择空间，但通过土地流转来实现规模经营这一形式始终扮演着重要角色。

1. 通过土地流转实现规模经营的重要政策导向

农业的规模经营可以通过多种途径实现，我国在实践中也探索出了诸如农机作业、统防统治、粮食代耕等这样的生产服务外包和专业化服务的规模经营实现形式，在不涉及土地承包关系变动的情况下实现了规模经营的扩张。但无论如何，土地始终是农业最为重要的生产资料，土地的规模经营始终是农业规模经营的重要途径。而在我国农村土地集体所有、农户家庭承包的框架下，主要是通过土地流转来实现适度规模经营。正因为如此，国家相关的政策文件也历来将土地流转与规模经营相联系。比如，中共十七届三中全会提出，“加强土地承包经营权流转管理和服务，建立健全土地承包经营权流转市场，按照依法自愿有偿原则，允许农民以转包、出租、互换、转让、股份合作等形式流转土地承包经营权，发展多种形式的适度规模经营”。中共十八届三中全会明确指出“鼓励承包经营权在公开市场上向专业大户、家庭农场、农民合作社、农业企业流转，发展多种形式规模经营”。

2. 通过土地流转实现规模经营的实践步伐加快

通过土地流转来实现农业适度规模经营的政策导向，早在20世纪80

年代中期的相关文件中就有所体现。[①] 但与规模经营问题的重要性随工业化、城镇化的推进而提升一样，农村土地流转在过去相当长的时期内一直处于较低水平，直到进入21世纪以来才开始进入快速发展阶段。据农业部统计，截至2012年年底，全国家庭承包耕地流转总面积达到2.78亿亩，占家庭承包经营耕地面积的21.2%。在全部流转耕地中，流转入农户的占64.7%，流转入农民专业合作社的占15.8%，流转入企业的占9.2%。土地流转中，相当部分是流向了规模经营主体，为实现农业规模经营发挥了重要作用。仅以家庭农场为例，据农业部统计，截至2012年年底，全国共有符合家庭农场87.7万个，经营耕地面积达到1.76亿亩。家庭农场的平均经营规模达到200.2亩，是全国承包农户平均经营耕地面积7.5亩的近27倍。其中，经营规模在100亩以上的家庭农场20.3万个，经营规模在1000亩以上的有1.65万个。

（三）土地流转与适度规模经营面临的重要问题

我国通过土地流转来促进实现农业适度规模经营的政策导向已经明确，但由于土地流转和农业适度规模经营涉及众多的利益主体，为避免这一政策可能导致的消极结果，需要重点研究解决好两个方面的问题。

1. 如何确保土地规模经营在“适度”范围

人多地少的基本国情农情，决定了我国的规模经营要把握好“适度”问题。土地适度规模经营既有量的问题，也要体现出质的提高。因此，我国规模经营的目标既要追求劳动生产率，更要追求提升土地产出率，而且，国家的政策导向更应强调和鼓励提高土地产出率。土地适度规模经营

---

① 比如，1984年的中央一号文件明确，“鼓励土地逐步向种田能手集中。社员在承包期内，因无力耕种或转营他业而要求不包或少包土地的，可以将土地交由集体统一安排，也可以由社员自找对象协商转包”。1986年的中央一号文提出，“随着农民向非农产业转移，鼓励耕地向种田能手集中，发展适度规模的种植专业户”。

不是简单的“归大堆”，经营规模也不是越大越好。从当前我国的资源禀赋和工农收益看，一年两熟地区户均经营50～60亩，一年一熟地区户均经营100～120亩，较为符合国情。土地适度规模经营要受外部条件制约。土地适度规模经营的推进步伐和规模扩张，要与农村劳动力转移和市民化的进程，以及农村社会保障体系的健全完善相适应，不能超越或滞后于发展阶段。

2. 土地流转中如何保护承包农户的合法权益

在土地流转的众多利益主体中，与工商企业、合作社大户相比，承包农户往往居于弱势地位，相关权益很容易受到侵犯。实践中也存在违背农民意愿强制推行土地流转的行为。有的地方基层政府和村级集体经济组织随意变更甚至撤销农民承包合同，强迫承包农户集中流转；有的地方不顾客观实际，把鼓励引导变成行政干预，强行推进农村土地流转，严重损害了农民利益。还有个别村集体经济组织在土地流转中行为也有不规范之处，忽视农民土地流转收益主体地位，存在截留、挪用土地流转收益现象。一些工商资本进入通过村集体经济组织租赁农民承包地，也有“集中连片”“整村流转”等倾向，存在面积过大、租期过长、流转合同不规范、风险防范机制缺乏等问题。

（四）引导土地流转实现规模经营的政策措施

发展农业适度规模经营已成为现代农业发展、同步推进农业现代化的现实选择。要采取有效政策措施规范土地流转行为，推动农业生产经营向规模化、专业化、标准化和集约化方向转变。

1. 推进以经营权为核心的土地流转

在目前的法律法规和政策文件中，都采用的是笼统的土地承包经营权流转的提法。但从理论上分析，土地承包经营权实际包含了承包权和经营权两种不同的权利内容，在转包、出租、互换、转让、股份合作等流转形式中，只有转让等少数流转方式涉及承包关系的变化，转包、出租等占据主导地位的流转方式并不涉及土地承包关系变化；从实践情况看，土地流转中采用转让方式的情况很少发生。从农业现代化的要求看，无论是推进农业适度规模经营，还是提高土地产出率、劳动生产率和资源配置效率，关键都在于用活土地经营权，而与承包权没有必然联系。为进一步明晰土地流转政策，建议今后在相关政策文件中，明确以土地经营权流转来替代土地承包经营权流转的概念表述，对于涉及土地承包关系变动的转让等流转方式，另行研究和规范。

2. 强化对农村土地流转的管理和服务

加强农村土地流转服务体系建设，支持有条件的地区建立土地流转有形市场，搭建土地承包经营权流转的交易平台。完善评估等服务平台，健全各项服务职能。依据农业发展规划等健全项目管理和土地用途管制，坚持农地农用，遏制耕地流转的非农化倾向。完善土地流转利益分配机制。土地流转时要尊重农民意愿，采取引导的办法，防止脱离实际的强迫流转。鼓励规模经营主体与转出土地农户建立稳定合理的利益联结机制，探索租金动态调整、土地入股保底分红等利益分配办法，稳定土地流转关系，保护流转双方合法权益。

3. 培育土地适度规模经营新型主体

针对不同类型的新型农业经营主体，采取有针对性的政策措施。强化对专业大户和家庭农场的扶持政策。尽快研究针对专业大户和家庭农场的扶持政策，帮助其解决土地流转、设施用地、流动资金、风险保障等突出问题。同时，着力培育社会化服务组织，为规模经营主体提供生产性服务。引导培育经营性社会化服务组织，继续强化公益性农业服务体系，鼓励集体经济组织、专业化农业生产服务公司、专业化服务队、农民经纪人等参与提供社会化服务，重点解决机耕机收、统防统治等重点环节的生产服务，探索土地托管等高层次的综合服务模式。加强专业合作社规范化建设。重点加强示范社建设，扶持政策和合作社是否规范相挂钩，引导合作社健全运行机制，特别是要建立合理的利益联结和利益分配机制，使规模经营的利益更加倾向于农户。

五、工商资本参与农地经营研究

农地农用农民用还是农地农用全民用，是很多国家特定历史阶段都会遇到的重大问题，需要采取不同的政策取向与法律规范。随着工商资本进入农业和参与农地经营规模的日益扩大，这一问题在我国的重要性也日益凸现，迫切需要明确相应的政策法规。

（一）工商资本参与农地经营的现状和影响分析

近年来，由于国家不断加大对农业生产的支持、农产品价格上涨和二三产业领域竞争加剧等因素的影响，工商资本进入农业的现象日益普遍。工商资本进入农业，除了产前的农资供应、产中的生产性服务和产后的农产品加工及流通领域之外，还有很多通过各种形式参与了农地的经营，对于农业生产、农民利益和农村发展都产生了明显影响。

1. 工商资本参与农地经营现象日益普遍

过去相当长时期内，由于从事农业生产的赋税负担重、比较效益低，加之土地流转市场不健全等原因，工商资本参与农地经营的积极性不高，我国农村土地流转比例长期维持在5%以下。近年来，受多种因素的影响，包括农地经营在内的农业领域日益成为工商资本关注的热点，推动了农村土地流转速度逐渐加快。据农业部统计，截至2012年年底，全国农村土地流转面积达2.7亿亩，占家庭承包耕地面积的21.2%。其中，流入工商企业的耕地面积为2800万亩，比2009年增加115%，占流转总面积的10.3%。四川省截至2012年年底耕地流转面积为1195万亩，其中流转给工商企业的240万亩，占流转面积的21.5%。

2. 工商资本参与农地经营存在多种模式

工商资本参与农地经营的模式大体分为两种形式。一是工商资本通过转包、租赁等形式，从原承包农户手中取得土地承包经营权之后，直接从事农业生产经营。农户以转出土地承包经营权为代价，获得土地流转收益；工商资本支付土地流转费用，获得一定年限的土地使用权。也有部分企业在流转耕地之后，吸收原承包农户进入企业就业；二是工商资本并不直接流转土地，而是以资本、技术入股，农户则以土地、劳动力入股，通过股份合作的形式从事农业生产经营，从而实现利益共享、风险共担。此外，还有一种形式虽不普遍但值得注意的是，一些工商企业以农业开发的名义流转土地后，并不直接从事农业生产经营，而且将土地提高价格后租给其他企业或大户，实质在于资本运作而非农业开发。

3. 工商资本参与农地经营具有积极影响

与传统农业根本不同的是，现代农业属于资本密集、技术密集、人才密集型产业。以设施农业为例，塑料大棚每亩固定资产投入需要数万元甚至几十万元，从事生产也需要经过专门培训的技术工人。工商资本进入农业领域，能够带来农业发展急需的资金、技术、人才等稀缺资源，发挥技术示范、市场引导等积极作用，扩大农业生产经营规模和推进农业集约化、标准化、专业化、品牌化生产，提高农业质量和效益、增加农产品有效供给和确保质量安全，是以工补农、以城带乡的重要形式。

4. 工商资本参与农地经营弊端不可忽视

尽管工商资本参与农地经营具有积极影响，但其存在的负面影响同样值得高度关注，社会各界关注的焦点集中在两个方面。一是加剧土地流转“非粮化”甚至“非农化”。工商资本参与农地经营绝大多数发展高附加值的经济作物或者设施农业，从事粮食生产的比例很低。有关部门调查显示，在一些地区工商企业租地种粮食的只有 6%。据农业部统计，截至 2012 年年底，我国农户流转出的承包耕地中，用于种植粮食作物的仅占流转总面积的 55.8%，而工商资本正是耕地流转“非粮化”的重要推手，这引发了对国家粮食安全的担忧。在极端情况下，一些工商企业甚至将流转土地用于非农开发，改变了土地用途；二是挤压农民利益空间。我国农户呈小规模原子化状态，与工商企业相比居于弱势地位，在信息不对称、服务不到位的情况下，利益很容易受到侵害。即使是在工商资本不直接流转土地，而是通过入股经营的模式下，由于企业与农户地位的不对等，在企业出现经营风险的情况下也可能对农户利益造成损害。对此，中央文件早已明确指出："企业和城镇居民随意到农村租赁和经营农户承包地，隐患很多，甚至可能造成土地兼并，使农民成为新的雇农或沦为无业游民，危及整个社会稳定。"①

（二）工商资本参与农地经营的政策与法规

我国工商资本较大范围地参与农地经营的时间并不长，虽然政府的政策导向较为明确，但总体上看还缺乏明确的政策界限和法律规范。

1. 工商资本参与农地经营的政策取向一贯明确

从政策层面上，国家对工商资本直接参与农地经营一贯持谨慎态度。早在2001年，《中共中央关于做好农户承包地使用权流转工作的通知》（中发〔2001〕18号）就提出明确要求，为稳定农业，稳定农村，中央不提倡工商企业长时间、大面积租赁和经营农户承包地，地方也不要动员和组织城镇居民到农村租赁农户承包地。2013年《中共中央国务院关于加快发展现代农业进一步增强农村发展活力的若干意见》（中发〔2013〕1号）进一步明确要求，探索建立严格的工商企业租赁农户承包耕地准入和监管制度。与此同时，对于企业投资农业产业链上游、下游那些适宜产业化、规模化与集约化的领域，从中央政策来说则是鼓励的，这也是与不提倡工商企业长时间、大面积租赁和经营农户承包地并行不悖的政策导向。中共十八届三中全会明确指出，"鼓励和引导工商资本到农村发展适合企业化经营的现代种养业，向农业输入现代生产要素和经营模式"。

2. 工商资本参与农地经营的进入门槛不清晰

尽管国家对工商资本参与农地经营的政策导向一贯明确，但尚缺乏具体的规范和可操作的办法。《农村土地承包法》要求，土地流转"受让方须有农业经营能力"。更具操作性的《农村土地承包经营权流转管理办法》

---

①《中共中央关于做好农户承包地使用权流转工作的通知》（中发〔2001〕18号）。

只有同样的原则性要求，而没有更为具体的操作办法。因此，实践中关于土地流转“受让方须有农业经营能力”的要求实际上长期处于空白状态，未能建立起一套行之有效的贯彻办法。从2012年开始，农业部在全国30个省份设立了34个农村土地承包经营权流转规范化管理和服务试点地区，重点探索建立工商企业租赁农户承包地准入制度。此外，一些产业政策与工商资本参与农地经营的政策之间也还缺乏配套。比如，2011年发布的《外商投资产业指导目录》，糖料、果树、牧草等农作物生产等领域明确为鼓励外商投资产业，与对工商资本参与农地经营的政策导向之间存在一定冲突。

3. 工商资本参与农地经营过程中的服务不足

工商资本参与农业经营过程中最为关键的服务在于土地流转。《农村土地承包法》第五节专门就土地承包经营权流转作了专门规定；农业部于2005年专门出台了《农村土地承包经营权流转管理办法》，对流转当事人、流转方式、流转合同、流转管理等作了全面的规定。中共十七届三中全会进一步明确，“按照依法自愿有偿原则，允许农民以转包、出租、互换、转让、股份合作等形式流转土地承包经营权”。应该说，从政策导向和法律法规方面来看，对土地流转都有明确的要求。但在实践中还存在各种土地流转行为不规范的行为。据农业部统计，截至2012年年底，在全国土地流转中，签订合同的占流转总面积的65%，尽管比重有所提高，但也还有将近1/3没有签订流转合同。此外，还存在不同程度的违背农民意愿强迫流转、土地流转市场不健全、流转信息服务缺位等情况。

4. 工商资本参与农地经营的风险防范机制缺失

工商资本参与农地经营，特别是在大规模、长时期流转农户土地直接从事经营的情况下，改变了原来农户小规模家庭经营的状况。在集中土地经营权、扩大经营规模的同时，也使风险相对聚集。特别是农业生产本属于自然风险集中的领域，加之近年来多数农产品价格波动加剧，呈现波动幅度放大、波动频率增加的态势，由此导致农业经营的市场风险也呈增大趋势。一旦工商企业在经营过程中出现风险，则不仅会影响到企业自身，还会影响到参与农地流转的大量农户，存在引发社会风险的可能性。但目前这方面的风险防范机制依然处于空白阶段，迫切需要逐步研究建立健全。

（三）对工商资本参与农地经营问题的分析与判断

通过对工商资本参与农地经营基本情况以及相关政策法规现状的分析，可大体得出三个方面的基本判断：

1. 对工商资本参与农地经营应坚持趋利避害的原则

从前述分析可见，工商资本参与农地经营同时具备有利和有害的一面，而且在参与农地经营的不同模式下，其影响还有所差异。从国外特别是东亚小农经济体对农地经营的政策导向看，在坚持农地农用的前提下，对于“农民用”抑或是“全民用”也经历了政策的阶段性调整。从我国现阶段的情况分析，既需要在快速的工业化、城镇化进程中，解决“谁来种粮”问题，推进农业规模经营，充分发挥农地的生产功能；也存在强化保护农民土地权益，发挥土地对农民的财产功能的要求。因此，对工商资本参与农地经营不能简单地肯定或否定，而是坚持趋利避害、有条件许可的基本原则。

2. 现阶段应以保障农民利益为政策法规的基本取向

现阶段，在确定工商资本参与农地经营的法律法规时，应把保障农民合法土地权益作为基本的政策导向。核心原因在于，目前我国农户的组织化偏低，处于“集体无意识”状态，难以与组织化的工商企业具有同等的谈判地位。因此，从照顾弱势群体、确保社会公平的角度出发，在制定法律法规和相关政策时，应体现保障农民利益的倾向，从规则制定到风险防控有着系统的考虑。但在法律法规和政策确定之后，则应对工商企业和农民的合法权益同等保护，稳定双方的预期，实现企业与农民“双赢”，让农民真正享受到工商资本参与农地经营的发展成果。

3. 规制工商资本参与农地经营的关键在于流转环节

从工商资本参与农地经营的流程分析，能否参与和以何种形式参与农地经营，与农户的利益关系如何确定，主要在农地流转环节。从政府规制工商资本行为的角度分析，无论是参与农地经营前的门槛设置，参与农地经营过程中的利益关系调节，还是防范和化解潜在风险的政策设定，主要的措施和手段也在土地流转环节。因此，应以土地流转为中心，从进入门槛的设置开始，从土地流转合同的签订、流转价格的形成机制、流转服务体系、流转合同的履约机制、流转服务体系的建设以及风险的防范和化解等方面，全面健全和完善工商资本参与农地经营的法律法规与政策体系。

（四）健全完善工商资本参与农地经营的政策法规

从对工商资本参与农地经营影响的判断，以及与之相关政策法规的现状看，要切实发挥工商资本参与农地经营的有利作用，避免消极影响，需要进一步健全完善相关政策法规。其中，既包括新的法律法规创设，也包括已有政策法规的落实，以及相关配套措施的健全完善。

1. 建立工商资本进入前的农业经营能力审查制度

依据《农村土地承包法》第三十三条中关于“受让方须有农业经营能力”的要求，修改完善《农村土地承包经营权流转管理办法》，或者制订专门的《工商企业参与农地经营资格认定办法》。明确工商资本流转农地从事农业经营达到一定规模的，需要具备应有的农业经营能力，具备相应的资金实力、技术力量和管理团队，并经农业部门认可之后才能从事土地流转和经营农地。

2. 健全工商资本经营过程中的农地用途管制制度

依据《农村土地承包法》的规定：土地流转不得改变土地所有权的性质和土地的农业用途；承包方违法将承包地用于非农建设的，由县级以上地方人民政府有关行政主管部门依法予以处罚，以及《土地管理法》的规定：禁止任何单位和个人闲置、荒芜耕地；承包经营耕地的单位或者个人连续两年弃耕抛荒的，原发包单位应当终止承包合同，收回发包的耕地。由农业、国土等部门加强执法，对工商企业的土地利用进行监控，确保不改变土地用途，不破坏农业综合生产能力，坚决制止土地流转后“非农化”以及具有明显圈占地意图、无意经营农业的行为。

3. 完善土地流转过程中的管理、服务和履约机制

目前，关于土地流转的政策规定与法律法规已经很明确，关键是要加大政策和法律的落实力度，健全完善工商资本参与农地经营过程中的管理和服务，对土地流转合同是否符合依法自愿有偿原则、合同签订是否规范进行审核。健全信息发布和价格形成机制，通过政府的土地流转服务组织发布土地流转信息，公布土地流转的市场参考价格，引导土地流转供需对接和形成合理价格。督促工商企业按照合同约定及时足额兑付土地流转费用，保障集体经济组织和农民利益；引导农民依法守信履行土地流转合同，给工商企业稳定的经营预期。

4. 进一步强化工商企业进入农业的政策引导

一是通过税费减免、财政补贴、产业政策等手段，鼓励和引导工商资本主要投向产前和产后的各个环节，而不是直接参与农地经营；二是鼓励工商资本通过“公司＋农户”“公司＋合作社＋农户”等产业化经营形式，在获得稳定的产品供应渠道的同时，带动农民共同增收；三是在工商资本参与农地经营的各种模式中，提倡企业以资本和技术入股，农户以土地经营权和劳动力入股的办法，建立起利益共享的机制，并对农户土地经营权入股部分采取特殊的保护政策；四是探索建立土地流转风险防范机制。借鉴部分地区探索设立土地流转风险保障金，或是建立农民工工资准备金制度的办法，在土地流转面积较大的地区建立健全土地流转风险防范机制，降低土地规模流转过程中自然和市场风险对农民利益造成的不利影响。

六、农村土地承包经营权抵押研究

资本与资产最大的区别在于资本具有增值的功能。长期以来，我国农村土地主要是以农业生产资料形式而存在，农民利用承包土地的自由和权限受到法律和政策的限制，土地的弱流动性严重抑制了其资本功能发挥和增值价值实现。中共十八届三中全会明确赋予了农民土地承包经营权抵

押、担保权能，是农村土地制度的重大创新。应遵循市场经济发展规律，落实中共十八届三中全会相关要求，沿着农村产权改革方向，以土地资本化为导向，深度发掘承包土地的资本功能，积极稳妥探索建立土地承包经营权抵押制度。

（一）建立土地承包经营权抵押制度的重要意义

土地承包经营权是农民最重要的财产权利之一。“赋予农民充实而有保障的土地承包经营权”始终是我们党的“三农”政策方针和农业农村立法的基本原则。改革开放以来，随着对流动管制的放松和流转制度的建立健全，农民得以通过转包、出租、互换、转让、股份合作等多种形式实现承包土地权益。进一步赋予农民承包土地抵押权，对于充实农村资本市场，促进农民增收都具有重要意义。

1. 赋予农民承包土地抵押权，有利于促进农民承包经营权的主体化和完全化

我国农民土地承包经营权，本质上是一种受限物权。我国农村土地集体所有，农民对承包经营土地的占有、使用、收益和处分等权能都受到严格限制。回顾我国农村土地产权变革经历“私有公用”“公有公用”“公有私用”三个大的过程，农民对承包土地的支配权利越是充分和完全，农民的生产积极性越高，农村市场经济发展也越活跃。[①] 2007 年《物权法》正式实施，该法规定了农民土地承包权的用益物权属性。允许承包土地抵押，可以进一步充实农民对承包土地的占有、使用和有限处分权能，进而突出农民的主体地位，促进其对承包土地支配权利的完全化。

2. 赋予农民承包土地抵押权，有利于农民实现承包土地的多重收益功能

目前，我国农户可以选择自己耕种和收获农产品以实现土地承包收

---

① 郭忠兴，罗志文．农地产权演进：完整化、完全化与个人化［J］．中国人口、资源与环境，2012 年第 10 期．

益，也可以通过转包、出租、互换、转让、股份合作等形式获取土地流转收益。与传统自耕获取农产品收益及获取流转收益有别的是，农民把土地承包经营权抵押给他人，并不转移对承包土地的实际占有。这样一来，农民就可以在不影响自主经营收益的前提下，满足抵押贷款融资需求。此外，在承包土地上设置抵押，不经流转即可发现土地价格，提高农民的土地财富意识，促进土地价值显现。

3. 赋予农民承包土地抵押权，有利于缓解农民融资难题

我国农民生产生活有着巨大的融资需要，而农户普遍缺乏可担保融资的财产，致使其融资需求严重得不到满足。据吉林省金融办对梨树县3046户农户金融需求调查显示，农户贷款需求从8000元到十几万元，融资需求中间值3.5万元，实际贷款需求的满足率不足40%，还有60%的缺口。[①]农民融资难，关键在于缺乏有效的可供抵押的财产。在农民家庭主要财产中，粮食等农产品由于季节性强、不易长期储存，农房大多是农民唯一住宅，涉及民生，一般不被抵押认可。承包土地是农民家庭最为重要的财产，并且具有不动产保值增值的优势，天然适合做一般抵押物。农村土地这个要素一旦被激活，将形成巨大的有效信贷需求。如果进一步放开土地承包抵押权，可以增加农民可供抵押的财产来源，有效缓解农民贷款难题。

4. 赋予农民承包土地抵押权，有利于盘活和充实农村资本市场

随着农村土地流转市场的逐步形成，农村土地价值稳步上升，农村资本市场规模显著扩大。据中国社科院调查，2010年农地整体租金水平是每亩每年290元。按5%的平均收益率来算，每公顷耕地（仅用于农业目的）的价值约为8.7万元，由此可以初步推算出我国18亿亩耕地的潜在价值为10.44万亿元。实际上，随着土地租金的逐年增长，以及未统计在册的土地，全国农村资本市场规模可能更大。在全部农村集体资产中，土地资产

---

① http://www.ce.cn/xwzx/gnsz/gdxw/201211/13/t20121113_23844525_1.shtml.

的总量最大，价值最高。如果允许农民承包土地抵押，可以实现资金大规模向农业农村回流，为我国现代农业发展和新农村建设提供源源不断的资金支持。

（二）农村土地承包经营权抵押的基层探索与经验

虽然长期以来，相关政策和法律法规并未对农村土地承包经营权的抵押一直处于被禁止状态，但出于对激活农村资产和缓解农村金融供求矛盾等现实问题的关注，不少地方以农村土地承包相关权益为基础，开展了多种形式的抵押创新试点试验，为全面的制度创新和法律完善积累了经验。

1. 重庆市的农村土地承包经营权抵押

土地承包经营权抵押是重庆“三权”抵押的重要内容。重庆市包括农房、林地和土地承包经营权在内的“三权”抵押价值估计在1万亿元以上。为激活“三权”资产，缓解农村“贷款难”问题，2010年11月，重庆市出台了《关于加快农村金融服务改革创新的意见》，明确提出开展“三权”抵押融资。土地承包经营权抵押主要做法：一是明确严格规范的操作办法。农户、涉农企业或经济组织以持有的农村土地承包经营权作为抵押向金融机构贷款。贷款额度由经办银行根据借款人的生产经营活动以及项目的现金需求和评级授信情况，最高为农村土地承包经营权评估价格的60%，评估价格一般依据土地承包经营权证上的剩余年限和土地流转价格来确定；二是有效控制运行中的风险。由市、区两级财政出资设立农村产权抵押融资风险补偿专项资金，对经办银行因发放“三权”抵押贷款产生的损失进行补偿。补偿比例为35%，其中市级承担20%、区县承担15%。市政府投入30亿元建立了兴农融资担保公司，并将陆续在37个涉农区县分别组建子公司，专门为农村“三权”抵押融资提供担保。依托市农业担保公司组建农村资产经营管理公司，负责处置金融机构因开展农村“三权”抵押贷款产生的不良资产；三是打通司法保障环节。重庆市高级人民法院专门出台了为农村金融服务改革创新提供司法保障的意见，明确按规定设定的农村“三权”抵押权，人民法院应当认定有效，发生纠纷时要积极受理。经过两年多的探索和实践，重庆市的农村承包土地抵押制度基本建立，农村金融服务改革创新取得了突破性进展。2012 年，重庆市累计发放“三权”抵押贷款 310.7 亿元，为缓解农村金融供需矛盾发挥了积极作用。

2. 山东省枣庄市的农村土地使用产权抵押

在坚持土地所有权、农民承包权和农地性质保持不变的原则下，山东枣庄全面推进以发放农村土地使用产权证、组建农村土地专业合作社、搭建农村土地使用产权交易服务所为内容的“三位一体”农村土地使用产权制度改革。这项改革的核心是将土地的承包权和使用权分离。由当事人提出申请，农村土地使用产权交易服务所向申请人发放农村土地使用产权证，申请人可以土地使用产权证抵押申请贷款，也可通过产权交易所进行交易。申请土地使用产权证的当事人需要合法拥有土地使用权，可以是承包经营权的拥有者，也可以是经过产权交易所鉴证的土地流转受让方。截至 2013 年 3 月底，枣庄市累计发放土地使用产权证 6 万多个，抵押贷款 3.3 亿元。最高单笔贷款达到 600 万元。通过改革激活了农村土地资本，一定程度上解决了农业生产资金难题，提高了土地使用权的流动性，促进了农村土地流转和规模经营。

3. 吉林省梨树县的土地收益保证贷款试点

为规避土地承包经营权抵押的法律法规风险，吉林省梨树县以土地承包经营权的未来收益而非土地承包经营权本身为保证，通过一系列的制度安排来使农民通过土地获得贷款。具体的操作方式：一是成立梨树县物权融资农业发展有限责任公司，搭建连接农户与金融机构的平台，贷款农户与物权融资公司签订“土地承包经营权流转合同”，约定农户逾期不能还款先由物权融资公司代还，然后物权融资公司将农户土地挂牌竞标转包，用转包款偿还其代还款的本息。保证贷款使用土地未来收益作保证，当偿还贷款后，土地经营权立即归还；二是贷款农户需将《土地承包经营权证》及《土地共有人签字同意流转声明》送所在乡镇土地经管站登记保存；三是金融机构对申请贷款农户作征信调查，对无不良记录同意贷款的，向物权融资公司出示意向书，物权融资公司接到意向书后核定贷款数额并向金融机构提交《保证贷款承诺函》，金融机构按函中核定数额发放贷款；四是由乡镇主管农业的领导、农业站长、农经站长、村委会主任和村民小组组长组成评估小组，参照县里统一确定的基数，对本村、社土地收益确定数额。该试点自 2012 年 8 月开始运转，截至 2013 年 5 月 16 日，已经为 3700 多户发放贷款约 1.2 亿元。

4. 各地试点探索的几点启示

各地开展承包土地相关权益抵押融资的做法各异，应用价值和可复制性也各有差别，但其中也隐含着不少具有规律性的重要启示。一是各地的改革探索体现出了明显的“自下而上”基本思路。改革探索的主要地区，一般而言往往对于承包土地和农村金融改革创新具有强劲需求，基层政府具备强大的动员能力，着力于推进一系列的制度创新，并为制度创新和风险防控等提供相应的财力保障，体现“自下而上”的自发改革、自费改革特征；二是各种形式的农地权益抵押融资试点通常并不涉及土地承包权。吉林省榆树县试点是以土地收益作为担保；山东省枣庄市试点是在明确将土地承包权和经营权相分离的基础上，以使用权交易作为获取贷款的标的物；重庆市的做法虽然叫农村土地承包经营权抵押，但从其具体做法看，所抵押的标的物也并不包括承包权，同样仅仅涉及土地经营权；三是相关做法要在更大的范围内推广应用难度较大。不同地区的做法具有明显的因地制宜特点，比如吉林省榆树县开展的土地收益保证贷款试点，在北方农户耕地面积较多的地区具有一定推广价值，但在南方人多地少的地区推广运用的价值并不明显。

（三）设立土地承包经营权抵押权的制度障碍和约束条件

相当长时间以来，我国一直设置农村土地承包经营权抵押制度，表面上看是法律制度的限制，但探析深层次根源，农村土地承包权抵押与现有经济制度、社会制度的不相容乃至相互排斥仍是制约其实现的根本原因。

1. 土地承包经营权抵押的立法障碍

近年来，我国农村土地承包经营制度不断创新完善，农地权利逐渐从国家和集体公权向农民自主私权让渡和分化，特别是《物权法》《农村土地承包法》等法律的颁布实施，赋予农民比较充分的土地流转自由，以及肯定了除承包地以外的农村土地抵押制度。《物权法》第一百三十三条规定："通过招标、拍卖、公开协商等方式承包荒地等农村土地，依照农村土地承包法等法律和国务院的有关规定，其土地承包经营权可以转让、入股、抵押或者以其他方式流转。"《农村土地承包法》第三十二条规定："通过家庭承包取得的土地承包经营权可以依法采取转包、出租、互换、转让或者其他方式流转。"第四十九条规定："通过招标、拍卖、公开协商等方式承包农村土地，经依法登记取得土地承包经营权证或者林权证等证书的，其土地承包经营权可以依法采取转让、出租、入股、抵押或者其他方式流转。"由此可见，在中共十八届三中全会之前，我国仅仅放开了"四荒"承包经营权抵押，对于一般耕地的承包经营权能否抵押，相关政策和法规实质上倾向于反对的意见。在现有法律规范框架下，城市国有土地使用权抵押最早放开，在融资市场上占领了先机；农村"四荒"土地使用权抵押全面放开，相关操作办法和配套制度正在逐步建立健全；农村土地承包经营权抵押一直受到严格限制，成为抵押制度未能开拓的最后孤岛。

2. 土地承包经营权抵押实现的经济成本制约

我国实行农村土地家庭承包经营制度，以农村人口为依据平均分地和持续调整土地，带来土地分散、零碎经营的问题，以及土地产权权属关系模糊的缺陷。土地细碎化、权属不清不可避免地推高承包土地抵押的成本。按照抵押程序，抵押合同签订前，一般涉及财产数量统计、等级分类和价值评估等大量工作。目前，我国农户家庭平均土地经营规模 7.5 亩，户均有土地块数 5.7 块，平均每块大小为 1.3 亩左右，分布在不同地方的土地地价高低不一，逐户逐地调查，需要耗费大量人力、物力。此外，土地权属关系不明，土地面积争议，集体和成员之间、邻里之间、家庭成员之间承包权属纠纷较多，在具有很大不确定性的财产上设置抵押，导致抵押风险过大，逐一查实将大大推高土地抵押的成本。特别是在缺少政府推动和社会支持的情况下，抵押交易成本过高，必然会影响农民和金融机构的参与积极性。

3. **土地承包经营权抵押实现的社会保障因素制约**

土地是农民最重要的生产资料，是农民最稳定的生活来源。尽管近年来农村社会保障体系初步建立，但保障内容、保障范围和保障水平仍比较有限，农村承包土地仍然担负着基本生活保障的功能，以及为家庭成员市民化积累资金，对社会稳定和社会发展具有重要作用。从社会保障的角度看，限制农村土地承包经营权抵押也不无道理，防止农民一旦不能偿还贷款，造成失地失业，进而引发严重的社会问题。社会保障是应由国家和各级政府提供的一种公共产品和公共服务，而土地承包经营权抵押本质上是一种农民对土地的自主支配性权利，两者并行不悖。一直以来，我们一直没有扭转城市居民社会保障政府提供，农民社会保障依靠土地的传统认识。特别是在土地承包经营权抵押这个问题上，我们常用“父爱主义”的观点替农民做主，管住农民的土地使之不与农民分离，防止农民失地失业和社会不稳，恰恰是这种管控，限制了农民土地利用的自主权能，回避了国家和社会应尽的社会保障责任。如果我们不摆脱这种思想束缚，不将主要社会保障功能从土地上剥离出来，我国农村土地承包经营权抵押制度设计就缺乏基本的思想指导和理论支持。

（四）建立土地承包经营抵押权制度的几个问题

从长远看，建立土地承包经营权抵押制度是完善承包经营权权能，激发农村发展活力的应有之义。但从现实可行性看，尽管中共十八届三中全会明确赋予农民土地承包经营权抵押、担保权能，但农村土地承包经营权抵押还需要修改法律法规，并面临着经济成本和社会保障等因素制约，短时期内全面推开的难度很大。因此，建立土地承包经营权抵押制度，也需要秉持渐进性改革的基本思路，首先是继续推进改革试点、积累经验，再逐步扩大试点范围并全面修改法律法规和相关政策。具体而言，未来建立土地承包经营权抵押制度的要点有五个方面。

1. **修改相关法律明确土地承包经营权抵押制度**

有效承认民间自主的制度创新，是我国改革开放三十多年来最重要的经验之一。一个与时俱进的制度应该具备一定弹性，对于法律没有明确禁止，但又有利于生产力发展的制度创新要留下足够的制度空间。现实中，土地承包经营权抵押一直大量存在，这其实反映了人们有效利用土地权利的诉求。中共十八届三中全会明确赋予土地承包经营权抵押、担保权能，为解锁土地承包经营权抵押、担保创造了最为关键的前提。应与时俱进地修改有关法律规定，把政策性文件上升为权威性的法律法规，把地方有效探索上升为稳定的国家制度。及时研究修改《担保法》《物权法》《农村土地承包法》等法律法规中关于禁止农村耕地、自留地、自留山等集体所有土地使用权不得抵押的条文，赋予农民土地财产平等的权利，从法律上对农村土地承包经营权抵押融资提供保障。

2. 明确土地承包经营权抵押的客体是经营权

土地承包经营权是农民的基本财产权利。土地承包是农民基于集体成员资格而获取的土地权利，具有身份属性，不因土地使用主体转移和利用方式变化而变更。这是我国农村基本经营制度的基础，必须毫不动摇地坚持。在承包土地上设置抵押权，应以经营权为客体。农民承包土地抵押给金融机构或其他债权人，不影响农民和集体承发包关系。农民到期不能偿还抵押债务，债权人并不能取得承包方的地位，只能以土地经营获得的农产品收入或流转地租收入优先受偿。

3. 合理设置土地承包经营权抵押的最长期限

在农村基本社会保障制度尚未有效建立的现实条件下，承包土地的社会保障功能仍然十分重要。考虑到土地承包权抵押全面放开之后，有可能出现一部分农民为了短期需要轻易放弃土地权利的情况，为防止因农民失地失业导致社会不稳定现象的发生，建议合理设置土地承包经营权抵押期限。可以参照《民法通则》《房地产管理法》等法律关于房屋租赁期限的有关条款，规定土地承包经营权抵押在不超过现有承包期的前提下，最长期限以 5～10 年为宜。

4. 建立相对集中统一的土地承包经营权抵押交易市场

集中统一的有形交易市场是土地承包经营权抵押实现的重要平台。要适应农村产权关系变化加剧的趋势，总结和借鉴地方成熟经验和做法，探索建立集中统一的农村产权交易市场。建议以县为单位建立土地产权交易中心，一些乡镇和较大行政村可以设立交易所，为农民就近就地实现土地承包经营权抵押提供信息共享、规范操作、资产评估、处置变现的市场平台，促进农村土地承包经营权抵押的有效运作和价值实现。同时，要加快推进确权颁证工作，让农民拿着土地承包权证即可安全、快速、便捷地实现抵押。

5. 支持金融机构参与土地承包经营权抵押工作

金融机构是土地承包经营权抵押的重要主体。金融机构的意见和行为对这项制度成败有着重要影响。目前，在国家忽视土地承包经营权抵押的制度设计下，金融机构和农民双方都对利用土地承包经营权融资展现了浓厚兴趣，并作出了切实努力。但是单纯依靠借贷双方自发力量，很难克服信息不对称、操作成本过高、风险过大等障碍，迫切需要政府大力推动和支持。建议在强调金融机构“支农”责任的基础上，进一步给予金融机构承办土地承包经营权抵押的税费减免、担保支持、评估费用补贴等方面的扶持。

七、农村土地承包经营权退出机制研究

随着工业化、城镇化的快速推进，在农民变市民的过程中，必然要涉及土地问题。到 2012 年，我国外出农民工数量达到 1.63 亿人，其中有部分已经举家实现了职业和居住的转移。由于我国“候鸟型”的农村劳动力转移和不彻底的城镇化模式，大多数转移农民未能实现城镇化，同时与城镇和农民保持着联系。农民“离农”不“离地”；农民工“进城”不“弃地”；土地“弃耕”但没有有效流转，对城镇化和农业现代化都带来了不利影响。必须在城镇化和农业转移人口市民化的进程中，同步推进农村土地承包经营权退出机制建设。

（一）构建农村土地承包经营权的退出机制的要求迫切

土地兼具资源和资产双重属性，既是农业最基础的生产资料，也是农

民最重要的财产权利。未能与农村劳动力转移同步建立起土地承包经营权退出机制，导致稀缺土地的资源和资产功能同时受到限制，既影响了农业转移人口市民化的步伐，也对现代农业的发展产生了不利影响。

1. 影响了农业转移人口市民化的步伐

城市化的实质是大量农民转化为城市居民的过程。从农民到市民不仅仅是职业和身份的变换，而且需要以大量的成本投入作为支撑。据国务院发展研究中心的典型调查，一个典型农民工（包括相应的抚养人口）市民化所需的公共支出成本总共约 8 万元。这是一个总体的平均概念，在不同地区存在较大差别，总体看东部沿海地区较高、中西部地区较低，大城市、特大城市较高、中小城市和小城镇较低。在农民工市民化的成本中，政府主要承担相关的基本公共服务投入，企业主要是承担农民工社会保障等方面相应的投入。除此之外，转移农民在城市生活定居也还需要相应的投入，这部分投入需要由其自身承担。而作为农民最重要财产权益之一的承包土地，难以通过市场化渠道退出实现财产权利，迟滞了农业转移人口市民化的步伐。

2. 制约了农业适度规模经营的推进

大量务工农民不能随着职业的转变实现社会的转变，仍然保留农村的承包地。这造成大量农田粗放经营或撂荒现象，使农村人均耕地规模不能得到有效扩大，规模效益难以实现。特别是进入 21 世纪以来，我国城镇化率以每年一个百分点以上的速度提升，到 2012 年城镇化率已经达到 52.57%；全国人户分离人口已经达到 2.79 亿，其中流动人口达到 2.36 亿。[①] 另据全国村庄抽样调查，我国农地流转的发生率为 15.25%，但与此同时，各类外出务工与兼业的农村劳动力已经高达 48.62%，土地经营关系的变化严重滞后于农村劳动力转移。[②] 据专家预测，我国城镇化率 2020 年将达到 60%左右，2030 年将进一步达到 66%左右。若不能建立相应的

---

① 国家统计局 .2012 年国民经济发展稳中有进 . http：//www. stats. gov. cn.

② 来自 2011 年度上海财经大学“千村万户”社会调查项目。

退出机制，则耕地资源配置效率还可能进一步下降。

3. 弱化了农业生产支持政策的效应

进入21世纪以来，适应工农、城乡关系的新变化，国家加大了农业支持保护体系建设力度，实施了一系列强农、惠农、富农政策，采取了税费改革、加大粮食补贴力度、增加农业建设投资等扶农措施。2004—2012年，中央财政用于“三农”的支出从2626亿元快速增加到2013年的13799亿元，其中种粮直补等“四补贴”由145亿元增加到了1700亿元。国家对农业生产的扶持力度迅速加大，但由于农业转移人口大多保留着与耕地的承包或经营关系，而相关惠农政策特别是几项主要的农业补贴发放都与耕地承包者挂钩，导致政策扶持的目标不能聚焦，弱化了财政支农政策的效应。

（二）构建农村土地承包经营权退出机制面临的矛盾问题

农村土地承包经营权的退出之所以滞后，既与农地所承载的保障功能有关，也与建立土地承包经营权退出的制度缺位和经济支撑缺乏有关。

1. 农业转移人口承包土地的保障功能依然存在

由于农地资源的稀缺性，拥有农地承包经营权，不仅可以通过直接经营耕地而获得直接收益，也可以通过间接的土地流转、租赁、入股等方式获得收益。虽然我国人均承包土地少、农业收益低，农地所提供的只是一种低层次的福利，但对于低收入的农民工来说，这种低层次的福利，也是其家庭收入一个不可忽视的来源。特别是由于农民工市民化步伐滞后，农民工参加城镇养老、医疗等社会保险的比例还很低，2012年，雇主或单位为农民工缴纳养老保险、工伤保险、医疗保险、失业保险和生育保险的比例仅分别为14.3%、24%、16.9%、8.4%和6.1%。社会保障未能得到有效解决，使土地承包经营权一定程度上承载了为进城农民提供社会保障的功能，这也是制约土地承包经营权退出的重要原因之一。

2. 农村土地承包经营权退出制度的缺位

农业转移人口是否应该退出承包土地，退出承包土地的具体办法如何，既需要宏观的顶层设计，也需要具体的制度安排。但从《农村土地承包法》《土地管理法》《物权法》等相关法律法规的规定看，仅对农业转移人口通过土地流转而“退出”土地经营有了明确的规定和成熟的操作办法。对于农业转移人口退出土地承包，仅《农村土地承包法》第二十六条规定，“承包期内，承包方全家迁入设区的市，转为非农业户口，应当将承包的耕地和草地交回发包方。承包方不交回的，发包方可以收回承包的耕地和草地”，但并没有对进城农民退出土地的具体程序和补偿方式等作出具体安排。而且，最近的政策导向进一步明确：现阶段，农民工落户城镇，是否放弃宅基地和承包的耕地、林地、草地，必须完全尊重农民本人的意愿，不得强制或变相强制收回。[①] 总体上看，进城农民退出土地承包权问题，从理论层面到实际操作都尚未破题。

3. 缺乏退出土地承包权的补偿资金来源

土地承包经营权属于用益物权，承包农户退出土地承包经营权的条件是要能获得合理的经济补偿。在土地经营权的流转中，通过健全完善土地流转市场，承包农户可以从转入土地方获取资金补偿。与之相比，土地承包权退出涉及的关系更为复杂，需要投入的资金数额更大，解决起来也更为不容易。按照相关法律法规，农户承包土地的所有权属农民集体，发包方包括集体经济组织、村民委员会或村民小组，承包方是集体经济组织内部的农户。因此，农户退出土地承包权，理应由发包方的集体经济组织、村民委员会或村民小组作出经济补偿。但从实际情况看，当前农村集体经济组织大多实力不强，甚至存在大量的“空壳村”，实际上难以支付农户退出土地承包权的补偿资金。而这一问题若未得到有效解决，则建立农村土地承包经营权退出机制也难以实现。

（三）建立农村土地承包经营权退出机制的基本考虑

针对农村土地承包经营权退出所面临的矛盾和问题，需要同时从城

---

① 《国务院办公厅关于积极稳妥推进户籍管理制度改革的通知》（国办发〔2011〕9号）。

镇、农村两个方面入手，强化制度设计。

1. 城市要为农民退出土地创造有利条件

一方面，务工农民职业的不稳定性和工资收入水平不高，是制约农民退出农地的主要原因。通过培训提高农民素质，提高工资收入和保持工作的稳定性，是解决这一问题的关键。为此，应加快完善农村劳动力职业技能培训体系，建立城乡劳动力平等就业制度，确保务工农民在城市的职业稳定和工资性收入的提高，以增强农民退出耕地迁居城市的信心。另一方面，目前城镇的相关公共服务还未覆盖到农民工，应推进城镇基本公共服务均等化，改变农民工与城市户籍人口之间的差别待遇，以农业转移人口为重点推进城镇化。

2. 国家要为农民退出土地提供优惠政策

农业转移人口市民化和退出土地承包经营权，既是市场规律作用的必然结果，也需要发挥政府的调控作用。特别是农业转移人口市民化的初期，就业和收入等方面都比较脆弱，尤其需要政府加大政策扶持。一是国家通过户籍制度改革，放宽农民进城落户的条件，保障进城务工农民的合法权益，为农民进入城市创造良好的体制条件；二是国家应尽可能为退出农地者提供教育、医疗、养老等方面的优惠政策，为退出农地者在城市稳定生活提供政策扶持；三是要把农民工纳入城镇住房保障体系，特别要为脱离农地者提供一定数量的中、低档住房，以帮助他们解决居住问题，实现居住地的转移。

3. 试点探索农民退出土地的可行办法

目前农业转移人口退出土地承包权的制度还处于空白状态，短时期要明确系统的退出办法尚不现实，需要在部分地区开展试点试验，并及时总结经验教训，为全面构建土地承包权的退出制度创造条件。目前已经在个别地区开展了进城农民退出土地的尝试，对其实践探索要予以特别关注。

专栏 1—1 “美丽中国”必须有“健康城镇”

专栏：宁夏回族自治区平罗县的农村“三权”退出机制探索实践

针对新型城镇化发展中农民城乡之间“两头跑”，务工务农“两耽搁”的问题，平罗县制定了《农村集体土地和房屋产权自愿永久退出收储暂行办法》。按照自愿有偿、评估收储、统一管理、用途不变的原则，探索建立农村土地承包经营权、宅基地使用权和房屋所有权的退出收储机制。一是对退出的承包土地、宅基地和住房给予一次性补偿，退出农村“三权”的农户同时享受村集体经济组织“三资”（资源、资产、资金）收益分配一次性补偿，解决退出“三权”农民的资产收益问题。二是采取财政预算安排和收储土地、房屋流转收益注入的方式，设立了专项收储基金，解决退出“三权”收储补偿金的来源问题。三是对退出的耕地，采取转包、出租、转让等方式进行流转；对整村退出的宅基地和房屋进行复垦和流转；利用退出土地和房屋安置移民，解决退出承包地、宅基地和房屋的处置问题。四是对自愿永久退出“三权”的农户，出台住房保障、养老保险、计划生育、就业创业等优惠政策，为可能回流农民预留一定的机动土地，解决退出“三权”农户的后顾之忧。目前，全县已有 689 户农民通过各种方式退回了宅基地使用权；围绕插花移民安置，已收储自愿永久退出耕地、宅基地和房屋农户 300 户，退出耕地 1500 亩。

（四）建立农村土地承包经营权退出机制的制度设计

通过对建立农村土地承包经营权退出机制必要性、可行性以及城市和农村不同方面政策思路的考虑，可以得出以下几个方面的基本判断。

1. 实施渐进式的农村土地承包经营权退出路线

鉴于我国的城镇化和农业转移人口市民化是一个长期渐进的过程，农村土地保障功能的剥离也需要较长的时间，因此，农村土地承包经营权的退出也应采取渐进式的路线。短期内，重点是在土地流转框架内，引导农业转移人口流转土地经营权，在稳定获取土地租金收益的同时，放弃对土地的直接经营关系。中长期内，随着农业转移人口市民化的推进，可在局部试点试验积累经验的基础上，逐步建立农业转移人口完全退出农村承包土地的办法，在充分实现农村土地财产权利的条件下完全退出承包土地。

2. 充分尊重农业转移人口退地的意愿和选择

农户是农村最基本的生产生活单元，也是土地承包的基本单位，即使个别或部分成员迁入城市，农户作为承包主体依然存在，因此，应坚持以农户而非个人作为土地退出的基本单位。考虑到承包地还承担着农户基本生活保障和社会“稳定器”的功能，除了全家迁入城市之外，还应把是否具有稳定的就业、收入和享受平等的基本公共服务作为退出承包地的前提条件。即便具备了退出承包地的硬条件，也应尊重农民的意愿和选择，并设置一定时间作为过渡期，不急于收回农民承包地。

3. 明确退出土地承包权应由集体经济组织给予补偿

鉴于承包地属农民集体所有，集体经济组织处于所有权主体的地位，因此，进城农民交回承包地的，要由集体经济组织给予补偿，包括补偿标准、补偿条件等具体规定，应充分尊重集体经济组织的主体地位；对于经济困难的集体经济组织，国家可以给予支持，但不能“越俎代庖”，替代集体经济组织的功能作用。由于各地经济社会发展状况和土地承包具体办法差异较大，可以以省为单位，依据国家法律和政策，制定对全家进城落户农民土地承包经营权有偿退出的具体办法。

八、完善农村承包土地法律法规与政策的基本思路

通过对我国农村承包土地制度演变历程和现状的分析，以及对农村承包土地相关重大问题的研究与探讨。本部分研究认为，从大的思路判断，经济社会发展已日益从多方面对农地制度提出了新要求，有必要进一步完善现行“两权分离”的农地制度，明确把承包经营权界定为相对独立的承

包权与经营权，构建以“三权分离”为特征的新型农地制度。

(一) 现行“两权分离”的农地制度已有创新必要

改革开放以来，家庭承包经营制度的确立，使我国逐渐形成了以所有权和承包经营权“两权分离”为特征的农地制度，农民集体拥有农地所有权，农户拥有土地承包经营权。这样的制度安排一定时期内较好地处理了国家、集体和农民的利益关系，有效调动了农民的生产积极性，支撑了农业农村经济的持续发展，呈现出良好的制度绩效。随着经济社会的发展，农业生产经营主体、农地资源配置状况和农业外部环境条件都发生了深刻变化，“两权分离”的农地制度在实践中的一些矛盾问题逐步显现，承包经营权的设置已经越来越呈现出需要创新的必要。

1. 农村土地承包经营权实际包含多重权利

从法律法规和现实状况看，目前我国农户拥有的土地承包经营权实际上是一个包含多重权利的组合。《物权法》明确规定，土地承包经营权人依法对其承包的耕地、林地、草地等享有占有、使用和收益的权利。正如目前农地的所有权和承包经营权分别归属农民集体和农户一样，土地承包经营权的各项权能既可由同一主体承担，也可在不同主体之间分割。历史沿革与国际经验都表明，各项权能在不同主体间的分割与界定，是决定农地资源配置效率高低的关键因素。

2. 笼统的农村土地承包经营权提法在法理上不够严谨

目前我国的法律法规和政策文件中对农地流转的正式提法均为农村土地承包经营权流转。农村土地流转包括转包、出租、互换、转让、股份合作等形式，其中转包、出租这两种主流形式所占比重将近80%。在绝大多数情况下，农户流转的实际上仅是承包经营权中的经营权部分。农户的承包权基于集体成员的身份产生，除了转让方式外，原有承包关系并未发生变化，农地承包权并未发生转移。因此，笼统称为农村土地承包经营权流转在法理上既不够严谨，容易动摇农民对长期拥有土地承包权的预期，也难以反映土地流转后相关主体权利义务关系变化的实质。

3. 土地承包权与经营权主体分离日趋普遍

改革开放之初，城乡之间二元分割，农村人口都依附于农地，土地承包权与经营权主体高度统一。随着农村劳动力转移，农民就业结构发生较大变化，目前农民工数量已达2.63亿，人户分离的农户家庭越来越多。在这种情况下，农村土地承包权主体与经营权主体发生分离的情况也日趋普遍。据统计，截至2012年年底，全国农村土地流转比例已经达到了21.5%。事实上，农村土地越来越呈现出明确所有权、稳定承包权、放活经营权的倾向，实践日益发展对创新农地制度提出新要求。

（二）实施“三权分离”的农地制度切实可行

农地制度事关国家、集体、农民各方利益，具有高度复杂性、敏感性，社会各界密切关注，哪怕是微调也必须谨慎推进。实施所有权、承包权、经营权“三权分离”的农地制度充分考虑到了现有的农地制度格局，兼顾了各方利益，具备现实可行性。

1. “三权分离”的农地制度具有深厚的历史基础

从历史上看，地主经济一直居于农村经济的主导地位，土地主要归地主所有，采取佃农经营方式，“田面权”与“田底权”相分离是土地经营最重要也是最基本的特征。特别是经过几千年的发展变化，到了近代，土地租佃关系已经高度发达，从成文法到习惯法，从正式制度到非正式制度都对土地租佃各方的权利义务有着明确界定。

2. “三权分离”是对现行农地制度的继承和发扬

实施“三权分离”的农地制度，不是对现有农村土地制度的根本变革，而是在认可现行农地制度和农地利益格局的基础上，进一步界定和明晰所有、占有、使用、收益等各项权能在不同主体之间的分布。“三权分离”不会改变土地的集体所有性质，不会损害农民的农地相关权益，也与农地用途管制制度没有必然联系，是对现有农地制度的发扬和优化。

3. “三权分离”能够实现公平与效率的有机统一

实施“三权分离”的农地制度，明确界定“承包权”和“经营权”。

一方面，保护承包权是对现有农地利益格局的认可和强化，土地承包权因农户的集体组织成员身份产生，受到法律的保护，不会轻易失去；另一方面，对经营权的强调和保护可使土地使用者有稳定的预期，通过土壤改良、基础设施完善等措施来提高土地资源的产出效率。保护承包权以求公平，用活经营权以求效率，“三权分离”可以实现公平与效率的有机统一。

（三）构建“三权分离”农地制度的基本取向

健全完善“三权”分离的农地制度，虽然最终要靠法制规范，但更为基础和关键的是通过政策创新逐步推进，在各项具体政策与制度中体现“三权分离”的要求。

1. 明确土地承包权与经营权的内涵

在确保农村土地集体所有的前提下，对土地承包经营权进行适当分解，明确界定为相对独立的承包权与经营权。农户通过承包，从集体获得包括承包权和经营权在内的完整权利。承包权实行长久不变，一般情况下不得变动，在举家迁入城镇并且完全自愿情况下，农户可以退出土地承包权；按照依法、自愿、有偿原则，农户可将获得的经营权自由向其他经营主体流转。

2. 土地承包权要逐步凸现财产功能

从集体获得的土地承包权是农户重要的财产权利，在农村劳动力大量转移的情况下，对农户承包权的保护要重点放在保护农户的土地财产权利上。要通过落实农村土地承包关系长久不变、扩大土地承包经营权权能等措施，强化土地承包权的物权功能，使其在土地征收（征用）和流转时能够获得拥有承包权带来的资本收益，为增加农民财产性收入发挥作用。

3. 用活经营权提高农地资源配置效率

这是构建“三权分离”农地制度的重要目标。基本的考虑是在坚持农地农用和依法、自愿、有偿的前提下，通过健全土地流转市场，规范流转中介服务，强化流转合同的法律保护等措施，稳定土地经营权主体的预期，为稀缺农地资源在更大范围内优化配置创造条件，解决一些地方频频出现的有地无人种、有人无地种、土地粗放经营甚至撂荒的矛盾，以利于发展农地适度规模经营。

第二章

农村宅基地制度改革研究

宅基地制度是农村土地制度的重要组成部分，长期以来在保障农民安居乐业方面厥功甚伟。但随着工业化、城镇化的发展，宅基地使用权制度也面临着新的形势和问题，其改革和完善也作为我国土地管理制度改革的重要组成部分提了出来。

一、我国宅基地使用权制度的变迁与现状

按照路径依赖原理，任何一种制度一旦形成，不管是否有效，都会在一定时期内持续存在并影响以后的制度选择。宅基地使用权制度也是如此，改革和完善的选择也不得不受到此前和现有制度安排的影响。因此，对其制度变迁首先作一考察是必要的。

（一）宅基地使用权制度的变迁

宅基地使用权制度是中华人民共和国成立后建立起来的，但其形成远早于农村土地承包经营权制度。总的来看，宅基地使用权制度的变迁可以概括为以下几点：

1. 从权利内容看，由农民私人所有演变为集体所有、农户使用

在中华人民共和国成立后相当长时期，农村宅基地都是归农民个人所

有的。1947 年《中国土地法大纲》、1949 年《中国人民政治协商会议共同纲领》和 1950 年《土地改革法》、1954 年《宪法》均确立了农民对分配到的土地和房屋的所有权人地位，并要求在“土地改革完成后，由人民政府发给土地所有证”。[1] 在农业合作化推行后，尽管 1956 年 6 月发布的《高级农业生产合作社示范章程》要求社员入社必须把私有的土地转为合作社集体所有，但同时也明确“社员原有的坟地和房屋地基不必入社”。[2]

随着人民公社化运动的发展，1962 年《农村人民公社工作条例修正草案》（人民公社“六十条”）首次明确包括宅基地在内的生产队范围内的土地，都归生产队所有，从而取消了农民对宅基地的个人所有权。这一规定在实践中引起了群众不安，一些地方发生了乱砍宅基地内树木等问题，为此，1963 年 3 月 20 日，中共中央发出《关于各地对社员宅基地问题作一些补充规定的通知》，要求各省、自治区、直辖市党委对社员宅基地的政策作一些补充规定，向群众公开宣布，以便消除群众的怀疑误会，安定人心，并转发了国务院农林办公室整理的《关于社员宅基地问题》的材料，供各地参考。在该材料中，对上海、河北等省市区党委的补充规定作了归纳，除重申“社员的宅基地，包括有建筑物和没有建筑物的空白宅基地，都归生产队集体所有”外，还补充了两点：一是宅基地仍归各户长期使用，长期不变，生产队应保护社员的使用权，不能想收就收，想调剂就调剂；二是宅基地上的附着物，如房屋、树木、厂棚、猪圈、厕所等永远归社员所有。该《通知》构建起了宅基地集体所有、农户使用的初步框架。

改革开放之初，随着农村联产承包责任制的推行和农村经济形势的好转，农村建房出现了新中国成立以来少有的兴旺景象，但也出现了“农村建房和兴办社队企业乱占滥用耕地的现象相当严重”的问题，为此，1981 年国务院下发《国务院关于制止农村建房侵占耕地的紧急通知》，强调“必须重申，农村社队的土地都归集体所有”。

---

① 《中华人民共和国土地改革法》第三十条。

② 《高级农业生产合作社示范章程》第十三条、第十六条。

在改革开放后加强社会主义民主法制建设的大背景下，对宅基地集体所有的确认也逐步上升到法律层面。1982 年《宪法》以国家根本法的形式明确，农村和城市郊区的土地，除由法律规定属于国家所有的以外，属于集体所有；宅基地和自留地、自留山，也属于集体所有。1986 年 6 月颁布的《中华人民共和国土地管理法》也作了相同规定。

在重申宅基地归集体所有的同时，国家也加大了对宅基地使用权人的保护力度。2007 年 3 月颁布的《中华人民共和国物权法》将宅基地使用权明确为用益物权，专设一章（第十三章）对宅基地使用权作了原则性规定，规定宅基地使用权人依法对集体所有的土地享有占有和使用的权利。按照民法理论，用益物权是非所有人对所有人的物在法律规定的限度内独立支配的排他性权利，在很大程度上是对所有权的限制，从这一角度看，将宅基地使用权明确为用益物权，是我国宅基地使用权制度的一次重大飞跃。

2. 从权利主体看，由城乡居民限缩为农村村民

“宅基地”的称谓最初并不限于农村，新中国成立初期，城市房产所使用的土地也属“宅基地”范畴，如 1956 年 1 月 18 日中共中央批转中央书记处第二办公室《关于目前城市私有房产基本情况及进行社会主义改造的意见》中，就规定“一切私人占有的城市空地、宅基地等地产，经过适当的办法，一律收归国有”。随着城市土地国有化的完成，特别是改革开放后城市房地产市场的逐步建立，“城镇宅基地”已作为一个历史名词退出历史舞台。

尽管城镇宅基地逐步消失，但很长时期内，国家并未禁止城镇居民有条件地获得农村宅基地。1982 年 2 月颁布的《村镇建房用地管理条例》明确“回乡落户的离休、退休、退职职工和军人，回乡定居的华侨”可以获得宅基地，审批程序也与农村社员相同。1986 年 6 月颁布的《中华人民共和国土地管理法》虽然废止了《村镇建房用地管理条例》，但在第四十一条中允许城镇非农业户口居民使用集体所有土地建住宅，同时附加了三项条件：一是须经县级人民政府批准；二是用地面积不得超过省、自治区、直辖市规定的标准；三是参照国家建设征用土地的标准支付补偿费和安置补助费。与农村居民使用宅基地相比，仅多了一律经县级政府批准（农村居民用原有的宅基地、村内空闲地和其他土地，由乡级人民政府批准即可）和需支付补偿费用的要求。

随着耕地保护压力的加大，1990 年 1 月《国务院批转国家土地管理局〈关于加强农村宅基地管理工作的请示〉的通知》首次明确："对……非农业户口的，不批准宅基用地。"这实际上导致《土地管理法》第四十一条的规定成为具文：理论上城镇非农业户口居民仍可以向县级政府申请取得农村宅基地，但县级政府一律不得批准。1998 年 8 月修订的《土地管理法》对国务院的这一规定进行了确认，将宅基地的申请主体由"农村居民"修改为"农村村民"，删除了城镇非农业户口居民可以使用集体所有土地建住宅的规定，并明确除兴办乡镇企业、村民建设住宅、建设乡（镇）村公共设施和公益事业可以使用农民集体所有的土地外，任何单位和个人进行建设需要使用土地的，必须依法申请使用国有土地。

但《土地管理法》的新精神并未得到严格落实，"一些地区仍存在用地秩序混乱、非法转让土地使用权等问题，特别是非法交易农民集体土地的现象比较严重，出现了以开发'果园'、'庄园'为名炒卖土地、非法集资的情况"，为此，国务院办公厅于 1999 年 5 月发布了《国务院办公厅关于加强土地转让管理严禁炒卖土地的通知》，明确提出："农民的住宅不得向城市居民出售，也不得批准城市居民占用农民集体土地建住宅，有关部门不得为违法建造和购买的住宅发放土地使用证和房产证。"2004 年 10 月《国务院关于深化改革严格土地管理的决定》又将禁止的主体范围由"城市居民"扩大为"城镇居民"，明确提出"禁止城镇居民在农村购置宅基地"，2004 年 11 月国土资源部《关于加强农村宅基地管理的意见》和 2007 年 12 月 30 日《国务院办公厅关于严格执行有关农村集体建设用地法律和政策的通知》中均对此予以重申。

3. 从取得方式看，由无偿取得变为在很多地方的有偿取得

人民公社化运动中，在包括宅基地在内的农村土地转为集体所有后，

社员新建住宅所需宅基地自然只能由集体统筹解决，但是否要像此前土地买卖那样收取地价则成为一个新的问题。对此，1963 年《中共中央关于各地对社员宅基地问题作一些补充规定的通知》的要求是："社员新建住宅占地无论是否耕地，一律不收地价。"

宅基地无偿取得制度有效保障了农民的居住权，但同时也带来了"公地悲剧"，特别是改革开放后，随着家庭联产承包责任制的推行，农村经济迅猛发展，全国农村兴起了建房热潮，农民们想方设法"占好地、早占地、多占地"，导致农村建房失控，耕地大面积减少。从 1980 年到 1988 年，仅山东省德州地区农村建房就占地 13.2 万亩，年均占地相当于每年减少了一个小乡的土地面积，由此引发的宅基地纠纷案占到了民事案件的 70%。[①] 针对这一问题，1988 年山东省德州地区率先试行农村宅基地有偿使用办法，按照农户实际使用的宅基地面积计算其费用，并按年或按月收取（对超过规定面积的加倍收取）。新规定实施后，取得了显著成效。据平原县寇坊乡的调查统计，全乡有 261 户主动退出了自己批准建房的宅基地，189 户撤回了宅基申请，改为旧房翻新；孩子不到成婚年龄的 152 户，也放弃了建房要求，节省了曾列入宅基地规划的 333.4 亩可耕地。[②]

此后，山东省的经验在河北省、湖北省、江苏省、上海市等省市相继试行。1990 年 1 月《国务院批转国家土地管理局〈关于加强农村宅基地管理工作的请示〉的通知》将这项工作在全国推开，但要求宅基地使用费要本着"取之于户，收费适度；用之于村，使用得当"的原则，实行村有、乡管、银行立户制度；宅基地使用费要专款专用，主要用于村内基础设施和公益事业建设，不得挪作他用。1990—1992 年的两年中，全国已有 28 个省区市，1200 多个县市，6000 个乡镇，约 13 万个行政村实行了宅基地有偿使用。

---

① 范立华，李恩邦．德州在全国首创"宅基地有偿使用"［N］．德州日报，2008 年 10 月 13 日．

② 同上。

实际上，早在宅基地有偿使用推行之前的20世纪80年代中期，各地已开始针对农民建房征收各种名目的费用，如征拨用地管理费、土地补偿费、勘丈绘图费、土地管理费、建房配套管理费等。宅基地有偿使用制度的推行，不仅进一步增加了农民建房缴费的负担，也为其他项目搭车收费提供了便利，在农民收入放缓、农民负担沉重的背景下，引发了农民群众的不满。1993年6月20日，在国务院召开的全国减轻农民负担工作电话会议上，宣布取消农村宅基地有偿使用费、农村宅基地超占费，并在2001年国家计委、财政部、农业部、国土资源部、建设部、国务院纠风办《关于开展农民建房收费专项治理工作的通知》中作了重申。2004年11月国土资源部《关于加强农村宅基地管理的意见》再次强调"各地一律不得在宅基地审批中向农民收取新增建设用地土地有偿使用费"。

尽管农村宅基地有偿使用在制度层面上被取消，但实践中在很多地方却普遍存在。如山东省沂南县苏村镇东南村、西北村等村庄取得宅基地需向村委会缴纳3万～4万元不等的费用；河南省汤阴县伏道乡后攸昊村宅基地一般为3000～5000元不等。[①] 任中秀等对山西省十个村的调查也发现，71%的农户取得宅基地需交钱，35%的农户取得一块宅基地需要交6000元以上。[②] 这些做法还得到了主管部门和一些地方政府的允许和认可，如山东省政府2001年印发的《关于加强农村宅基地管理的通知》（鲁政发〔2001〕89号）中规定："对于优良地段和空闲地，村集体组织可组织有资格申请宅基地的农户，公开招标，中标人可优先选择宅基地。"2010年3月，《国土资源部关于进一步完善农村宅基地管理制度切实维护农民权益的通知》也提出："经济条件较好、土地资源供求矛盾突出的地方，允许村自治组织对新申请宅基地的住户开展宅基地有偿使用试点。"

---

① 袁震．城乡统筹背景下农村土地制度创新研究．农业部软科学课题201213号：第467页．

② 任中秀．农村宅基地使用权制度研究［M］．济南：山东大学出版社，2012年第1版：第57页．

4. 从管理模式看，由集体内部管理为主向逐步加强的行政管理为主转变

按照1963年3月《中共中央关于各地对社员宅基地问题作一些补充规定的通知》的规定，农村社员需新建房又没有宅基地时，由本户申请，经社员大会讨论同意，由生产队统一规划，帮助解决；只有占用耕地的，才需要报县人民委员会批准。

针对改革开放后因农村“建房热”导致的耕地保护压力，1982年2月颁布的《村镇建房用地管理条例》改变了以前只有占用耕地才需要审批的做法，规定农村社员，回乡落户的离休、退休、退职职工和军人，回乡定居的华侨，建房需要宅基地的，都应向所在生产队申请，经社员大会讨论通过，生产大队审核同意，报公社管理委员会批准；同时保留了占用耕地、园地必须报县级人民政府批准的要求。此外，《条例》还首次要求县级人民政府根据省级人民政府规定的用地限额，结合当地的人均耕地、家庭副业、民族习俗、计划生育等情况，规定宅基地面积标准。1986年6月颁布的《土地管理法》将制定面积标准的权力和责任提高到省级，在第三十八条第二款规定：“农村居民建住宅使用土地，不得超过省、自治区、直辖市规定的标准。”

1997年4月《中共中央国务院关于进一步加强土地管理切实保护耕地的通知》(中发〔1997〕11号) 首次提出“一户一宅”的要求：“农村居民每户只能有一处不超过标准的宅基地，多出的宅基地，要依法收归集体所有。”1998年8月修改的《土地管理法》将“一户一宅”要求法律化，规定：“农村村民一户只能拥有一处宅基地，其宅基地的面积不得超过省、自治区、直辖市规定的标准。”同时，将宅基地审批权统一上收到县级政府，规定宅基地使用申请一律经乡（镇）人民政府审核、由县级人民政府批准，涉及占用农用地的，还要办理农用地转用审批手续。

2004年11月国土资源部《关于加强农村宅基地管理的意见》对宅基地审批程序作了进一步规范，明确农村村民建住宅需要使用宅基地的，应当向本集体经济组织提出申请，并在本集体经济组织或村民小组张榜公

布。公布期满无异议的，报经乡（镇）审核后，报县（市）审批。经依法批准的宅基地，农村集体经济组织或村民小组应及时将审批结果张榜公布。针对实践中一些地方宅基地审批把关不严的问题，还强调乡（镇）国土资源管理所要做到实地审查、实地丈量、实地检查“三到场”，即受理宅基地申请后，要到实地审查申请人是否符合条件、拟用地是否符合规划等；宅基地经依法批准后，要到实地丈量批放宅基地；村民住宅建成后，要到实地检查是否按照批准的面积和要求使用土地。

5. 从使用权权能看，由允许自由买卖、出租、抵押向限制买卖、出租和禁止抵押转变

土地改革后至农村土地归集体所有之前，农民个人基于土地所有人的身份，是可以买卖、出租、抵押其宅基地的，上述权利也得到了法律的确认，如 1947 年《中国土地法大纲》第十一条就规定：“分配给人民的土地，由政府发给土地所有证，并承认其自由经营、买卖及在特定条件下出租的权利。”1950 年《中华人民共和国土地改革法》第三十条也规定：“土地改革完成后，由人民政府发给土地所有证，并承认一切土地所有者自由经营、买卖及出租其土地的权利。”

但土地改革后，农村出现了农民重新丧失土地、两极分化的不平衡现象。如山西省委考察组 1950 年对老区武乡县的 6 个典型村进行的调查发现，6 个村有 139 户农民出卖土地，其中 50 户（占总调查户数的4.32%）因生产生活困难而出卖土地，有的已卖出一半以上的土地，有的甚至全部卖完出外流浪，少数农户短短几年中集中了 2～3 倍的土地。[①] 小农经济的分化等因素使决策层开始推行农业合作化，并以行政审批的手段对土地交易进行限制，1955 年 5 月《国务院关于农村土地的转移及契税工作的通知》要求：“对农村土地的买卖在法律上虽不禁止，但在实际工作中应防止农民不必要的出卖和出典土地。因此，今后农村土地买卖、典当及其他移转，均应首先报请乡人民委员会审核，转报区公所或区人民委员会批准

---

① 山西武乡农村考察报告［N］. 人民日报，1950 年 1 月 9 日.

（未设区的报县、市人民委员会批准），并取具区公所或区人民委员会的介绍信（未设区的应出具县、市人民委员会的介绍信），始得办理契税手续。”“上列各机关对于申请开具土地买卖、典当及其他移转介绍信的事项，必须查明其原因，分别处理：对于农民因生产、生活困难而出卖、出典土地者，应帮助他们解决困难，以免他们出卖、出典土地；对于农民之间为了生产上的便利而互相调换远近好坏土地的，则不应加以限制；对于以出租土地进行剥削为目的而购买土地者，以及对于无正当职业、不事生产而出卖、出典土地维持生活者，则不应开给介绍信。”

1962 年《农村人民公社工作条例修正草案》在规定“生产队范围内的土地，都归生产队所有”的同时，明确生产队所有的土地，包括社员的自留地、自留山、宅基地等，一律不准出租和买卖，但社员有买卖或者租赁房屋的权利。针对实践中对该规定理解上的歧义，1963 年 3 月 20 日，《中共中央关于各地对社员宅基地问题作一些补充规定的通知》规定：宅基地上的附着物，如房屋、树木、厂棚、猪圈、厕所等永远归社员所有，社员有买卖或租赁房屋的权利。房屋出卖以后，宅基地的使用权即随之转移给新房主，但宅基地的所有权仍归生产队所有。

1978 年 12 月中共十一届三中全会通过的《农村人民公社工作条例》（试行草案）沿袭了《农村人民公社工作条例修正草案》的精神，在第七条第三款规定：农村土地包括宅基地一律不准出租和买卖。1981 年《国务院关于制止农村建房侵占耕地的紧急通知》重申“农村社队的土地都归集体所有”，强调分配给社员的宅基地，社员只有使用权，不准出租、买卖和擅自转让。

上述规定看似严格，但由于宅基地的使用权并无期限，基本上等同于所有权，且政策允许农民买卖或租赁房屋，导致农民实际上仍可通过买卖、租赁房屋的形式买卖和租赁宅基地，只不过在法律上和形式上转移的仅是宅基地使用权而非所有权。为减少此类现象的出现，1982 年 2 月国务院颁布的《村镇建房用地管理条例》增加了补充措施：“出卖、出租房屋的，不得再申请宅基地。”该规定在 1986 年 6 月 25 日颁布的《中华人民共和国土地管理法》中得到了重申。

1995 年 6 月颁布的《中华人民共和国担保法》进一步增加了对宅基地使用权权能的限制，在第三十七条第二项规定，宅基地等集体所有的土地使用权不得抵押。

1986 年颁布的《土地管理法》并没有规定农民出卖、出租房屋的对象，按照“法不禁止即可为”的原则，城镇居民也可通过到农村购买房屋的方式取得宅基地使用权。但 1998 年 8 月修订的《土地管理法》有关除兴办乡镇企业、村民建设住宅、建设乡（镇）村公共设施和公益事业可以使用农民集体所有的土地外，任何单位和个人进行建设需要使用土地的，必须依法申请使用国有土地的规定，从法律解释学看，已蕴含着宅基地使用权不得向城镇居民转让的精神。1999 年 5 月 6 日《国务院办公厅关于加强土地转让管理严禁炒卖土地的通知》、2004 年 10 月《国务院关于深化改革严格土地管理的决定》、2004 年 11 月国土资源部《关于加强农村宅基地管理的意见》和 2007 年 12 月《国务院办公厅关于严格执行有关农村集体建设用地法律和政策的通知》则明令禁止农民的住宅向城市居民出售、禁止城镇居民到农村购买宅基地。

（二）现行宅基地使用权制度的主要内容

经过几十年的制度变迁，“集体所有，村民使用；一户一宅，限制面积；福利分配，长期使用；限制权能，无偿收回”构成了我国现行宅基地使用权制度的主要内容。①

1. “集体所有，村民使用”

宅基地所有权归农民集体所有，但由农民个人使用。值得注意的是，尽管 1998 年 8 月修订的《土地管理法》将宅基地的申请主体由以常住地为

---

① 也有学者概括为“集体所有，农民使用，一宅两制，一户一宅，福利分配，免费使用，无偿回收，限制买卖，不得抵押，严禁开发”。见张云华等．完善与改革农村宅基地制度研究［M］．北京：中国农业出版社，2011 年 9 月第 1 版．

基本标准的“农村居民”修改为以户籍为基本标准的“农村村民”，但随着城乡之间、地方之间人口流动的日益频繁，“农村村民”与集体享有土地所有权的“农村集体经济组织成员”在很多地方特别是经济发达地区已出现了分离，由于并非农民集体的一分子，户口在本村的“非集体经济组织成员”取得宅基地使用权往往附有条件。如2007年发布的《宁波市鄞州区农村宅基地管理办法（试行）》第九条，就将有权因分户申请宅基地的主体限定为“本行政区域内经济合作社社员和户籍关系在我区十年以上的农村村民”。

2.**“一户一宅，限制面积”**

农村村民一户只能拥有一处宅基地，其宅基地的面积不得超过省、自治区、直辖市规定的标准。目前，各省、自治区、直辖市都规定了本地的宅基地面积标准，且一般都授权县市政府作进一步细化。如2002年5月河北省人民政府发布的《河北省农村宅基地管理办法》第十三条第二款规定：“人均耕地不足一千平方米的平原或者山区县（市），每处宅基地不得超过二百平方米；人均耕地一千平方米以上的平原或者山区县（市），每处宅基地不得超过二百三十三平方米；坝上地区，每处宅基地不得超过四百六十七平方米。”“县（市）人民政府可以根据当地实际情况，在前款规定的限额内规定农村宅基地的具体标准。”

3.**“福利分配，长期使用”**

农村村民基于其农村集体成员权而有权免费获得相应的宅基地使用权，并可在本户存续期间一直占有、使用该宅基地。在“福利分配”特征上，宅基地使用权与农村土地家庭承包经营权是一致的，尽管近年来很多地方都出现了村集体向申请宅基地的村民收取费用的做法，但这些做法并没有得到国家层面和法律层面的承认，2007年3月颁布的《中华人民共和国物权法》第一百五十四条还规定：“宅基地因自然灾害等原因灭失的，宅基地使用权消灭。对失去宅基地的村民，应当重新分配宅基地。”“重新分配”四字，表明立法者在法律制度层面上仍然坚持宅基地福利性质的取向。在“长期使用”特征上，宅基地使用权则与农村土地家庭承包经营权不一致，依照《农村土地承包法》，农村土地家庭承包的期限分别为耕地30年、草地30～50年、林地30～70年，而宅基地使用权没有固定期限，只要该农户存在，就可一直享有宅基地使用权。

4.**“限制权能，无偿收回”**

宅基地使用权的权能受到严格限制，在以户为单位的宅基地使用权人消亡或宅基地闲置不用时，农民集体可以无偿收回。按照目前规定，农民的宅基地使用权可以通过出卖、出租房屋的方式转让宅基地使用权，但如果是房屋买卖，其买受者不得是城镇居民；宅基地使用权抵押也为法律禁止。在宅基地无偿收回方面，1982年2月《村镇建房用地管理条例》已规定社员迁居并拆除房屋后腾出的宅基地，由生产队收回，统一安排使用。尽管1986年6月颁布的《土地管理法》对此未再作规定，但基于所有权人的地位和宅基地使用权无偿取得的性质，农民集体在特定情形下是有权无偿收回宅基地的，各地出台的一些宅基地管理规定也对此作了明确。从各地规定看，目前无偿收回主要针对四种情形：

（1）为实施村庄和集镇规划进行旧村改造和为进行乡（镇）村公共设施和公益事业建设需要调整、占用的宅基地。

（2）农村村民一户一宅以外的宅基地。

（3）自依法批准之日起连续两年未按照批准的用途使用的宅基地。

（4）农村村民户口迁出本集体经济组织后，房屋损坏不能利用的宅基地。

对前两种情形，各地一般要求村集体根据地上附着物的评估价格对原宅基地使用权人给予适当补偿。

我国宅基地使用权制度的上述安排，体现了决策者鲜明的价值取向：

（1）维护土地公有制。在宪法确定的农村土地集体所有的框架下，《土地管理法》和中共中央、国务院文件都反复强调宅基地集体所有的性质。

（2）保障农民居住权。在土地集体所有的条件下，集体有义务为作为其成员的农户提供宅基地，农户由此获得的长期宅基地使用权被《物权法》明确界定为用益物权，相应具有了对抗村集体非法干预的效力。而限制宅基地抵押，其重要出发点也是防止农民因经济困难而失去安身之所。

(3) 严格保护耕地。1963 年 3 月 20 日《中共中央关于各地对社员宅基地问题作一些补充规定的通知》就强调宅基地“尽可能利用一些闲散地，不占用耕地”，“社员不能借口修建房屋，随便扩大墙院，扩大宅基地，来侵占集体耕地，已经扩大侵占的必须退出”，之后凡是与宅基地有关的法律法规制修订、相关文件的出台，其主要着眼点也是防止包括宅基地在内的农村集体建设用地过度扩张，影响耕地保护。

(三) 现行宅基地使用权制度的实施现状

我国宅基地使用权制度在保障农民居住权方面成效显著，但在改革开放后特别是近年来工业化、城镇化加快发展的背景下，也面临着诸多挑战和问题，可概括为两个特征：一是现有规定未得到严格执行；二是现有规定在一些地方被擅自突破。

1. 现有规定未得到严格执行

现有规定未得到严格执行可以说存在于宅基地管理的各个领域和环节，在以下方面更为突出：

(1) 宅基地使用缺乏科学依据和民主程序。尽管《土地管理法》第五十九条规定农村村民住宅等乡（镇）村建设，“应当按照村庄和集镇规划，合理布局，综合开发，配套建设”，但截至 2005 年年底，全国仅 51%的村庄编制了村庄建设规划。[①] 韩立达等调查的 20 个村庄中，有 12 个村没有建设规划，有 3 个村虽有规划，但没怎么执行过。[②] 同时，尽管《村民委员会组织法》第二十四条要求宅基地的使用方案应当经村民会议讨论决定后方可办理，但实践中往往是村干部就决定了宅基地的放线定宅，据于华

---

① 全国人大常委会法工委经济法室．中华人民共和国城乡规划法解说［M］．北京：知识产权出版社，2008 年版：第 29 页．

② 韩立达，李普．四川省农村宅基地问题调查与思考［J］．农村经济，2009 年第 8 期．

江、王瑾等在山东、陕西、湖北、浙江、河北等省市的调查，这类情况占新建农房的一半以上①。其结果是农村居民建房互相攀比，一是追求面积，二是追求高度。

（2）一户多宅、面积超标在各地都或多或少存在。在一户多宅方面，第二次全国农业普查对 22108 万户农村居民的生活条件调查资料显示，2006 年年末，拥有 2 处住宅的 1421 万户，占 6.4%；拥有 3 处以上住宅的 77 万户，占 0.4%。② 袁震等人在 2012 年的调查显示，受访农户中有 74%表示本村有一户多宅现象，表示很普遍的占 16%。③ 在面积超标方面，据 2004 年对四川省双流县中和镇三个村的调查，中和镇三个村超标准占地总面积 251.6 亩，占宅基地总面积的 42.7%；人均居住用地 67.87 平方米，是当地宅基地面积标准的 2.7 倍。④ 我们在对河北省鹿泉市、衡水市桃城区农民调查时也发现，尽管多数受访农民的宅基地面积在省定的 233 平方米内，但超过此限额的也不少（一般为 300 平方米，个别的有 600～800 平方米的）。这其中不乏有历史遗留原因造成的一户多宅、面积超标（如一些农民在面积标准出台之前取得宅基地），但很多还是未批先占、少批多占造成的（违规主体不仅是农户，还包括集体经济组织），表明宅基地使用审批制度并没有得到严格实施。2006 年对北京市郊某镇的调查也显示，超批多占户占 57%，私搭乱建户占 8.3%，新建不拆户占 3.5%，合计违规超占面积占宅基地总面积的 59%。⑤

① 于华江，王瑾．我国农村宅基地管理调查分析［J］．中国农业大学学报，2008 年 6 月第 25 卷．第 2 期．

② 国务院第二次全国农业普查领导小组办公室、国家统计局．第二次全国农业普查主要数据公报（第四号），2008 年 2 月 26 日．

③ 袁震．城乡统筹背景下农村土地制度创新研究．农业部软科学课题 201213 号．第 36 页．

④ 魏西云．新形势下农村宅基地管理亟须加强［A］．载中国土地学会依法合理用地促进科学发展论文集．2006 年．

⑤ 韩康，肖钢．积极探索建立有中国特色的农村宅基地市场——启动农村宅基地市场化改革研究［J］．理论前沿，2008 年第 3 期．

（3）禁止城镇居民到农村购置宅基地的规定在一些地方形同具文。在城市郊区和风景优美的农村地区，城镇居民通过购买农村房屋获得事实上的宅基地使用权的情况多有发生。在我们调查的河北鹿泉市111户农民中，有5户农民表示村里有石家庄市区居民来买房的情况，占受访农户的4.5%。当地有关部门同志还表示，在该市西部太行山区，存在石家庄市居民到当地农村购买房屋以供度假、休闲之需的情况。在紧邻石家庄市区的某村（镇政府驻地），我们还发现了好几个小产权房项目，既向本镇居民出售，也向非本镇居民包括城市居民出售。全国工商联的数据也显示，1995—2010年，全国小产权房竣工建筑面积累计达7.6亿平方米，相当于同期城镇住宅竣工面积总量的8%。尤其是在“北上广深”等房价居高不下的一线城市，小产权房屡禁不止的现象尤为严重。①

（4）宅基地在特定情形下收回的规定基本未得到执行。从我们了解的各地实践看，除为实施村庄和集镇规划进行旧村改造和为进行乡（镇）村公共设施和公益事业建设而收回宅基地的规定得到强力执行外，对于一户多宅、批后不建、户口迁出的村民的宅基地，鲜有收回的例子。这导致了大量的宅基地闲置问题。据有关调查，北京近郊不少农村宅基地的空置率约达30%～40%，甚至更高；边远山区农村宅基地空置率也达10%；全市平均约为20%。② 韩康等人根据一些省市和县级单位的调研材料，估算我国宅基地闲置比例在10%～15%左右，即使按照10%的较低比例估算，全国2亿亩农村宅基地中也有近2000万亩处于闲置状态。③ 由于建新不拆旧、人走地还留，导致我国宅基地呈现人减地增的逆向变化趋势，据统

---

① 周小苑．房产没有“身份证”，业主权益维护难——小产权房这个“漏”不能捡［N］．人民日报海外版，2012年4月21日．第2版．

② 黄小虎．《物权法》中的几个土地权利问题［A］．见：中国社科院农村发展研究所宏观经济研究室编．农村土地制度改革：国际比较研究［M］．北京：社会科学文献出版社，2009年第1版：第160页．

③ 韩康，肖钢．积极探索建立有中国特色的农村宅基地市场——启动农村宅基地市场化改革研究［J］．理论前沿，2008年第3期．

计，1997—2008 年，农村人口减少了 14%，而村庄用地却增长了约 4%，不仅造成建设用地浪费严重，也大大增加了耕地保护的压力。

2. 现有规定被擅自突破

与有关宅基地的现有规定未得到严格执行相比，近年来一些地方以“改革”“探索”名义擅自突破法律规定的问题更值得关注。这突出体现在宅基地使用权流转方面。

按照《物权法》和《担保法》，农村宅基地使用权不得抵押。但近年来，一些地方突破法律规定，自行开展了农村宅基地使用权抵押试点工作，并且试点的范围在逐步扩大，试点的级别在逐级提升：原来基本上是个别县在自行组织，现在很多是在省级层面进行部署，规模也有向地市级扩展之势，如贵州在息烽、赤水、凤冈、平坝等 13 个城镇化和农业产业化程度高的县（市）开展宅基地使用权抵押贷款试点，等等。探索宅基地使用权制度改革当然可以，但从法理上讲，突破法律的规定应当依法获得授权，而目前的一些试点却并非如此，如贵州省的试点依据就是中国人民银行贵阳中心支行印发的《关于开展贵州省农村土地承包经营权和宅基地使用权抵押贷款试点工作的通知》。由于存在法律风险，一些地方如嘉兴、温州、赣州等地以“农房抵押”而非“宅基地使用权抵押”为名开展试点，以从形式上支撑抵押工作的合法性，但根据“房地一体”的原则，实际上仍然突破了法律规定。

按照国务院规定，农村宅基地使用权不得转让给城镇居民，而 2013 年 3 月 11 日广东省政府发布的《广东省城镇化发展“十二五”规划》明确，“允许转户农民在自愿基础上通过市场流转方式出让承包地、房屋、合规面积的宅基地并获得财产收益”，被外界解读为宅基地可自由流转，城里人也可以购买农村宅基地，显然是对法律和国务院规定的突破。

二、完善宅基地使用权制度涉及的重点问题

当前我国宅基地使用权制度面临的现有规定未得到严格执行并被擅自突破的局面，既有执法不严的问题，也有制度不完善的原因，而执法不严

从根本上讲也是由于制度不完善造成的。因此，近年来各界关于改革完善宅基地使用权制度的呼声一直很高，并且提出了很多具体建议。我们试针对其中涉及的重点问题进行讨论，提出意见和看法。

（一）关于“一户一宅”应否坚持

《土地管理法》第六十二条规定了“农村村民一户只能拥有一处宅基地”的要求，但如前所述，目前“一户多宅”的现象在各地都或多或少地存在。针对这一情况，一些学者从保障农民的财产权和平等权出发，认为应当取消“一户一宅”的限制，“现行的法律法规允许城镇的居民拥有两套以上的住宅，而限定农民宅基地‘一户一宅’（其宅基地的面积不得超过省、自治区、直辖市规定的标准），这意味着城镇居民可以使用两套以上的国有宅基地（一户多宅），而农村居民却不允许使用两套以上集体所有的宅基地，这是极不平等的带有歧视性的法律法规。随着农村居民收入水平的提高和生活条件的改善，农民拥有两套以上住宅的要求理应得到满足”。①

我们认为，从以下方面看，“一户一宅”的要求应当继续坚持：

1. 保护耕地、保障国家粮食安全要求“一户一宅”

“十分珍惜和合理利用每寸土地，切实保护耕地”是我国的基本国策。中共中央、国务院之所以在 1997 年 4 月《中共中央国务院关于进一步加强土地管理切实保护耕地的通知》中提出“一户一宅”要求，直接目的就是为了“切实保护耕地”，这从《通知》的标题中就可看出。

作为一个有 13 亿多人口的大国，粮食安全对于我国具有极其重要的意义，始终是关系发展和稳定的头等大事。要保障粮食安全，就必须有相当面积的耕地为基础，但人多地少、耕地资源稀缺又恰恰是我国的基本国

---

① 蔡继明，惠江．从中共十七届三中全会决定谈中国相关土地法规修订［A］．见：载中国社科院农村发展研究所宏观经济研究室编．农村土地制度改革：国际比较研究［M］．北京：社会科学文献出版社，2009 年第 1 版：第 160 页．

情：2011年年底我国耕地面积已从1999年的19.45亿亩减少到18.25亿亩，13年间净减少了1.2亿亩，人均耕地面积仅为1.35亩。更值得注意的是，尽管近年来通过耕地占补平衡的实施在一定程度上遏制了耕地加快减少的趋势，但存在的问题也不容忽视：一方面，虚报补充耕地数量、占多补少的情况时有发生；另一方面，仅注重数字平衡，占优补劣的问题也比较普遍。我们在四川省宜宾市调查时，一位村支书就反映："现在征地占的都是良田，补的都在山坡上，几亩都顶不了一亩，只能种水果和林木，不能种粮食。"在耕地面积减少、耕地质量下降的同时，我国人口今后一段时期仍呈上升趋势，人地矛盾不会根本缓解、资源环境压力将进一步加大。在工业化、城镇化还将继续占用耕地的情况下，如果再允许农村"一户多宅"，我国18亿亩的耕地红线将很难守住。

（1）世界粮食供给长期处于偏紧状态。据《世界人口状况报告》，2000年到2010年，全球人口由60.9亿增长到69亿，增长13.3%，而同期粮食产量从20.66亿吨增加到22.8亿吨，增长10.4%，人口增长快于粮食增长。联合国粮农组织2012年3月在第31届联合国粮农组织亚太区域部长级会议发布的报告也指出，过去5年，粮食价格大幅波动是30多年来国际商品市场前所未有的，而需求与供应平衡趋紧是国际粮价出现波动的主要原因，并预计未来10年主要农产品价格仍将处于高位。[①] 该报告还指出，目前，世界饥饿人口约10亿人，粮价上涨导致饥饿人口不断增加。因此，粮食从全世界看并不是供过于求，而是价高于求，导致不发达国家的人民无力购买。

（2）我国粮食需要难以靠国际市场调节满足。全球粮食贸易量每年5000亿斤左右，不到我国粮食总产量的一半，大米贸易总量为500亿～600亿斤左右，仅占我国大米消费量的15%左右。如果我国不能保证相当的粮食自给率，一旦缺粮，先不说国际粮食市场能否满足我们的需要，至

① 刘刚．联合国粮农组织亚太会议聚焦粮食安全．http：//world.people.com.cn/GB/17400924.html.

少买什么什么贵的大国效应就会出现，进口成本就会加大，即使我国能承受得起高昂的价格，肯定还会引来其他国家“拉高价格”“不顾别国人民死活”的指责。何况别国卖不卖给我们还得另说，在这方面，2010年俄罗斯等国因粮食减产而发布小麦出口禁令是一个鲜明的例子。

实际上，在2008年全球粮食危机之后，许多人开始反思并批评过去数十年间西方国家和一些国际机构推销的“自由市场”粮食政策。美国哥伦比亚大学地球研究所所长、联合国秘书长特别顾问杰弗里·萨克斯就认为：“世行犯了一个根本性的错误，认为市场可以解决一切。而历史证明，人们首先要生存下去，市场才能发挥作用。”①

“手中有粮，心里不慌。”作为一个人口大国，我国在保障粮食安全方面必须坚持立足国内实现基本自给的方针，国际市场可以调剂余缺，但不能将吃饭问题主要乃至完全依赖于国际市场解决。这不仅是维护我国稳定和发展的需要，也是履行国际责任的需要。而要实现粮食基本自给，就必须坚持最严格的耕地保护政策而不能动摇，“一户多宅”也就无从谈起。

2. “一户一宅”有利于保障农民之间的平等

“不患寡而患不均”作为一种朴素的公平观，深深地影响着每个中国人，并成为人民群众判断制度好坏的基本标准。农村是一个熟人社会，农民对居住权等基本权利方面的平等，较之城镇居民更为敏感。在农村也开始出现阶层分化的今天，农村宅基地“一户一宅”制度，不仅保障了每户农民都能有一块宅基地以安身立命（机会平等），而且也保障了农民之间所获得宅基地数量的平等（结果平等），“无论贫富，结果均等，富者不能多占，穷者不会少得，体现了强烈的社会公平”。② 尽管实践中存在着一些利用权力或关系多占宅基地的问题，但由于国家法律不予承认、违法行为人随时可能被纠正和查处，毕竟还属个别现象。而一旦国家放开禁令，允

---

① 田帆，王星桥．粮食安全的非粮食因素．http：//finance.ifeng.com/roll/20090711/922417.shtml.

② 孟勤国．物权法开禁农村宅基地交易之辩［J］．法学评论，2005年第4期．

许“一户多宅”，在当前农村民主管理制度尚不完善和国家执法监管能力尚待提高的背景下，很可能出现的是一场“权力的盛宴”“金钱的盛宴”，村庄内握有权力人的人、拥有金钱的人可以利用这一制度堂而皇之地获取多块宅基地以图将来升值，而农民中的弱势群体则很可能如城镇棚户区的居民那样，几代人蜗居在一块宅基地上窘困度日，这无疑将对农村社会和谐稳定产生严重影响。

3. “一户一宅”不构成对农民的歧视

前述主张取消“一户一宅”观点的重要理由是：城镇居民可以拥有两套以上的住宅，而限定农民只能“一户一宅”，这构成了对农民的歧视和不平等。但是否如此呢?

的确，当今世界，平等权作为一项基本人权已为世界各国所肯认，我国宪法也在“公民的基本权利和义务”一章的首条（第三十三条）中明确宣示“中华人民共和国公民在法律面前一律平等”。但征诸古今中外，没有一国认为平等就是毫无差别。早在古希腊时期，柏拉图就认为：“对一切人的不加区别的平等就等于不平等。”[①] 各国学界和司法机关普遍认为，平等允许差别，并非所有的归类都属于歧视，关键看归类的标准是否合理，即差别是否合理（是否在合理程度上所采取的具有合理依据的差别）。宪法学上通常认为，合理差别“是指公民应该得到与自己的优点、能力、贡献、需要、群体类别等相称的待遇，这是一种相对的平等”。[②]

以此观之，“一户一宅”也不构成对农民的歧视和不平等：

（1）城镇居民和农民取得住宅的方式和性质就有差别。城镇居民的两套以上住宅多是通过市场购买而来，使用的是国有土地，商品性质浓厚；农民取得宅基地则多是通过福利分配方式（即使目前一些地方有偿取得，其费用也远低于市场价格），使用的是集体土地，保障性质浓厚。既然取

---

① 柏拉图著，张智仁，何勤华译．法律篇［M］．上海：上海人民出版社，2001年版：第168页．

② 吴爽．论宪法上的平等权［J］．南方论刊，2008年第2期．

得方式和性质有差别，在管理上就不可能相同：既然城镇住房属商品，原则上无限制必要（实际上为抑制房地产投机和房产价格过快上涨，许多地方已出台了限购措施），而农村宅基地既属福利和保障性质，自然不能不附加条件以防止一户多次享受，对其他农民和集体利益造成损害。实际上，早在西汉初年，法律就有类似的规定："受田宅，予人若卖宅，不得更受"，[①] 政府颁授的田宅，如果卖出，就不能再领受宅基地。

(2) 城镇居民也受到类似"一户一宅"的限制。"一户一宅"的要求并非只针对农民，如果城镇居民购买保障性质的住房如经济适用房等，也要受到类似"一户一宅"的限制——已购买保障房的家庭也不能再购买另一套保障房。

(3) 国家并未禁止农民购买多套住宅。如果国家只允许城镇居民而禁止农民购买多套住宅，则当然属于对农民的歧视和不平等。但国家只是基于保护耕地的需要和宅基地的保障性质，禁止农民在农村取得多块宅基地，而并未禁止农民通过到城镇购买商品房的方式取得第二套及以上住宅。既然农民与城镇居民一样拥有购买多套住宅的权利，又怎能说不平等？当然，也许有人会争辩说尽管法律上有此权利，但农民买不起城镇商品房，所以仍然与城镇居民不平等，那只能请他先好好了解平等权的概念和含义了——宪法上的平等是法律上的平等，而不是事实上的平等；是权利上的平等，而不是结果上的平等，事实上的平等和结果上的平等，任何国家、任何时候都难以做到。

可见，"一户一宅"要求是基于宅基地的福利和保障性质而作出的合理安排，认为"一户一宅"是对农民的歧视和不平等的看法是欠妥的。

(二) 关于宅基地使用权可否继承

与"一户一宅"密切联系的是宅基地使用权能否继承问题。有观点认为，只要符合《继承法》规定的继承人范围，无论是本村村民还是非本村村民，无论是农村居民还是城镇居民，都可以继承宅基地使用权，不受

---

① 二年律令·户律。

“一户一宅”规定的限制。理由是：第一，《继承法》第三条规定的遗产范围包括了房屋，且没有区分城市或者农村的房屋，亦没有对继承人的身份资格及是否拥有房屋作出限制。房屋可以继承移转，其下的宅基地使用权依据“地随房走”原则，当然移转至继承人。第二，“一户一宅”实际上是在规制宅基地申请行为，其准确理解应当为“一户只能申请一处宅基地”。第三，《继承法》1985 年由全国人民代表大会制定通过，属于高位阶的法律，而《土地管理法》则是 1986 年由全国人大常委会制定通过，属于阶位相对较低的法律，根据法律适用的规则，《继承法》的有关规定应当优先于土地管理法适用。[①] 但上述理由有可商榷之处：

1. 在《继承法》与《土地管理法》的关系上，应当优先适用《土地管理法》

《继承法》是对遗产继承的一般规定，而《土地管理法》关于“一户一宅”的规定是宅基地使用权取得的特别规定，依据“特别规定优于一般规定”的法律适用原则，应当优先适用《土地管理法》的规定；同时，《继承法》出台早于《土地管理法》，依据“新法优于旧法”的原则，也应当优先适用《土地管理法》；此外，《继承法》是调整民事关系的法律，而《土地管理法》是调整行政管理关系的法律，依据“行政优于民事”的原则，也应当优先适用《土地管理法》。也就是说，继承农村房屋要受到《土地管理法》“一户一宅”规定的限制。

2. 将“一户一宅”解释为“一户只能申请一处宅基地”不符合立法原意

《土地管理法》第六十二条的规定很明确，就是“农村村民一户只能拥有一处宅基地”，强调的是“拥有”而非“申请”。从立法原意看，其目的在于将（中发〔1997〕11 号）文件关于乡村建设要尽量不占或者少占耕地、节约使用土地的要求上升为法律，防止耕地被过度占用。而如果只限

① 陈律，吴孙有．宅基地使用权继承问题研究［J］．人民司法，2012 年第 19 期．

制村民申请而不限制因继承拥有两套宅基地，或者不限制非农村村民因继承获得宅基地，该立法原意显然无法实现。

3.《继承法》与《土地管理法》在位阶上是平等的

尽管《继承法》由全国人大制定，《土地管理法》由全国人大常委会制定，但两者都属法律，《立法法》没有“全国人大制定的法律效力高于全国人大常委会制定的法律”的规定，因而两者在位阶上是平等的，并无高下之分。

我们认为，对宅基地能否继承不能一概而论，而应分别具体情形进行考虑。实践中，因房屋继承引起的宅基地使用权继承问题有三种情形：一是符合宅基地取得条件的本村村民的继承；二是不符合宅基地取得条件的本村村民的继承；三是非本村村民（包括其他村的村民和城镇居民）的继承。

第一种情形下的继承，能够满足本村村民的基本居住需要，符合设定宅基地使用权的目的，自然应当允许，理论和实务界对此也均无争议。而对于第二、三种情形下的继承，各方面争议较大，我们认为，是否允许，应当考虑以下因素：一是保护耕地的要求。允许这两种情形下的继承，意味着宅基地使用主体范围的扩大，会给耕地保护带来更大压力；二是宅基地的福利、保障性质。宅基地的设定是为了满足农民基本的居住需要，而这两种情形下的继承显然已超出了基本的居住需要的范围；三是以前的制度安排。2008 年 7 月国土资源部下发的《关于进一步加快宅基地使用权登记发证工作的通知》，规定除继承外，农村村民一户申请第二宗宅基地使用权登记的，不予受理。实际上是允许农村村民因继承而取得两块宅基地的。四是继承的实际状况和农民群众的接受程度。根据我们的调查，目前这两种情形下的继承几乎各村都有，绝大多数农民群众基于“宅子是人家的”考虑，也都没有意见。

上述四种因素指向的解决方案是矛盾的：考虑到保护耕地的要求和宅基地的福利、保障性质，应当禁止第二、三种情形下的继承；而考虑到以前的制度安排、继承的实际状况和农民群众的接受程度，又应当允许第二、三种情形下的继承。尽管理论上国家可以以公共利益优于个人利益为由，明令禁止此两种情形下的继承，但在继承普遍发生和群众普遍接受的情况下，很可能引起很多矛盾，严肃的禁令也会因普遍的抵触而成为具文。可行的办法是平衡好相关利益关系，选择一种次优的方案。

我们建议，对第二、三种情形下的继承，应当在划定底线的同时，优先采用经济手段处理：

对不符合宅基地申请条件的本村村民的继承，如果继承人有两个以上儿子的，考虑到农村的习俗一般是一个儿子分家另过，另一个儿子与父母同住，应当允许其继承，但在其长子未达到宅基地取得条件之前，应当向集体缴纳宅基地有偿使用费。如果继承人不符合该条件，可以参照目前各地宅基地闲置两年收回的规定，给予继承人两年的宽限期，要求其在两年内将宅基地使用权转让给本村符合宅基地取得条件的其他村民，宽限期内不收取继承人宅基地有偿使用费。逾期未转让的，可以根据继承人的意愿，由集体在补偿其房屋等附着物价值后无偿收回宅基地，或者收取宅基地有偿使用费，在征地和村庄整治拆迁中，其宅基地使用权不纳入补偿范围。

对非本村村民的继承，也可以给予继承人两年的宽限期，要求其在两年内转让宅基地使用权。逾期未转让的，可以根据继承人的意愿，由集体在补偿其房屋等附着物价值后无偿收回宅基地，或者加倍（不一定是双倍，可以更高）收取宅基地有偿使用费。在征地和村庄整治拆迁中，其宅基地使用权也不纳入补偿范围。

这样安排，既照顾了宅基地继承的实际状况和农民的接受程度，给予了继承人充分的自主权，又有利于通过经济手段督促当事人转让宅基地使用权，应当说是一种合理可行的安排。

（三）关于宅基地应否有偿使用

我国宅基地在 20 世纪 80 年代末到 90 年代初曾实行过一段时间的有偿使用制度，但在 1993 年基于减轻农民负担的考虑被明令取消。近年来，对宅基地实行有偿使用的问题被再次提出。

宅基地有偿使用的支持者认为，“宅基地使用权有偿取得已很普遍”，“目前农村土地资源紧张，人地矛盾加剧，适当收取费用，可对农村宅基地取得进行一定程度的限制”,[①] 还有支持者认为，农村宅基地无偿使用，导致以下四个弊端：一是农民为满足自己多占宅基地的愿望，利用星期日、节假日等特殊日子进行扩建、抢建来多占宅基地，耕地保护受到严重威胁；二是农村违法用地（圈建、扩建、拆建）十分普遍，土地执法难上加难；三是在擅自扩建、拆建过程中最容易损害邻居的利益，导致邻里纠纷十分突出；四是农村那些有权有势又有后台的群体，总能利用手中的权力或者利用特殊关系多为自己申请批准使用宅基地，从而使自己使用宅基地面积大大超标，助长了不正之风，村民反应强烈。“上述问题的存在，若究其原因是多方面的，但农村宅基地长期无偿使用是根本原因之一。”[②]

但也有反对宅基地有偿使用的观点。理由除了增加农民负担外，还包括：第一，与集体土地所有权的性质相违背。如果集体成员必须从集体购买宅基地或者租赁宅基地，那么他们作为集体土地的所有者就失去了意义。集体土地所有权就异化为脱离集体成员的私有权。第二，宅基地的分配标准对同一时期申请取得宅基地的集体成员是一样的，一户多宅、少批多占等应当通过行政手段予以纠正，不允许以支付对价多占宅基地。第三，无论是全部实行有偿取得或者对超标部分实行有偿取得，都可能形成一种交易，多交钱多占地。这样不仅不可以解决少批多占的问题，而且还会助长少批多占，甚至多批多占。[③]

我们认为，反对宅基地有偿使用的理由值得重视，宅基地无偿分配的原则应当继续坚持，但考虑到农村宅基地占有的实际情况，从保护耕地、维护集体利益和村民之间的公平出发，对特定情形下的宅基地使用收取费用还是必要的。

---

① 任中秀．农村宅基地使用权制度研究［M］．济南：山东大学出版社，2012年第1版：第57页．

② 黄永进．试论农村宅基地有偿使用．http：//china.findlaw.cn/fangdichan/zhaijidi/yhyz/23409_2.html.

③ 韩松．论对农村宅基地的管理与《土地管理法》的修改［J］．国家行政学院学报，2011年第1期．

1. 宅基地无偿分配的原则应当继续坚持

包括宅基地在内的农村土地在人民公社化运动中被转为集体，蕴含着集体保障农民基本居住权的默示承诺，1963 年 3 月《中共中央关于各地对社员宅基地问题作一些补充规定的通知》也明确，农村社员需新建房又没有宅基地时，“由生产队统一规划，帮助解决”，“社员新建住宅占地无论是否耕地，一律不收地价”。如果现在实行宅基地有偿使用，不仅意味着对当初默示承诺的违背，也与土地归农民集体（而非农民集体经济组织）所有的制度安排相违。实行宅基地有偿使用，还可能导致宅基地使用上“富者通吃”的局面：有钱的农民可以通过缴纳宅基地有偿使用费，将违法占地合法化，经济窘迫的农民则可能因为费用负担而几代人蜗居在一处宅基地上，有损于宅基地使用制度的公平性。当前一些地方出现的宅基地使用权有偿出让行为，不符合国家精神和宅基地使用权的本义，应当制止并查处。当然，宅基地无偿分配是针对农民集体与宅基地申请人的关系而言的，并不意味着宅基地申请人不缴纳任何费用，国家依法征收的税费如耕地占用税和宅基地申请人向被占土地原使用权人支付的补偿仍应由宅基地申请人承担。

2. 通过宅基地有偿使用遏制违法占地的效果不宜高估

当前农村违法占地现象比较突出的根源，不是法律没有规定相应的制裁手段，而是法律规定的制裁手段没有被严格执行。现行《土地管理法》对农村村民非法占用土地建住宅的行为，规定了限期拆除，逾期不拆除的由人民法院强制拆除的严厉措施，但这一措施在很多地方由于各种原因（如违法者属“有权有势又有后台”的群体、违法者“能闹”等）没有被认真实施。由于执法不严、违法不究，导致其他农民群相效仿，问题越积越多，最终违法占地的局面难以收拾。因此，要解决违法占地问题，就应当针对执法不严、违法不究这一主要矛盾，加大执法力度，而不是采用比现在的强制拆除更弱的收费制度。即使实行有偿使用，如果仍然不去执法、不敢碰硬，有偿使用制度也逃避不了形同虚设的命运。此外，宅基地有偿使用由于会给村集体和基层政府带来收益，实践中还可能走样为负面激励：鼓励一些地方纵容多占、超占行为。

3. 对特定情形下的宅基地使用可以考虑有偿

农村宅基地无偿分配是我国宅基地使用制度的重要内容，应当坚持，但考虑到农村宅基地使用的实际情况，可以在对符合“一户一宅”要求的农户实行无偿分配和使用的前提下，对下列情形的宅基地使用实行有偿：一是对拥有两处以上宅基地的村民，可对其第一处以外的宅基地收取使用费；二是对面积超标的村民，可对其超标面积收取使用费；三是对非法占地建房行为因客观原因难以强制拆除的，可加倍收取使用费；四是对将房屋出租给他人的村民，可收取使用费，这种情况下宅基地使用人获得了额外利益，作为土地所有人的农民集体有权向出租方收取一定的有偿使用费，也可以防止借出租之名行买卖之实；五是包括城镇居民在内的非本村村民因继承等原因实际取得宅基地的，可加倍收取使用费，以保护集体利益，并促进闲置宅基地向本村符合条件的村民流转。

当然，一些经济实力强的人可能因不在乎有偿使用费“这点小钱”而长期占有宅基地，导致宅基地有偿使用制度仅成为增加集体收入的工具，难以实现保护耕地的目的。对此，可以参照农村土地家庭承包和城市建设用地使用的做法，对农村宅基地设立70年的使用期限。到期后符合宅基地取得条件的村民可以继续延展，不符合宅基地取得条件的人（如缴纳有偿使用费使用宅基地的继承人）必须将宅基地转让给其他符合条件的村民或者交回集体（房屋及其他地上附着物应当予以补偿）。这样做不仅有利于保护耕地，也有利于增强农民土地集体所有的观念。①

---

① 在我们访谈的河北119户农民中，32.9%的农民认为宅基地归自己所有，认为归国家和集体所有的占31.1%、27.4%，不清楚的占8.6%。尽管因农民对所有权和使用权、房产所有权与土地使用权的区分不太清楚，容易将使用权等同于所有权、房产所有权混同于土地所有权，故选择归自己所有的一部分人理解的“所有”可能是法律上的使用或者对房产的所有，但客观上也表明多数农民（加上认为归国家所有和不清楚的农民）对宅基地的所有权了解得并不准确。

（四）关于放开宅基地使用权流转限制

宅基地使用权能否自由流转特别是能否出售给城镇居民、能否抵押，是近年来宅基地使用权制度中争论最热烈的问题。其中，赞成宅基地使用权自由流转的观点在学界比较流行，其理由主要有以下几点：

1. 放开宅基地流转限制，是社会主义市场经济的基本要求

我国目前实行的是社会主义市场经济，经济体制改革要求由市场配置资源，要求资源主体自主支配其财产。[①] 不允许农民利用宅基地使用权抵押、出资、进行商业化利用，将严重限制农村经济发展和农村城市化进程，也不符合市场经济的基本原则。[②]

2. 放开宅基地流转限制，才能保障和充实农民的宅基地使用权

与同样作为财产权的国有土地使用权相比，宅基地使用权的权能是不完全的。农民在被赋予了一定权利的同时，却不能对此权利进行市场化的处分，这不能不说是一种极大的效率损失。[③] 物权法既然承认农民对宅基地的用益物权，就应该明确承认农民对宅基地的收益权利。“必须正视住宅商品化是在城市化进程中实现农民财产权利的不可分割的部分，尽快结束现行法律限定农民宅基地……转让限于本村的半商品化状况，赋予农民宅基地及其房屋所有人以完整的物权。”[④]

3. 放开宅基地流转限制，有利于增加农民财产性收入

“可以想象的是，村里对宅基地的市场需求几乎不存在，因为对已经

---

① 李满枝．物权法下宅基地使用权的转让［J］．广西政法管理干部学院学报，2006年第1期．

② 高富平．土地使用权和用益物权——我国不动产物权体系研究［M］．北京：法律出版社，2001年第1版：第450页．

③ 曹泮天．宅基地使用权流转法律问题研究［M］．北京：法律出版社，2012年第1版：第36～37页．

④ 刘守英．中国的土地产权与土地市场发展［A］．见：中国社科院农村发展研究所宏观经济研究室编．农村土地制度改革：国际比较研究［M］．北京：社会科学文献出版社，2009年第1版：第138页．

有了宅基地的农户来说，再取得一块宅基地是不符合法律规定的。对没有宅基地的农户来说，购买宅基地没有任何经济意义，因为他们可以（几乎）免费取得宅基地。”① 农民的最大财产就是土地，“农民的宅基地使用权不能用财产利益交换，宅基地使用权也就失去财产属性，也就使农民难以实现其房屋的价值”，② 压缩了农民的融资渠道，影响了农民财产性收入的增加。

4. 放开宅基地流转限制，是城乡居民权利平等的重要体现

城市居民房产可以自由交易，农民房产却不能自由交易，这是城乡居民权利不平等的体现。

5. 放开宅基地流转限制，有利于促进城乡协调发展

目前大量农民进城务工经商并希望变为城镇居民，但面临着各种创业所需原始资金的缺口，放开宅基地流转限制，可以使农民获得进城安居创业的资金，顺利融入城市。同时，一些城市居民基于城市房屋价格高昂、农村生活成本较低等原因希望在农村购房并获得宅基地使用权。③ 放开宅基地使用权流转，有利于满足城乡居民各自需要，实现城乡一体化发展。

6. 放开宅基地流转限制，可以提高宅基地配置效率

宅基地使用权是一项特殊的社会资源，只有通过市场机制的调节才能实现资源的最优配置，发挥资源的最大效用。“现行宅基地使用权制度禁止宅基地使用权流转，其直接的后果之一就是宅基地的利用效率较低，土地浪费情况较为严重。”④ 允许农村宅基地流转，可以促进农村闲置或半闲

---

① 韩俊．中国农村土地问题调查［M］．上海：上海远东出版社，2009 年版：第70 页．

② 郭明瑞．关于宅基地使用权的立法建议［J］．法学论坛，2007 年第 1 期．

③ 袁震．城乡统筹背景下农村土地制度创新研究．农业部软科学课题，201213 号．第 477～478 页．

④ 曹泮天．宅基地使用权流转法律问题研究［M］．北京：法律出版社，2012 年第 1 版：第 2 页．

置宅基地的优化利用，有利于解决城乡建设用地不足问题。

7. 放开宅基地流转限制，可以解决宅基地使用权“隐形流转”的问题

伴随着中国城市化的发展，农村宅基地市场已经慢慢发育并初步形成，农民之间、农民与城市居民之间的宅基地交易在实践中大量存在。现实中各地普遍存在的“小产权房”，以及众多宅基地流转“隐形市场”的存在都可以理解为是对现行宅基地法律制度所试图构建秩序的一种挑战。与其简单禁止，不如规范引导。[①]

8. 放开宅基地流转限制，不会影响农民的社会保障

随着工业化、城市化的推进、农村剩余劳动力的逐步转移、非农收入的逐年增长以及农村社会保障体系建设的启动等原因，土地的保障功能已不可避免地呈现出弱化的趋势。“农民的保障是社会的保障，应由社会统一安排，不能通过冻结农民个人财产权，作为农民今后的生活保障。”[②] 即便承认农村宅基地具有一定的社会保障功能，但允许宅基地使用权的流转也不至于破坏各种保障功能，因为农民能从土地上所得到的利益保障甚少。农民的社会保障是一个综合的社会性问题，根本不是简单地保有一块宅基地就可以解决的。“历史和经验不断地告诉我们，千千万万的农民对自身利益的考量远比理性的‘设计者’们更加‘理性’，他们对发展的追求比设计者们更真切，他们对发展的道路选择比设计者们更富有创造性。”[③]

我们认为，讨论宅基地使用权能否自由流转问题，首先应当明确，现

---

① 王崇敏，孙静．农村宅基地使用权流转析论［J］．海南大学学报（人文社会科学版），2006 年第 2 期．

② 李进，饶峰伟．物权法能否根本保护老百姓的物权［N］．海峡都市报，2005 年 7 月 12 日．

③ 赵树凯．制度安排应当追随农民的脚步［J］．中国发展观察，2006 年第 8 期．

行法律并不禁止宅基地使用权流转，只不过对流转主体（转让的话只能是本村符合宅基地取得条件的村民）、流转方式（不得抵押）有所限制。① 因此，宅基地使用权能否自由流转问题，实际就是宅基地使用权能否转让给非本村村民（包括城镇居民）、能否抵押的问题。

我们认为，从现在情况看，允许宅基地使用权转让给非本村村民和抵押的条件还不成熟，目前的规定应该继续坚持。

1. 宅基地使用权在相当长时期内仍是我国农民的重要社会保障

与过去相比，土地对于农民的保障功能确实已有所弱化，农民的社会保障也确实不是保有一块宅基地就能解决的，但并不能因此否定宅基地在保障农民安居乐业方面的重要作用。尽管2012年我国按照常住人口计算的城镇化率已达到52.57%，但仍有6.4亿人口生活在农村，即使到2030年我国城镇化率达到70%，仍将有4.5亿人生活在农村，宅基地对他们当然不可或缺。

对于目前虽到城镇居住而户口尚在农村的2.4亿农民中的绝大多数而言，宅基地和承包地仍是他们“进可攻、退可守”的重要保障。特别是在我国工业化水平仍然较低，创新能力不强，以出口导向的低端加工制造业为主的现阶段，经济发展很容易受到外部宏观经济形势的影响而出现波折，一旦出现这种情况，农村的宅基地和承包地可以使那些失去就业岗位和收入的进城农民回到农村休养生息，静待经济好转后出外打拼，而不是在城市里成为无业游民，这已为改革开放以来我国历次经济波动软着陆的事实所证明。

社会保障应由国家和社会来统筹安排，但不能脱离我国具体的经济社会发展水平和阶段。据测算，目前中等城市吸纳一名农民工落户，需要财政支出8万～10万元。同时，为大量进城农民提供稳定就业岗位，确保他

---

① 有学者将对宅基地流转的上述限制概括为“禁止宅基地使用权流转”，这是不准确的，也容易误导公众。如曹泮天．宅基地使用权流转法律问题研究［M］．北京：法律出版社，2012年第1版：第2页．

们能够真正留在城市，还需要产业布局的调整和产业水平的提升，这也不是一朝一夕和主观努力就能完成的事。考虑到这两种因素，在相当长时间内，仍将有大量进城农民难以享受和城镇居民同等的教育、医疗、社保等公共福利待遇，很多进城农民年老后还将回到农村养老，家乡的宅基地仍将是他们的安身立命之所。因此，无论从当前还是今后看，宅基地对广大农民的保障功能仍很重要。

2. 放开宅基地流转限制，与宅基地制度的设立目的和基本特征不符

宅基地制度的设立目的，在于保障本村村民“居者有其屋”的居住需要，而不是让使用者拿去卖钱，更不是满足非本村村民的居住需要——对于其他村的村民来讲，在本村可以得到宅基地；对于城镇居民来讲，在城镇可以购买房屋。既然宅基地使用权的取得并非是市场化资源配置的结果，宅基地使用权人利用宅基地获得收益的权利相应也不可避免地要受到限制。如果允许宅基地使用权随意流转，就会偏离宅基地制度的设立初衷，宅基地“集体所有，农民使用”的基本特征将会被颠覆，“福利分配”的要求也将无从谈起。

还需要指出的是，现行制度允许农民通过将房屋（实际是宅基地使用权）转让给本村符合条件的其他村民、出租给本村村民和非本村村民（包括城镇居民）的方式获取收益。这种制度安排，既考虑到了宅基地使用权制度的基本要求，又照顾到了使用权人的利益，在确保集体对宅基地的有效控制和其他村民居住利益的前提下，保障了宅基地使用权人获得合理收益的机会。因此，目前对宅基地流转实施的限制，是与宅基地制度的内在逻辑相一致的，相应带来的城乡居民之间的权利差别与“城镇居民可购买两套商品房、农民只能取得一块宅基地”一样，是合理的差别，并不构成不平等。

3. 放开宅基地流转限制，不利于保护耕地

宅基地与耕地在功能上的最大区别在于前者仅为满足村民个人生活所

需，而后者在满足耕种者生活所需的同时，还可以为社会提供大量的农产品。也就是说，宅基地的排他性强、社会性弱，而耕地的社会性强、排他性弱。因此，耕地流转给非本村村民、工商企业仍可为社会提供农产品，一些农民还可受雇耕作获取收入，而宅基地流转给非本村村民则会产生两个负面效应：一是挤压利用闲置宅基地解决本村新增人口居住问题的空间，农村新增人口所需宅基地只能靠占用耕地解决；二是阻塞了将闲置宅基地收回复垦为耕地的渠道。这种情况若普遍出现，势必影响我国的耕地面积和粮食安全。

4. 放开宅基地流转限制，对减少宅基地闲置的作用微乎其微

一方面，要客观看待当前的宅基地闲置问题。农村宅基地闲置主要有四种情况：一是迁入城镇居住导致的闲置；二是继承、私下流转导致的“一户多宅”闲置；三是建新不拆旧导致的“一户多宅”闲置；四是进城务工经商导致的闲置。

在这四种情况中，进城务工经商导致的闲置无疑占比最多，但实际上又不是真正的闲置：进城务工经商的农民除了一般会在逢年过节期间回乡居住外，在目前的就业和社保条件下，经济上一有风吹草动就需要回乡蛰居，寻找和等待就业机会，而他们在年老的时候，也需要回乡居住养老。因此，目前的宅基地闲置数字有虚高的问题。另一方面，即使真正闲置的宅基地，也存在城镇居民买后愿不愿意住的问题。在发达国家，尽管城乡差距较小，也很少有城镇居民愿意干在农村、住在农村，日、韩等国面临的农民老龄化问题就是明证。与发达国家相比，我国农村在居住环境、生活条件、公共服务等方面与城市的差距更大。在这种情况下，除城镇郊区、风景名胜区外，城镇居民购买宅基地后会不会真正居住，很值得怀疑。

5. 放开宅基地流转限制，对拓宽农民融资渠道作用有限

当前农村对融资有迫切需求而又面临融资难的主要是种粮大户、农民合作社等产业化经营主体，他们的资金需求不是靠几百平方米的宅基地抵押就能解决的，而且由于宅基地抵押涉及宅基地使用权人的基本生存权利，即使抵押权实现了也很难强制执行，即使强制执行了也很难转让出去，[①] 金融机构有无意愿接受抵押也是个问题。

6. 放开宅基地流转限制，难以起到促进农民进城定居的目的

工业化、城镇化的发展势必导致农村人口脱离农业、进城定居，但这是一个系统工程和自然过程，需要相应的经济社会条件特别是稳定的就业、充分的社保作为基础和保障，不是放开宅基地流转限制就能解决的。对农民而言，城镇门槛较高，具备经济实力和稳定就业的无须流转土地就可进入城镇，没有经济实力和稳定就业的即使敢冒险卖地，也很难靠那点儿万元钱的卖地收入进城买房，即使进入了也会面临生存、就业、子女教育等种种问题。因此，放开宅基地流转对那些已进城定居的农民可能会“锦上添花”（但他们由于不缺钱，很可能不会流转），对多数想进城的农民而言并不能起到“雪中送炭”的作用，推动农民进城定居更不啻是天方夜谭。

7. 放开宅基地流转限制，不利于保护农民集体其他成员的利益

农村土地集体所有的性质决定了在宅基地流转问题上，不能只重视使用权人的利益，还要考虑农民集体其他成员的利益；不能只考虑当代农民的利益，还要考虑今后几代农民的利益。目前的宅基地流转制度，尽管限制了个别村民的利益，但有效保证了绝大多数村民或者说农民集体的土地权利。当前，农村人口还在持续增加，宅基地用地需求也在增加，很多地方为了减少征地拆迁的难度和成本，又暂停了宅基地审批，农村建设用地供需矛盾日益突出。在这种情况下如果允许宅基地使用权任意流转而不设相应限制条件，将导致大量的宅基地使用权被财力雄厚的工商资本、城镇居民获得，势必挤压农民集体其他成员的用地空间，增加他们获得宅基地的难度和成本，影响他们的合法权益。

---

① 我国绝大多数村庄仍是熟人社会，本村村民不会买，非本村村民买了也住不下去。在河北农村调查中，一名农民就直言：“我让他住他就能住，我不让他住他一天也住不下去。”受访的信用社的同志也谈了这种担心。

8. 放开宅基地流转限制，极可能助长土地投机

目前由于缺乏可靠的投资渠道，我国城乡居民储蓄余额已接近40万亿元；大量国际游资也在觊觎在中国炒作的机会。如果放开宅基地流转限制，在中国人挥之不去的土地情结的支撑下，极可能出现一轮炒宅基地的热潮，工商资本、城镇居民可能竞相购买农村宅基地静待土地升值，不仅将进一步吹大房地产泡沫，也将进一步增加工业化、城镇化的难度。土地投机带来的土地集中、贫富差距也将严重影响我国社会的和谐稳定。从这个角度讲，有学者认为“开禁或者变相开禁农村宅基地交易的主张不过是强势群体的利益诉求”的观点不是没有道理。[①]

9. 对宅基地流转实施限制，与社会主义市场经济的基本要求和宅基地使用权用益物权属性并不违背

发展社会主义市场经济，确实要发挥市场在配置资源方面的基础作用，但不能因此否认和排斥政府对交易行为的必要干预。按照经济学的认知，理性的市场主体追逐自身利益的强大动力，既是经济增长和繁荣的主要源泉，也是“市场失灵”及经济衰退的主要原因，相应需要政府予以必要管制。特别是在我国人多地少、国人土地情结浓厚的国情和当前经济社会条件下，如果对土地这一不可再生而社会性很强的资源不予以必要管制，很可能导致土地投机，进而导致社会总体福利水平的下降。在这方面，城市房地产发展初期国家未予以及时调控导致的目前困境就是一个典型例子。是否放开宅基地流转限制也与宅基地使用权的用益物权属性无关。宅基地使用权的用益物权属性，恰恰允许国家对宅基地使用权的权能给予限制，因为按照“物权法定”的原则，宅基地使用权具有哪些权能由法律直接规定，而不是由当事人自由创设。以宅基地使用权是农民的财产权而主张放开限制的理由更站不住脚。

“财产权与经济自由作为一种宪法权利在18世纪与19世纪很受推崇，

---

① 孟勤国．物权法开禁农村宅基地交易之辩［J］．法学评论，2005年第4期．

但现在早已不是‘神圣不可侵犯’的权利。现代国家普遍对个人的财产与经济活动施加各类立法限制，且只要不是过分不合理，这类限制一般都认为合宪。”[①] 为了防止农民因素质、视野和信息不对称等因素的限制，贪图眼前可得的蝇头小利而永久失去土地，一些国家也有限制农民流转土地的情况，如哈萨克斯坦即限制土地买卖，而代之以允许短期（或者中期）土地租赁协议，将农村居民出售土地这种不可逆转的决策往后推迟，以使农民随着经济状况的好转和正常化，更加清楚土地交易的意义。[②]

10. 宅基地使用权“隐形流转”问题，不构成放开宅基地流转限制的理由

法律禁止的行为，基本上都是对违法者个人有利而对他人和社会利益有损的行为，由于违法者个人可以从违法行为中获利且并不是每个违法行为都能被发现、每个违法行为人都能得到查处，实践中违法行为的发生是一种常态，“法律一出，令行禁止”则只是理想状态，在任何国家、任何社会都不可能完全实现，因此，以实践中违法的宅基地使用权“隐形流转”大量存在而主张废止法律的观点显然是站不住脚的。同时，还要看到，当前一些地方之所以存在宅基地使用权“隐形流转”现象，[③] 除了历史原因外，法律执行不力是最重要的原因：一方面，对法律、政策的宣传不到位，很多当事人特别是农民不了解国家相关规定；另一方面，执法监管不到位，一些违法交易行为未被及时发现，一些违法行为发现后未被有

---

① 张千帆．宪政原理［M］．北京：法律出版社，2011 年第 1 版：第 330 页．

② 王旭东．中国农村宅基地制度研究［M］．北京：中国建筑工业出版社，2011 年第 1 版：第 147 页．

③ 尽管各地都有隐形流转问题，但其主要发生在城市郊区和风景区，对绝大多数农村而言，宅基地隐形流转给非本村村民的现象很少发生。有学者在对广西三个村庄的调查中发现，“86.1％的受访农户表示近 5 年来村里没有转让宅基地的现象；仅有 15 户表示存在转让的现象，占 5％，其中 14 户农户回答转让均是转给本村村民。”见孟勤国等．中国农村土地流转问题研究［M］．北京：法律出版社，2009 年版：第 121 页．

效查处，一些村干部甚至带头向非本村村民卖地（包括建“小产权房”出售），导致群相效仿。因此，解决宅基地使用权“隐形流转”问题，应当重点加强法律执行工作，而不是向违法行为妥协，将违法行为“合法化”。还需指出的是，正是由于目前限制宅基地随意流转的规定，才在很大程度上遏制了城镇居民到农村购买宅基地之势，否则情况会严重得多；而且，由于城镇居民到农村购买宅基地、宅基地抵押不被法律允许，相关的交易行为依照《合同法》的规定属于无效，反倒为今后个案解决“隐形流转”问题提供了有力的依据。①

总的来看，目前国家对宅基地使用权流转的限制是合理和必要的。考虑到宅基地使用权抵押和向城镇居民转让的不可逆性，在相关经济社会条件不具备之前，在相关配套制度没有完善之前，对放开宅基地使用权流转采取谨慎态度是一种明智选择，否则的话，很可能出现“未获其利、先见其弊”的后果。当然，坚持现行制度不是说不可以进行改革探索，但一定要坚持“个别安排、依法授权、明确底线、封闭运行”的原则，防止地方各行其是对国家整体制度造成冲击，并将探索失败的风险降至最小。从这个角度看，中共十八届三中全会强调“选择若干试点，慎重稳妥推进农民住房财产权抵押、担保、转让”，无疑是十分正确的。

(五) 关于宅基地整理

宅基地整理也是当前农村宅基地制度面临的一个热点问题。地方政府普遍认为，通过宅基地整理，有效解决了农村宅基地空、散、乱的问题，不仅增加了耕地，也改善了农民的居住条件和农村环境，是一件好事。而反对者则认为地方政府只是想通过“宅基地整理”来获得建设用地或建设用地指标，一些措施也损害了农民利益，持否定态度。

我们认为，开展宅基地整理本身是一件好事，但好事能否办好，还要

---

① 如在著名的北京“宋庄宅基地案”中，法院终审判决双方房屋买卖协议无效，同时判令宅基地使用权人赔偿买受人 28 万元，妥善处理了各方面利益关系，可为解决“隐形流转”问题提供借鉴。

看具体做法如何。从目前一些地方的实践看，宅基地整理在操作中确实存在一些亟待解决的问题：

1. 整理的目的不是为了增加耕地而是占用耕地

尽管很多地方都宣称通过宅基地整理，将节约下来的宅基地复垦为耕地，但实际上，通过“城乡建设用地增减挂钩”获得的建设用地指标基本上被用于在城市郊区等其他地方征占耕地，也就是说，建设用地只是挪了地方而并没有真正增加耕地；在一些城市郊区农村，甚至直接将腾退的宅基地转为城镇建设用地或作为“土地储备”。同时，复垦后的耕地与被征占的良田熟土相比，在质量上不可同日而语。目前各地宅基地整理的做法，并没有起到保护耕地乃至增加耕地的作用。

2. 整理的主导权在政府而不是农民

宅基地归农民集体所有，是否整理、如何整理应当由农民集体民主议决，政府即使希望开展整理也应当通过引导、说服、协商、支持的方式，在农民自觉自愿的情况下进行。但从各地做法看，整理过程往往采取与征地拆迁类似的做法推进（有学者批评其实际就是以整理的名义规避征收程序，也恰如其分），政府强势主导，自上而下直至乡长村长层层明确责任，限期完成拆迁任务，至于补偿安置方案也由政府一手拟订，村民会议或村民代表会议实际上只能举手认可，个别地方甚至根本未召开村民会议或村民代表会议讨论，相应出现了农民“被上楼”“被进城”问题。一些地方还直接搞村庄合并，将几个村庄并到一个村庄或者小城镇居住，不仅打乱了原来的村组结构，也使农村集体经济组织运行遇到困难乃至失去依托。

3. 整理的好处主要归政府而不是农民

宅基地既然归农民集体所有，整理获得的收益也应当归农民集体和农民，但从各地做法看，地方政府通过宅基地整理不仅获得了建设用地或者建设用地指标，而且以“空手套白狼”的方式和开发商一起拿了整理好处的大头：第一，通过“城乡建设用地增减挂钩”，在不占用新增建设用地计划指标的情况下获得了额外的建设用地，实际上扩大了建设用地规模；第二，由于已将农村宅基地复垦为耕地，在新建区利用宅基地整理置换出的建设用地指标占用耕地时就无须履行耕地占补平衡的法定义务，一些地方还明确不需办理农用地转用手续，不需要缴纳新增建设用地有偿使用费等土地税费；[①] 第三，宅基地整理所需资金都从腾退土地或其指标转让中取得，政府不需投入任何资金，而腾退土地或其指标转让获得的收入远大于农民安置、土地复垦等投入，这些收益基本上都被政府拿走，而农民只获得了远小于其宅基地的规定面积的楼房，如果要增加面积，还要另外交钱购买。[②] 可以说，农民不仅以“羊毛出在羊身上”的方式失去了宅基地，而且卖“羊毛”获得的钱也被政府拿走了。

目前宅基地整理的做法，表面上促进了城镇化的发展，但从长远看却埋藏着诸多隐患：

1. 农民支出增加而收入减少

农民“上楼”后需要缴纳物业费等原来没有的支出，同时又少了利用房前屋后发展庭院经济的收入，支出增加而收入减少，在有稳定的非农收入来源的情况下还可以应付，一旦就业不稳定，就可能出现无力支付等问题。

2. 农民生产生活较以前不便

对仍有地可种的农民而言，存在农机农具无处存放、粮食无处晾晒和

---

① 如《吉林省人民政府关于进一步做好建设用地审查报批工作保障项目用地需求的意见》《重庆市国土房管局关于进一步规范城乡建设用地增减挂钩工作管理有关事项的通知》。

② 如天津市东丽区华明镇贯庄村在宅基地置换中，正房一比一地换，侧房两平方米换一平方米，院子不算面积；如果换来的楼房不够住，每人可享受30平方米的优惠房价，每平方米600元；如果还想住更大的面积，则要按每平方米4000～5000元的市场价购买。见勾新雨．天津宅基地换房争议调查：强迫还是自愿［N］．投资者报，2009年3月16日。其他地方也基本上是只补偿农民合法的建筑面积，对宅基地则没有补偿。

储存等问题，村庄合并后的农民，还存在离耕种地较远、劳作不便的问题；[①] 对进入小城镇无地可种的农民而言，则存在就业问题。

3. **对后代居住利益考虑不够**

各地对农民的住房安置只考虑当前两代人甚至第一代人的居住利益，对第二代、第三代人的居住利益基本没有考虑，全家几代人居住在同一处院子里问题不大，而在住上楼房后，全家几代人居住在同一套房子里显然有诸多不便。

4. **村庄合并对农村和谐稳定带来冲击**

对村庄合并来讲，实际上是其他村庄的村民使用了合并后村庄的土地，被占地村庄的村民今后很可能要求其他村庄的村民向他们支付费用；同时，并村后打破了农村熟人社会的血缘、地缘联系和原有的稳定组织结构，村庄和集体经济组织管理成为一个新的问题，如广东的并村在2004年后就已经基本暂停，民政部门一位熟悉情况的官员表示，“总的来说，并村不能算成功”。广宁的五和镇、螺岗镇明确表示希望恢复原貌、分开管理。对广宁县五和镇并村有三个不利于：“不利于开展工作、不利于干部团结、不利于发展集体经济。”螺岗镇说：“难以开展工作，建议分开管理。”[②] 可谓提前敲响了警钟。

5. **政府将承担无限责任**

对宅基地整理后的收益基本被政府拿走的问题，村民即使现在不提，但随着土地权利意识的觉醒，很可能在今后向政府索要。由于目前的宅基地整理由政府一手包办，也为今后集中居住的农民一遇到问题就找政府提供了正当理由。

综上可见，尽管通过宅基地整理，地方政府获得了眼前的好处，但从

---

① 如天津市东丽区华明镇，将全镇12个村迁建到一处，村民最远的承包地在12～15公里以外，很难想象这种情况下农民如何去耕作。

② 向振忠．广宁并村：大村庄制水土不服［N］．南方农村报，2008年2月28日．

长远看，为了处理后续问题，很可能要付出更大的成本，并存在社会稳定的隐患。这一后果在一些地方已经显现，如嘉兴按照“两分两换”政策（把农民的宅基地和承包地分开，搬迁和土地流转分开，以宅基地置换城镇房产，以土地承包经营权置换社会保障），农户在进城后，承包地全部流转给当地政府转租，但政府往往又一时难以转租出去，导致财政压力骤增。[①]

针对上述问题，有必要对各地宅基地整理的现行做法进行反思和改革：

1. 必须尊重农民的土地所有权和宅基地使用权

《宪法》在明确宅基地等农村土地归集体所有的同时，还在第十二条强调：“禁止任何组织或者个人用任何手段侵占或者破坏国家的和集体的财产。”《物权法》也在第四条规定：“国家、集体、私人的物权和其他权利人的物权受法律保护，任何单位和个人不得侵犯。”这里的“组织”“单位”当然包括政府。目前许多地方强制或变相强制农民腾退宅基地、搞集中居住的做法，存在规避征收程序、变相征收农民土地的问题，其实质是不尊重乃至侵犯农民的土地权益，应当予以制止。建议明确今后各地开展宅基地整理，必须尊重农民集体和宅基地使用权人的意愿，经村民（集体经济组织成员）会议三分之二以上多数通过，并取得宅基地使用权人的同意，宅基地使用权人不同意的，对其宅基地不得强制腾退。

2. 必须切实保护耕地

按照《土地管理法》第四十一条的规定，包括宅基地整理在内的土地整理，其目的在于“提高耕地质量，增加有效耕地面积，改善农业生产条件和生态环境”，而目前很多地方宅基地整理的做法实质上是增加建设用地指标，相应导致了耕地面积的减少和耕地质量的下降。同时，按照《土地管理法实施条例》第十八条的规定，土地整理新增耕地面积只能以60%

---

① 忻尚伦．嘉兴“土改”5年：农户数增2万［N］．东方早报，2013年3月12日．

而不是100%的比例折抵建设占用耕地的补偿指标，但目前各地的做法却是按100%的比例直接转换为城镇建设用地指标，与《实施条例》的规定相违。针对上述问题，必须使宅基地整理回归到土地整理和占补平衡的本义上来。一方面，应当严格建设用地指标管理，因宅基地整理增加的耕地（不含履行“占补平衡”义务整理出的耕地）可以在考虑其面积和质量因素后，作为增加下一年度建设用地指标的依据，但不应允许在国家下达的年度建设用地指标之外“体外运行”，由地方直接转换为建设用地指标。另一方面，应当由省级国土、农业等部门联合对整理后复垦的耕地进行验收，确保其数量和质量符合要求。

3. **必须保障收益归农**

社会主义市场经济条件下的政府应当是经济调节、市场监管、社会管理、公共服务的提供者，而不是作为市场主体直接“赤膊上阵”乃至与民争利。目前许多地方的宅基地整理，不仅使政府获得了招商引资所需的建设用地指标，还拿到了大量的资金收益，长此以往，将严重影响党和政府在群众心目中的形象，严重恶化党群、干群关系。因此，在保障农民集体和农民在宅基地整理中的主体地位的同时，还必须明确因宅基地整理获得的收益应当全部归农民集体所有，由农民集体以民主议决的方式决定其分配和使用。政府在宅基地整理中可以起引导、中介和扶持作用，但不能从中牟取金钱利益。

三、完善宅基地法律法规和政策的建议

经过几十年变迁形成的宅基地使用权制度，在保障农民“居者有其屋”的同时，也最大限度地保护了稀缺的耕地资源，应当说是经过长期实践检验的、总体上符合中国国情的制度。随着工业化、城镇化的发展，包括宅基地在内的农村土地制度也需要与时俱进地改革完善，但一定要按照法治的精神进行，在妥善处理相关关系的基础上，积极推进法律法规修订进程，进一步完善农村宅基地管理制度。

（一）完善法规政策应当妥善处理的关系

完善宅基地法律法规和政策，应当妥善处理好以下关系：

1. 推进工业化、城镇化与保护耕地的关系

统筹城乡发展，解决“三农”问题，离不开工业化、城镇化的深入推进，但推进工业化、城镇化绝不是为了削弱和消灭农业、农民和农村，相反，没有农业、农民和农村的支撑，工业化、城镇化只能成为“空中楼阁”。因此，中央一再强调要巩固和加强农业基础地位，切实保护耕地，促进工业化、信息化、城镇化、农业现代化同步发展，并将建设社会主义新农村与推进城镇化并列作为保持经济平稳较快发展的持久动力。目前主张承认“一户多宅”、允许宅基地使用权自由流转的观点，不利于保护耕地，一些地方宅基地整理的实践也不符合中央“工业反哺农业、城市支持农村”和“多予少取放活”的方针，是对农业、农村、农民利益的变相掠夺，不宜在法律法规中认可。在完善宅基地法律法规和政策中，必须充分认识我国人多地少、解决十三亿人口的吃饭问题不能依赖国外这一基本国情，在推进工业化、城镇化的同时高度重视耕地保护问题，坚决守住18亿亩耕地的红线，确保国家粮食安全和重要农产品有效供给。

2. 政府引导扶持与农民自主的关系

在当前发展阶段下，宅基地的分配、流转、收回以及整理都离不开政府的管理和参与。但这些活动的主体归根到底是农民，如果不尊重农民的主体地位，像一些地方搞宅基地整理那样，政府事事包办，代替甚至强迫命令，不仅很难取得预期效果，还会埋下问题的隐患。因此，在完善宅基地法律法规和政策中，应当确认和强化农民和农民集体的主体地位，从体制机制上保障农民对于宅基地分配、流转、收回以及整理等方面的知情权、管理权、参与权和监督权，保障他们在法律允许的范围内自主选择、民主决定的权利。政府可以引导扶持，但决不能包办代替、强迫命令。

3. 发展经济与保障农民权益的关系

土地是农民的命根子，是农民最宝贵的财产权益。在发展经济，推进

工业化、城镇化过程中，不可避免地要征收征用包括宅基地在内的农民土地，但发展经济不能以损害农民权益、让农民承担发展成本为代价，而必须以保障农民权益、增进农民福祉为前提。目前征地补偿中对农民的宅基地不予补偿的做法不符合宅基地使用权用益物权的属性；一些地方宅基地整理后用地指标出让收益被地方政府截留、复垦土地被集体直接流转而不发包给农民的现象也损害了农民土地权益。在完善宅基地法律法规和政策中，应当进一步明确农民和农民集体对宅基地所享有的权利，严禁包括政府在内的任何组织侵犯，并规定相应的法律责任。

4. **改革试点与依法行政的关系**

随着经济社会的发展，宅基地领域确实出现了许多新情况、新问题，需要对具体制度进行改革完善。但包括宅基地制度在内的农村土地制度是农村的基础制度，相关改革不仅牵一发而动全身，而且在很大程度上具有不可逆性，不允许有“试错”的过程。因此，相关改革必须在国家层面统筹规划、依法推进，而不能由地方自行其是、单兵突进。当前，一些地方在未依法获得批准的情况下，擅自突破法律规定搞所谓“土地制度改革试点”的问题比较突出；一些经依法批准开展改革试点的地方，擅自突破批准范围、权限和要求搞所谓“改革”的现象也比较严重。这不仅损害了社会主义法制的统一和权威，也由于其难以获得法律承认而给当事各方带来了交易风险，给今后纠纷的发生和处理埋下了隐患。针对上述问题，必须按照依法治国、依法行政的要求进一步规范地方改革试点。相关试点必须按照批准的范围、权限和要求进行，不能随意搞所谓“突破和创新”。

5. **完善立法与加强执法的关系**

当前宅基地管理中出现的一些问题，如宅基地能否继承、宅基地在何种情况下可以收回等，没有明确规定，确实需要通过完善立法来解决。但也要看到，还有许多问题与执法不严、执法不力乃至无人执法有直接关系。比如“小产权房”，从建设到销售需要很长时间，也根本不可能像制假售假黑窝点那样隐蔽，但在一些地方却遍地开花，呈尾大不掉之势，这与执法不严、监管不力有很大关系。又比如“宅基地整理”中截留收益问题，也并非国家没有规定禁止，而是违规行为没有得到及时制止、违规责任人没有得到有效查处所致。因此，在完善立法的同时，必须切实完善监管体制机制，加大土地执法监管力度，依法追究违法违规人员的法律责任，否则法律制度设计得再完美、处罚规定得再严厉也形同具文，起不到应有的规范作用。

（二）关于立法模式和路径

宅基地制度是农村土地制度的重要组成部分，宅基地使用权与土地承包经营权一样，都是农民的重要财产权利。目前，农村土地承包制度已有2002年颁布的《中华人民共和国农村土地承包法》作为依据，而宅基地制度在国家层面除了《土地管理法》规定了两条（第八条、第六十二条）、《物权法》规定了四条（第一百五十二至第一百五十五条）外，没有专门的法律、行政法规予以规范，只有中共中央、国务院和国土资源部的一系列文件作为依据。[①]《土地管理法》和《物权法》的规定一是过于原则，可操作性不强，如《土地管理法》规定宅基地应经乡（镇）人民政府审核，由县级人民政府批准，但对审批内容、审批程序没有任何具体规定；二是许多问题没有涉及，如宅基地能否有偿使用、宅基地如何收回等，没有任何规定。而中共中央、国务院和国土资源部印发的一系列文件，由于年代跨度大，许多规定已不适应新形势下的管理需要；有关内容由于未经过广泛征求意见、充分发扬民主的立法程序，在全面性、严谨性、科学性上也有缺失；同时也存在原则性规定多而可操作性弱的问题。尽管一些地方如

---

① 如1963年《中共中央关于对社员宅基地问题作一些补充规定的通知》、1981年《国务院关于制止农村建房侵占耕地的紧急通知》、1986年《中共中央国务院关于加强土地管理制止乱占耕地的通知》、1990年《国务院批转国家土地管理局关于加强农村宅基地管理工作请示的通知》、1997年《中共中央国务院关于进一步加强土地管理切实保护耕地的通知》、2004年《国务院关于深化改革严格土地管理的决定》和《国土资源部关于加强农村宅基地管理的意见》等。

河北、河南等省和许多市县出台了本地的农村宅基地管理办法，但规定不一，效力不高，不利于国家土地制度的统一和权威。

针对上述问题，确实有必要在认真研究和总结各地宅基地管理实践的基础上，加快出台一部专门的宅基地管理立法。在立法模式和路径的选择上，有观点建议由国务院制定一部专门的行政法规，[①] 但我们认为，宅基地制度是我国重要的民事基本制度，依照《立法法》第八条、第九条的规定，原则上应制定法律，也可由全国人大及其常委会授权国务院制定行政法规；依照宪法第十条的规定，包括宅基地在内的土地使用权的转让也须依照法律的规定，据此，不宜由国务院径行制定行政法规。比较可行的办法是，通过修订《土地管理法》对宅基地制度作出较目前更为全面的规定，同时授权国务院按照《土地管理法》规定的精神和原则制定《农村宅基地使用条例》，在施行一段时间后再总结经验，制定一部《中华人民共和国农村宅基地使用法》。

之所以建议将法规、法律的名称定为《农村宅基地使用条例》《中华人民共和国农村宅基地使用法》而不是《农村宅基地管理条例》《中华人民共和国农村宅基地管理法》，主要有两点考虑：一是宅基地立法的目的应当是保障农民的宅基地使用权而不是加强行政管理，立法的内容应当侧重于规范宅基地使用权的取得、流转和灭失而不是赋予行政机关管理手段（这可以在土地管理法中规定），因此，不宜出现“管理”二字；二是“使用”二字突出了宅基地使用权人拥有使用权而非所有权，有利于澄清和化解部分农民宅基地私有的观念。

（三）关于立法的主要内容

建议《土地管理法》修订时对与宅基地有关的以下内容进行规定，并由《农村宅基地使用条例》（《中华人民共和国农村宅基地使用法》）进行细化：

---

① 姜爱林，陈海秋．关于制定国家《农村宅基地管理条例》的若干问题[J]．渭南师范学院学报，2009 年第 3 期．

1. **重申宅基地“集体所有，村民使用”的基本特征**

在重申宅基地归农民集体所有的同时，明确农村集体经济组织成员有权依法取得宅基地并享有占有和使用的权利，有权依法利用宅基地建造住宅及其附属设施。宅基地分配给农村集体经济组织成员使用，不改变土地的所有权性质；任何组织或者个人不得买卖或者以其他形式非法转让宅基地，但宅基地使用权可以依照本法的规定转让。

2. **强调节约用地、保护耕地的原则**

宅基地的分配和使用应当严格按照土地利用总体规划、村庄和集镇规划，合理利用和集约利用土地。村内有空闲地、老宅基地可以利用的，不得占用耕地。

3. **规定宅基地的申请条件和审批程序**

考虑到各地土地状况、经济社会发展水平、农村居住习俗不同，对宅基地的申请条件（哪些情况可申请宅基地）可授权省级人大或政府规定。审批程序则可全国统一规范：申请人应当向村民委员会提出申请，由村民委员会公示并提交本集体经济组织成员的村民会议或者村民代表会议讨论。讨论同意的，报乡（镇）人民政府审核同意后，由县级人民政府审批。批准使用宅基地的，村民委员会应当及时公布审批结果。宅基地申请人除缴纳法律法规规定的税费并支付被占土地原使用权人补偿外，不需要缴纳任何费用。

4. **重申“一户一宅，面积限制”的要求**

农村一户只能占有一处宅基地，宅基地面积不得超过省、自治区、直辖市规定的标准。本村村民因继承占有两处以上宅基地的或者非本村村民因继承占有宅基地的，应当在两年内转让给本村符合宅基地取得条件的其他村民（继承人为本村村民且有两个以上儿子的除外，但应当缴纳宅基地有偿使用费）；逾期未转让的，由集体根据继承人的意愿，在补偿其房屋等附着物价值后无偿收回宅基地，或者收取宅基地有偿使用费。宅基地面积超过标准的，应当在县级人民政府国土资源部门规定的期限内腾退，逾期不腾退的，依法予以强制执行。因客观原因确实难以腾退的，应当收取宅基地有偿使用费。对农村村民第二处以上宅基地（继承取得且继承人有两个以上儿子的除外）、城镇居民继承取得的宅基地和超面积的宅基地，在征地和村庄整治拆迁中，不纳入补偿范围。

5. 规定宅基地使用期限

宅基地使用期限为七十年。期满后宅基地使用权人符合宅基地取得条件的，可以续展；期满后宅基地使用权人不符合宅基地取得条件的，应当转让给本村符合宅基地取得条件的其他村民，或者由集体在补偿其房屋等附着物价值后无偿收回宅基地。

6. 明确宅基地流转方式和范围

宅基地使用权人经本集体同意，可以将建造的住房转让给本集体符合宅基地使用权取得条件的农户；住房转让时，宅基地使用权一并转让。宅基地使用权人可以依法将房屋出租，但农民集体可以酌情收取有偿使用费。宅基地使用权人转让、出租住房后，不得再申请宅基地。禁止城镇居民在农村受让宅基地。

7. 明确宅基地收回的情形

有下列情形之一的，农民集体可以收回宅基地：一是宅基地使用权人主动交回的；二是因乡村公共设施和公益事业建设占用宅基地的；三是一户占有两处以上宅基地或者非本村村民因继承占有宅基地，在两年期限内未转让的；四是宅基地使用权期满后不再符合宅基地取得条件且未转让给本集体符合宅基地取得条件的其他村民的；五是自依法批准之日起，满两年未建的，但有正当理由的除外；六是法律法规规定的其他情形。对第一种情形下的收回，地方人民政府应当给予补助或奖励；第二种情形下的收回，应当为宅基地使用权人重新分配宅基地；第三种情形下的收回，应当征得使用人同意，使用人不愿交回的，应当向集体缴纳宅基地有偿使用费；对前四种情形，还应当对房屋及其他地上附着物予以补偿。

8. 规范农村宅基地整理

农民集体经村民会议三分之二以上多数通过，可以开展村庄用地整理。涉及宅基地腾退的，还应当取得宅基地使用权人的同意。土地整理不得改变土地集体所有的性质。土地整理后复垦为耕地的，可以按60%的比例折抵建设占用耕地的补偿指标，由占用耕地的单位购买，或者由地方人民政府按照新增耕地的面积和质量予以补偿和奖励。村庄用地整理后节约的土地也可以作为建设用地出租、入股（但不得用于对外出售的房地产建设，以防止农民集体事实上的永久失地），所获收益全部归农民集体所有，由农民集体以民主议决的方式决定其分配和使用。

9. **明确法律责任**

法律责任部分不仅要明确行政相对人违法所要承担的后果，也要对地方政府和相关部门工作人员不履行监管职责等失职渎职、滥用职权的行为规定严格的处分措施，直至追究刑事责任。

第三章

农村集体建设用地制度改革研究

我国城镇化从20世纪80年代呈现出快速增长态势，平均每年增长一个百分点以上，城镇化水平从改革开放初期不到17%提高到2012年的52.57%，城镇人口已经达到7亿人以上。在我国城镇化快速发展的过程中，农业、农村、农民做出了巨大贡献，特别是农村土地大量转用，成为我国城镇化快速发展的重要资源支撑。但是，根据目前法律和政策规定，农村土地参与城镇化的合法途径只有国家统一征地转用一种方式，而事实上集体建设用地流转隐形市场客观存在，相当规模的农村集体建设用地已经自发地涌入城镇化进程。综合考虑我国城镇化和农村改革的阶段性特征，满足新型城镇化快速发展的土地需求，促进城乡土地资源要素平等交换和均衡有效配置，维护和实现农民的土地财产权利，必须按照中共十八届三中全会提出的健全城乡发展一体化体制机制的改革导向，加快深化农村集体建设用地制度改革。

一、我国农村集体建设用地制度变迁

我国实行土地公有制度。宪法和法律规定，城市市区的土地属于国家所有，农村和城市郊区的土地除由法律规定属于国家所有的以外，属于农民集体所有。按土地用途划分，城市和农村土地可分农用地、建设用地和未利用地。农村集体建设用地，是地理区位在广大农村，权属归农民集体所有，用于各项非农业建设的土地。依据《土地管理法》的规定，我国目前农村集体建设用地包括乡镇企业用地、宅基地、乡镇公共设施和公益事业建设用地。

改革开放以来，我国农村集体建设用地流转实践探索不断深化，集体建设用地管理制度不断创新完善，经历了严格禁止、试探放开、收紧严管、重新放开、还能放权五个发展阶段。

（一）严格禁止阶段（1978—1988 年）

改革开放前，我国实行高度集中统一的计划经济体制，忽视商品生产、价值规律和市场配置资源的作用，土地资源的利用和经营方式都较为单一。从 1978 年开始经济体制改革以来，国有土地市场在市场经济体制建立与完善中得到较快的发展，而农村土地市场发展则相当缓慢，出现了两种产权土地不同的配置模式，形成了城乡土地资源配置的二元结构。[①] 1982 年国务院颁布实施的《国家建设征用土地条例》第二条规定，禁止任何单位直接向农村社队购地、租地或变相购地、租地。农村社队不得以土地入股的形式参与任何企业、事业的经营。第二十五条规定，买卖、租赁或变相买卖、租赁土地的，违法转让土地的，没收其非法所得。这一阶段，立法完全禁止包括集体建设用地的农村土地流转，我国农村土地市场基本陷入停滞状态。但值得注意的是，虽然立法做出了极其严格的禁止性规定，但各地农村集体建设用地流转案例仍零星出现，如青岛市沧口区[②]有的村在 20 世纪 70 年代就将集体土地租借给省外贸单位作为货场或货栈使用，农村集体每年收取租金。这些案例主要是当时国有企业因为生产经营需要向农村集体租用土地而产生的，是一种小规模、临时性、面向公有制单位的“被动流转”，虽然对日后的集体土地流转提供了案例经验，但仍然没有改变我国严格限制农村集体建设用地入市的总体格局。

---

① 江华，杨秀琴．农村集体建设用地流转——制度变迁与绩效评价［M］．北京：中国经济出版社，2011 年版：第 42 页．

② 沧口区于 1994 年撤销行政区划，合并成立新的李沧区。

（二）试探放开阶段（1988—1998 年）

20 世纪 80 年代末，随着市场经济体制改革的逐步深化，城市市场快速发展带动了农村巨大变化，激发了农民的市场意识，撬动了城乡建设用地需求。大量农民集体开始自发地将建设用地推进市场，通过联营、出租、出售、股份合作等方式流转农村集体建设用地使用权，形成了集体建设用地流转入市的隐形市场。特别是在市场经济发展和乡镇企业改制等综合因素作用下，农村集体建设用地流转活动已经相当普遍，由自发的、小规模的流转转变为有一定组织、多种形式且规模化流转，特别是在沿海经济发达地区和大中城市郊区，农村建设用地流转蔚然成风。在市场经济导向和城镇化快速发展的形势推动下，农村集体建设用地流转立法发生了悄然变化。1988 年《宪法》修正案第二条规定，任何组织和个人不得侵占、买卖或者以其他形式非法转让土地。土地的使用权可以依照法律规定转让。同年，全国人大常委会通过了《关于修改〈中华人民共和国土地管理法〉的决定》，修正过的《土地管理法》第二条规定，“国有土地和集体所有土地使用权可以依法转让”，进一步明确了农村集体建设用地的流转制度。尽管法律法规在相当时期内并未对集体建设用地流转进行具体规范，但农村集体建设用地已经实现了从全面禁止流转到允许有限范围内流转的转变，得到了法律层面的正式认可。

（三）收紧严管阶段（1998—2003 年）

随着城镇化的快速发展，各地建城区域迅猛扩张，在缺少规范农村集体土地流转的具体制度的背景下，很多地方特别是大中城市郊区农村集体建设用地私下无序流转的状况愈演愈烈，一些地方农村土地腐败案件层出不穷，农村集体土地流转规模巨大、流转类型不一、流转用途多样，甚至突破了国家用地规划指标和用途管制。国家为了保护耕地资源、稳定建设用地市场，从严收紧农村集体建设用地流转入市出口。1998 年修订的《土地管理法》对农村集体建设用地流转入市做出了严格限制，限定农民集体所有建设用地的用途方向。《土地管理法》（1998 年修订）第四十三条规定，“任何单位和个人进行建设，需要使用土地的，必须依法申请使用国有土地。但是兴办乡镇企业和村民建设住宅经依法批准使用本集体经济组织农民集体所有的土地的，或者乡（镇）村公共设施和公益事业建设经依法批准使用农民集体所有的土地的除外”。第六十二条规定，“农村村民出卖、出租住房后，再申请宅基地的，不予批准。”这一时期，国家严格限制农村集体建设用地用于非农业建设，严格限制集体建设用地入市，强调实行土地供应的统一调配模式，即政府将农村集体土地统一征收为国有，再出让给城市建设相关主体。国家对土地一级市场的垄断，进一步滞缓了集体建设用地流转市场发育，极大地压缩了农村集体建设用地的利用空间。

（四）重新放开阶段（2003—2008年）

基于满足城乡建设的巨量用地需求和实现农民财产权利的路径选择等价值因素考量，各地纷纷开展农村集体建设用地流转入市实践探索。2002年，安徽省率先出台了《安徽省集体建设用地有偿使用和使用权流转试行办法》；2003年、2005年广东省先后出台了《关于试行农村集体建设用地使用权流转的通知》《广东省集体建设用地使用权管理办法》。这些地方性法规赋予了集体建设用地流转入市的合法地位，将集体建设用地隐形流转转变为公开合法流转，开辟了集体建设用地与国有建设用地并行入市的新路径。在认可和总结地方实践经验的基础上，国家层面重新审视和调整集体建设用地流转入市的相关政策规定。2003年《中共中央国务院关于做好农业和农村工作的意见》（中发〔2003〕3号文）明确指出，“要通过农村集体建设用地流转、土地置换、分期缴纳土地出让金等形式，合理解决企业进镇的用地问题，降低企业搬迁成本”。2004年，国务院出台《关于深化改革严格土地管理的决定》，首次提出“在符合规划的前提下，村庄、集镇、建制镇中的农民集体所有建设用地使用权可以依法流转”。这一阶段，国家对集体建设用地流转入市的态度发生了明显转变，从局部试点探索、国家漠视放任到初步实现国家政策支持、规范有序发展。

（五）还能放权阶段（2008 年至今）

2008 年 10 月中共十七届三中全会深刻分析了农村改革面临的紧迫形势和重大任务，把健全严格规范的农村土地管理制度摆在农村改革与发展全局的重要位置。全会通过了《关于推进农村改革发展若干重大问题的决定》，对农村集体建设用地制度进行了规划和部署，对集体建设用地制度改革释放了积极信号：一是放宽集体建设用地使用限制。规定“在土地利用规划确定的城镇建设用地范围外，经批准占用农村集体土地建设非公益性项目，允许农民依法通过多种方式参与开发经营并保障农民合法权益”；二是提出集体建设用地市场化利用和法治化管理的政策取向。规定“逐步建立城乡统一的建设用地市场，对依法取得的农村集体经营性建设用地，必须通过统一有形的土地市场、以公开规范的方式转让土地使用权，在符合规划的前提下与国有土地享有平等权益”。这次会议作出的重大决策，为建立城乡统一的建设用地市场提供了政策空间，打破以所有制性质、屏蔽集体建设用地进入市场的制度障碍，促进两种不同所有制性质的建设用地权益平等化，对征地制度改革在已有的基础上又提出了一些新的改革举措。尽管如此，农村改革具有极大的艰巨性、复杂性，特别是农村集体土地制度变革牵一发而动全身，有关集体土地流转入市的法律制度和相关配套机制并未跟上，影响了集体土地流转入市的秩序、效益和效率。但经过五年的实验探索和经验总结，总体上农村集体建设用地制度改革的思路逐渐清晰、方向逐渐明确。中共十八届三中全会启动了新一轮的农村土地制度改革进程，明确提出建立城乡统一的建设用地市场，并对集体建设用地流转作出了制度安排。全会《决定》规定，“在符合规划和用途管制前提下，允许农村集体经营性建设用地出让、租赁、入股，实行与国有土地同等入市、同权同价”。这对今后和未来一个时期内的农村集体建设用地使用、管理、流转方式、各方权利义务及相关配套等制度创新完善指明了方向，提出了具体要求。

二、新型城镇化背景下加快农村建设用地流转入市的重大意义

我国实行城市土地国家所有、城市郊区和农村土地集体所有的二元土地所有制度，但城镇建设用地供给采取国家统一征收、集中配置的单一化模式。随着城镇化快速发展，城镇发展用地规模不断扩张，但是建设用地供给的窄口径和农村土地转用模式的单一性，带来了土地低效配置、侵占农民利益及拉大城乡差距等诸多问题。深刻反思我国城镇化发展的经验教训，在新型城镇化背景下加快农村集体建设用地流转入市步伐，正是基于城镇化发展方式转变和农村产权制度改革双重需要做出的路径选择。

（一）集体建设用地流转入市是满足新型城镇化土地需求的重要保障

近年来，全国城镇化水平每年提高一个百分点，每年增加城镇建设用地供应约 1000 万亩以上。据统计，2002—2012 年全国城乡建设用地总量新增 1.6 亿亩，增幅 52.56%。从城市平均用地变化看，2002 年每个城市平均城区占地面积 6 万亩，发展到 2010 年的每个城市占地 12 万亩，9 年间翻了一番。随着城镇化进程的加快推进，城市占地面积不断扩展，城乡建设用地需求明显增强。预计到 2030 年，我国城镇化水平达到 70%左右，按照当前城镇化与建设用地增长比率关系，保守估计需要增加建设用地 1.5 亿亩左右。

从城镇化土地供应途径看，主要是征收农民耕地和农村建设用地。按照现行的政策，我国实施严格的耕地保护制度。保障国家粮食安全，保住 18 亿亩耕地红线不被突破，必须尽可能的少占耕地。目前，我国耕地保有量 18.26 亿亩，考虑到水利、交通等重大项目工程的必要占地，未来城镇建设占用耕地的空间已基本没有余地。与此相对应的是，我国农村集体建设用地相对富余。全国城乡建设用地 4.8 亿亩的总量中，城市建设用地 0.48 亿亩，占比 10%，农村集体建设用地 4.33 亿亩（其中农村居民点占

地约 2.5 亿亩)[①]，占比 90%。并且，农村集体建设用地人均占地面积大于城市居民，特别是随着农村人口向城镇加快转移，农村集体建设用地具有较大的整理和利用空间。有效盘活和利用农村集体建设土地存量，可以在少占耕地的前提下，为快速增长的城镇化发展提供稳定可靠的土地供给保障。

表 3－1　我国若干特大城市用地（建成区）面积及扩展情况（1952—2011 年）[②]

（面积单位：平方公里）

城市＼年份	1952	1978	1997	2003	2005	2011	60 年间扩大倍数
上海	78.5	125.6	412.0	610.0	819.0	988.7	12.7
北京	64.5	190.4	488.0	580.0	950.0	1231.3	18.8
广州	16.9	68.5	266.7	410.0	735.0	990.1	58.6
天津	37.7	90.8	380.0	420.0	530.0	710.6	18.8
南京	32.6	78.4	198.0	260.0	512.0	637.1	19.5
杭州	8.5	28.3	105.0	196.0	310.0	432.9	50.9
重庆	12.5	58.3	190.0	280.0	582.0	1034.9	82.8
西安	16.4	83.9	162.0	245.0	280.0	342.5	20.9

（二）集体建设用地流转入市是维护和实现农民土地财产权利的重要手段

土地是农民最重要的生产资源和最稳定财产权利。一直以来，由于我国农村土地权属不清和流动限制，导致农村巨大的存量土地长期沉睡，农民“守着金山银山没钱花”，远没有体现农村土地应有的价值。即使在城

① 李铁．城镇化是一次全面深刻的社会变革［M］．北京：中国发展出版社，2013 年 3 月第 1 版：第 134 页．

② 姚士谋等．中国城镇化需要综合性的科学思维［J］．地理研究，2011 年第 11 期．

镇化快速发展的过程中，农村土地主要通过政府征地的方式被动流转入市，农民也只能得到较低的土地征占补偿，巨大的土地转用增值收益被政府和开发商瓜分。一般来说，农民和农民集体获得的征占补偿款仅占土地总交易价款的30%～40%，而政府通过变现农民的土地、垄断建设用地供给市场获益可达60%～70%，成为土地征收增值收益最大获得者。如果允许农村集体建设用地流转入市，可以有效扩大农民可支配财产范围，让农民集体建设用地直接进入市场，农民既可以通过转让集体建设用地来获取直接流转收益，也可以通过集体建设用地担保等方式实现二次融资收益。

（三）集体建设用地流转入市是实现城乡资源要素平等交换的重要内容

城乡差距存在的根源在于城乡资源的不平等交换。缩小和弥合城乡差距，关键要尽快建立健全城乡资源要素平等交换的公开市场。我国采取行政审批配置城乡建设用地资源的传统方式，以期控制城镇建设用地的快速扩张，但是由于忽视市场对土地资源配置的决定性作用，致使建设用地指标日益稀缺紧俏，建设用地价格节节攀升，城乡土地价格差不断增大，进而拉大了城乡发展差距，诱发了农村社会矛盾。造成这个问题的主要原因是城乡要素双向流动的机制没有建立起来，导致各级政府在落实城乡发展一体化的政策中缺乏必要的载体和抓手。而农村集体建设用地是农村最基础、最重要的资源要素，允许集体建设用地流转入市，让农民的土地在公开市场上交易和流通，反映土地资源的稀缺性，符合我国农村财产权利制度改革的政策导向，是城乡各种资源要素平等交换、构建城乡统一的流通市场的重要内容。

（四）集体建设用地流转入市是促进中小城市和新农村协同发展的有效途径

我国建设用地分布不均衡，城乡之间、区域之间土地利用情况也不尽相同。实践中，农村大量建设用地荒废，而城市特别是大中城市发展却缺少建设用地供给；经济发达的省域如浙江、广东、江苏南部地区急需建设用地指标，而中西部大部分省份却有盈余的建设用地指标。2001～2010年中，我国地级以上的大中城市，建成区面积平均增长85%～90%，但城市人口增长仅有36%。城镇化率提升都有明显的人为拉动的因素，不少地方奢望城市规模越做越大越好，在相当程度上脱离了我国人多地少、土地资源稀缺的国情，违背了城市与区域经济发展的客观规律。改变原有的国家统一征收、城市郊区供应为主的建设用地供应模式，允许农村集体土地流转入市，按照建设用地资源稀缺程度决定土地流向和价格，有利于促进建设用地资源相对丰富、价格相对低廉的中小城市和新农村获得更多的发展机会和资源配置能力。一些偏远地区和经济落后地区，也可以将富余的建设用地以流转指标的方式，提供给其他地区和城市，共享城镇化发展收益。

三、集体建设用地流转的地方实践与典型模式

尽管存在诸多制度限制，但面对全国各地农村集体建设用地私下流转的现实，1999年以来，国土资源部着手启动集体建设用地流转试点工作。经过各地多年的探索和实践，集体建设用地流转入市试点工作已经取得了积极成效，并形成了各具特色的典型模式与经验做法。

（一）安徽省芜湖市的利用集体建设用地兴办企业模式

安徽省芜湖市是全国第一家农村集体建设用地使用权流转试点市。1999年11月，国土资源部批准安徽省芜湖市开展集体建设用地使用权流转试点。芜湖市出台了《芜湖市农民集体所有建设用地使用权流转管理办法》，明确规定“试点乡镇建设用地范围内各项建设用地，除依法必须征用转为国有外，可以不改变集体所有权性质，办理集体土地使用手续”。这为集体建设用地流转入市提供了制度条件。

芜湖市集体建设用地流转的一个特点是政府主导，而建设用地供给主要用途方向是为当时蓬勃发展的乡镇企业、乡村公共事业提供用地保障。《管理办法》第九条规定，“乡（镇）村办企业、公共设施、公益事业、个体工商户、私营或者联户办企业以及农村村民建住宅等使用农民集体所有的土地，应当依法办理建设用地审批手续。经批准的集镇建设用地，可由

乡镇人民政府统一开发，采用招标、拍卖等方式提供土地使用权”。一方面，芜湖市坚持“政府主导”原则，确保集体建设用地交易市场的秩序平稳和流转有序推进，按照“三个集中”的原则（工业向园区集中、农业向规模集中、居住向城镇集中）落实土地利用总体规划，盘活了存量土地和闲置土地，提高了集体建设用地的利用效率；另一方面，芜湖市实行集体建设用地流转后的用途管制，满足了蓬勃发展乡镇企业和公共设施的用地需求，为繁荣地方经济，改善城乡公共服务创造了条件。

（二）天津市的“宅基地换住房”模式

2006 年以来，天津市滨海新区被“十一五”规划纳入国家总体发展战略后，一系列重大项目逐步上马，特别是带动小城镇建设加快发展，工业化、城镇化建设用地需求快速增加，完全依靠征地来解决建设用地需求已十分困难。为了解决工业项目和小城镇建设所需的土地与资金问题，天津市采取政府强力主导下的“宅基地换房”的集体建设用地流转模式。其具体办法是，农民以其宅基地按照规定的标准换取城镇住宅，实现土地置换。同时以土地升值预期作为担保，由政府成立融资公司向开发银行贷款进行建设。农民除按一定标准换取城镇住宅外，还能得到按一定标准计算的补偿金和社会保险。集体建设用地流转增值带来的大部分收益作为城镇建设资金。以天津市华明镇为例，以农民自有宅基地交换城镇商品房和基本服务设施，以集体建设用地换安置资金。华明镇 12 个村共有集体建设用地 12071 亩，其中宅基地 3133 亩、其他建设用地 8938 亩。整理置换后，华明新镇规划用地面积 8427 亩，除去农民住宅和服务设施用地 3476 亩，还余 4951 亩。其中，2905 亩为商业开发用地，2046 亩为其他用地。预计土地出让收益 34 亿元，土地复垦、还迁和配套建设成本 33.5 亿元，资金略有盈余。

天津市模式较成功地解决了小城镇建设所需的土地与资金问题，实现了城镇建设资金平衡。政府主导的模式保证了改革的执行力与影响力。此外，该模式还带来了以下成效：一方面，通过该模式可以实现村镇集中和组团化规划，农民迁入城镇新居，可以享受城镇公共服务设施；另一方面通过土地置换实现了大多数农民的社会保障，区域内第二、第三产业投资项目的引入可解决部分农民就业问题。

（三）浙江省嘉兴市的“两分两换”模式

2008年，嘉兴市列入浙江省统筹城乡发展综合配套改革试点，选择了4个镇开展“两分两换”试点，即“以土地承包权置换社会保障”“以宅基地置换城镇住房”。以承包地换社保始于嘉兴市推出的一项全民社保制度。2007年嘉兴市出台了《城乡居民社会保险暂行办法》，农民将承包地全部流转，且流转期限10年以上的，政府按照城镇居民的社保标准给予补贴。以宅基地换城镇住房有两种方式，一种是换取城镇住宅，各个试点镇安排了一定国有划拨土地专门用于经济适用房等回迁和保障房建设，农民补交土地出让金可以自由转让；另一种是在集体土地上建设的连排房，供农民自主，不能公开转让。2010年，嘉兴市共有14个镇进行了“两分两换”试点，涉及宅基地总面积8.8万亩，承包地30多万亩，置换住房农户12600多户，平均每户可节约宅基地0.5亩左右。

“两分两换”模式主要特征是把宅基地和承包地分开，搬迁和土地流转分开，以宅基地置换城镇房产，以土地承包经营权置换社会保障。土地置换后，不改变土地的所有权性质和用途，所有权仍属集体，流转产生的大部分收益以股金、租金、农民社会保障等形式由农民获得，部分收益作为城乡一体化建设的建设资金。这种模式不仅改变了集体建设用地使用权的分散、凝固状态，使土地要素在市场化流动中实现优化配置。

（四）重庆市的“地票交易”模式

2007年，重庆市被批准为全国统筹城乡配套改革试验区。在推进城乡建设用地增减挂钩试点基础上，重庆市探索建立“地票”交易制度，并于2008年12月建立了农村土地交易所，开展土地实物交易和指标交易试验，除了为全市土地承包经营权、林权、农村集体建设用地使用权流转提供交易平台外，还开展“地票”交易。所谓“地票”，是指农村宅基地及其附属设施用地、乡镇企业用地、农村公共设施和公益事业建设用地等农村建设用地复垦为耕地后可用于建设的用地指标。将农村集体建设用地指标以“地票”形式量化后，使固化的土地资源转化为可流动的资本，土地由空间上不可转的实物形态资产转化为可交易的票据，并可以通过农村土地交易所在全市范围内公开交易，在市域范围内实现远距离、大范围的土地流转。

重庆市的“地票交易”模式，与近些年来实施的城乡建设用地“增减挂钩试点”做法有所不同。常规的“增减挂钩”需要使用挂钩周转指标，采取“先用后补”方式，一边在建新区将周转指标落地，一边在拆旧区复垦农村集体建设用地，在三年内项目结束后，实现城乡建设用地总量平衡。而“地票”制度是先对农村集体建设用地进行复垦，验收合格后增加的指标，通过“地票”在交易所进行交易，实行“先造地后用地”的方式。“地票交易”模式的主要优势在于，在有效保护耕地和农民利益的基础上，运用市场的手段整理闲置的农村建设用地，满足城镇建设快速增长的用地需求。特别是“地票”将不同区域的挂钩指标打包交易，其价格高低与项目区和级差地租无关，实行指标价格的统一化，这有利于提升偏远地区农村集体建设用地的价格，远郊农民可以通过“地票”交易获得实实在在的利益。值得一提的是“地票”收益全部用于“三农”，也开辟了一条引导城市资源反哺农业、以城带乡的新途径。

四、农村集体建设用地流转需要关注的几个问题

近年来，我国农村集体建设用地流转入市的步伐明显加快，这对满足城镇化建设用地的旺盛需求、缓解国有土地供给有限的矛盾发挥了重要作用。但从根本上看，我国实行城乡建设用地二元管理模式固有的制度缺陷没有根本改变，同时各地在集体建设用地流转入市的探索和实践中，也发现一些值得注意的新情况、新问题。

（一）乱占滥用农村土地和农业用地问题

由于农业用地与非农业建设用地之间、城市与农村建设用地之间存在巨大的土地价格差，激发了一些地方和农民的卖地热情。甚至有的地方屡屡突破国家土地用途管制的严格约束，违法乱占滥用农村土地和农业用地的现象十分突出。特别是东部沿海发达地区，工业化、城镇化建设不仅吸

收了闲置的农村集体建设用地资源，还有大量耕地、基本农田被调整为农村集体建设用地，继而通过流转进入城乡建设用地市场。有的大中城市郊区和经济发达的乡镇几乎“无地可转”“无地可占”，农业用地资源接近或已经触及国家耕地保护红线。

（二）集体建设用地流转利用秩序和效率问题

农村集体建设用地布局分散的自然属性，以及集体建设用地流转政策、规划的低稳定性和权威性，在一定程度上影响了集体建设用地流转的秩序和效率。一方面，我国农村集体建设用地总量不少，但分散在近60万个农村，村均建设用地规模较小。实践中，集体建设用地流转用途和规模五花八门，有的地方利用集体建设用地建厂房，有的在宅基地上建出租房，有的兴办集体企业，有的规划后开发权整体出让，等等。这样的流转方式，带来一些地方出现“村村点火，处处冒烟”的无序发展问题。另一方面，农村集体建设用地流转、利用政策和规划的制定主体层级低，导致流转政策不稳定和规划欠缺权威性的问题。目前，我国集体建设用地流转主要在部分试点的地市区县开展，地市、区县乃至乡镇级政府及其职能部门，往往是农村集体建设用地流转政策的制定主体和城乡建设的规划主体。农村集体建设用地没有纳入整体规划和统筹管理，特别是缺乏“城乡发展规划、土地利用规划、产业布局规划”三者的有效衔接和配套协调，极大地制约了土地利用效率和可持续发展能力。

（三）土地增值收益如何确定和分配的问题

农村集体建设用地流转既影响国家、集体和农民的利益格局，又涉及发达地区和欠发达地区的利益调整。一是农村集体建设用地流转缺乏科学的价格形成体系。目前中央和地方都没有出台对农村集体建设用地流转的统一估价政策，实践中也没有形成科学的分等定级和估价体系，流转价格一直处于混乱状态；二是增值收益分配欠缺规范，各方利益难以协调。各地对于农村集体建设用地流转增值收益在国家、集体、农民之间如何分配的做法千差万别，集体资产流失和侵害农民利益的情况时有发生。特别是在现行条件下，农村集体经济组织缺位、农村集体资产管理欠缺有效的民主协商机制，以及流转受让方的政府或企业凭借自身财力和谈判能力，农民往往在集体建设用地流转利益博弈中处于劣势地位。比如，江西省南昌县第一批增减挂钩指标出让总收入约1.6亿元，但农民实际获得补偿金额不足6000万元，政府获得集体建设用地转用增值收益的62.5%；三是农村集体建设用地流转中的区域发展不平衡问题。根据级差地租理论，农村集体建设用地流转增值受离城市远近、土地平整程度及周边道路、水利配套等因素影响，一些大中城市郊区和资源条件好的地方，集体建设用地流转的欲望强、价格高，而偏远地方和经济欠发达地区农村集体建设用地流转机会少、价格低，即使采取增减挂钩的方式仍难保证各地发展机会和权利的平等。

（四）土地城镇化与人口城镇化不同步的问题

随着城镇化的加快发展，建城区面积不断扩大，大量农村集体建设用地转为城市建设用地，但由于一些地方被征收或流转土地的农民没有得到较好安排，导致土地城镇化快于人口城镇化的现象。2012年我国城镇化率达到了52.6%，但非农户籍人口仅占总人口的35.3%，形成中间差额的一个重要原因，就是失地、少地的农村人口没有得到妥善安置。目前，农村集体建设用地流转试点的地方，大多暂时性改造农民居住条件和生产条件，对于流转集体建设用地农村的长远发展欠缺考虑，一些规划和建设项目缺乏资金投入和管理服务，没有从根本上解决土地被城镇化后农民稳定就业和持续增收的问题。一些农民转移进城或“被上楼”后，失去赖以生存的土地生产资料和稳定的收入来源，没有实现充分就业和获得可靠保障，而生活的成本支出却明显增加。

（五）农民自行开发集体建设用地的配套建设和公共服务谁来提供的问题

实践中，农民对自有集体建设用地进行自主开发经营是一种重要的土地流转实现形式。长期以来，我国城镇作为基础设施投资和公共服务配置的重点，而农民利用集体建设用地自主开发经营由于地处农村，面临着配套建设和公共服务谁来供给的问题。在大中城市郊区等经济条件好的地方，农民可以流转部分集体建设用地获取配套建设和公共服务的资金来源，但广大中西部地区、中小城市和小城镇，土地流转收益和自筹资金不足以弥补农民拆建住房、基础设施建设和公共服务供给的资金支出。有的地方在缺少政府支持的情况下，集体建设用地自行开发陷入停滞状态。

（六）现实中集体建设用地违规流转的效力认定问题

按照现行的法律和政策，政府对土地一级市场实行严格的市场垄断，任何集体以外的单位和个人进行建设，必须通过一级市场或者由此衍生的二级市场取得土地使用权。但是，农村集体建设用地流转隐形市场活跃，私下流转大量存在。一些地方未经规划许可和用地审批，在农村集体建设用地上建造违法建筑，以及农民在宅基地上私建房屋等违规流转集体建设用地的现象屡见不鲜，并且在全国范围内形成了数量巨大的“小产权房”存量和隐性交易市场。集体建设用地流转入市制度改革，必须考虑是否认可以往非法流转的集体建设用地活动，面对着维护既有法律和政策规定权威性，还是让违法者借集体建设用地流转制度创新之机“搭便车”，实现既有非法流转集体建设用地合法化的两难选择。

五、加快农村集体建设用地流转制度改革的政策建议

当前，我国城镇化进入快速发展的新阶段①，农村改革已经进入攻坚

---

① 世界城市化发展有一个共同规律，即1979年由美国城市地理学家Ray. M. Northam提出著名的“纳瑟姆曲线”。纳瑟姆曲线表明，发达国家的城市化大体上都经历了类似正弦波曲线上升的过程。这个过程包括两个拐点：当城市化水平在30%以下，代表经济发展势头较为缓慢的准备阶段，这个国家尚处于农业社会；当城市化水平超过30%时，第一个拐点出现，代表经济发展势头极为迅猛的高速阶段，这个国家进入工业社会；城市化水平继续提高到超过70%之后，出现第二个拐点，代表经济发展势头再次趋于平缓的成熟阶段。这时，这个国家也就基本实现了现代化，进入后工业社会。2012年，我国城镇化率达到52.57%，并且以每年超过一个百分点的速度提高，这表明我国城镇化正处于快速发展阶段。

期和深水区。在这样的大背景下，满足新型城镇化土地供给和实现农民财产权益的双重价值目标，迫切需要启动新一轮的农村产权制度改革。中共十八届三中全会明确提出，“在符合规划和用途管制前提下，允许农村集体经营性建设用地出让、租赁、入股”，从而为农村集体建设用地流转制度改革指明了方向。

在农村集体建设用地流转制度改革的具体设计上，我们认为，应当遵循“产权明晰、权能完善、农民自主、流转规范、用途管制、收益分享”的原则。产权明晰，就是要先确权后流转，将包括集体建设用地在内的集体产权量化到户（人），定纷止争，确保广大农民群众而不是少数人得到建设用地流转的实惠。权能完善，就是要允许集体建设用地使用权以出租、出让、转让、入股、抵押等多种方式流转。农民自主，就是要尊重农民集体的所有权人地位，保障农民在集体建设用地流转上的决定权。政府可以指导帮助、规范监督，但不能直接干预，更不能包办代替。流转规范，就是要建立公开交易制度和民主议决制度，防止私下交易和少数人说了算。用途管制，就是要完善土地利用规划和用途管制制度，落实监管责任，防止流转后管理失控。收益分享，就是要针对集体建设用地流转收益收取所得税等税金，并专项用于耕地保护补偿和农业补贴，以平衡城郊和农区、务农村民和非务农村民的利益，保护农民务农种粮的积极性。

（一）加快建立城乡统一的建设用地市场

城乡统一的建设用地市场，是赋予集体建设用地与国有土地同等地位，实现城乡建设用地“同地、同权、同价”的前提。实现农村集体建设用地与国有土地的身份平等、权利平等，必须打破过去“双轨制”下对集体土地的身份歧视，构建统一、有序、竞争的公开市场环境，实现不同渠道的土地资源合理配置和流转增值。建立城乡统一的建设用地市场，既包括有形的土地产权交易市场，也包括地价形成、交易管理等相关制度安排。要按照“功能齐全、产权清晰、交易规范、服务优质”要求，加快建设一批城乡建设用地产权交易所、交易中心等，为城乡土地流转提供有形的交易市场和信息共享平台。也要加快建立完善城乡建设用地流转的统一市场机制，明确土地估价、交易管理、利润分配等相关制度安排，为集体建设用地公开平等、合法有偿、有序顺畅地流转利用提供制度保障。

（二）坚持最严格的土地利用规划和用途管制

农业生产经营长周期、低利润和高风险的自然属性，以及农业比较效益低的经济特征，决定了农业生产利用土地资源的回报程度远不及工业和城镇建设。这些年一些地方出现土地经营短期化的倾向，“种粮不如种菜、种菜不如种花、种花不如建房”的现象明显。放开集体建设用地流转管制，客观上可能激发农民“卖地”的积极性。确保农村集体建设用地有序流转和保障国家粮食安全，必须坚持“两个最严格”的基本原则。一是坚持最严格的土地利用规划。在集体建设用地流转中，土地规划起到规范土地流转区域、边界、用途等重要作用。为了防止土地流转失序、私拆乱建和保护农民利益，应把农村集体建设用地流转利用纳入城乡建设整体规划，实行城乡统筹管理。同时，农村建设土地流转入市应严格限定在集体建设经营性用地的范围内，由于当前阶段农村宅基地承担社会保障功能，故暂不能纳入流转入市范围。考虑到规划的科学性、权威性和稳定性，可以通过提高规划主体层级和规划文件级别来解决，防止规划随意和借机“卖地”等行为的发生；二是坚持最严格的耕地保护制度。农村集体建设用地流转应严格在规划区域和范围内，不得占用或变相占用耕地，集体建设土地经整理后的节余部分，应有相当比例用于耕地复垦。

（三）坚持先确权后流转

目前我国绝大多数农村集体产权不清、成员范围不明，而且每个成员享有多少份额也不清楚，相应导致广大农民的产权意识和监督意识淡漠，在绝大多数地方由村委会代行产权代表人职能的情况下，不可避免地存在村干部在土地事项上以权谋私、侵吞贪占等现象。这个问题不解决，农村集体建设用地流转极可能只会使少数干部受益、农民群众受损。因此，必须明确集体建设用地流转的前提是完成农村集体产权制度改革，在将包括集体建设用地在内的集体产权确权量化到人（户）后方可流转，这不仅有利于定纷止争，也有利于激发和增强农民参与管理、监督的自觉性和主动性，确保广大农民群众得到建设用地流转的实惠。近年来，一些地方实行集体资产“股份量化、公司管理”，或者成立社区土地股份合作社，土地股份量化到人，并根据成员变化动股（调整股份）不动地的做法，受到群众的欢迎，成效值得肯定，可以考虑总结推广。

（四）坚持土地流转与农民市民化同步推进

人口城镇化是新型城镇化的核心。加快推进新型城镇化，必须改变土地城镇化快于人口城镇化的传统模式，农村集体建设用地流转要与农村人口转移和实现人口城镇化同步推进。一是加快农村人口转移进城步伐。加快出台农村集体建设用地流转与人口转移进城相挂钩的政策措施，确保人口转移速度应不低于或高于同期集体建设用地流转速度；二是大力推进就地就近城镇化。从土地资源分布看，中小城市和新农村周边可供流转的集体建设用地相对富余，规划难度小，流转费用低。应把中小城市和新农村作为集体建设用地流转利用的重点，既能减轻各种成本，又能缓解大城市的压力，使农村人口就近就地实现城镇化；三是支持农民集体建设用地自主开发。在符合国家和地方总体规划的前提下，应承认和尊重农民集体对集体建设用地自主开发建设的主体地位，鼓励引导农民集体利用建设用地自主规划、建设新农村和小城镇。既要城乡要素平等交换，又要公共资源均衡配置。特别要加大对农民自筹自建的规划引导、基础设施、公共服务等支持力度，确保农民自主开发享受与城市同等的基础服务、社会福利和保障。

（五）正确处理土地流转增值收益分配关系

农村集体建设用地既是农村集体的土地资产，又是国家重要的战略资源。在农村集体建设用地上集成的权利，包含农村集体的土地财产所有权、农民的土地用益物权和国家的土地资源权等。农村集体建设用地流转涉及国家、集体、农民之间的利益分配关系，又涉及城市和农村、发达地区和欠发达地区、工商业和农业之间的利益调整格局。一方面，要尽快建立公平、合理、均衡的集体建设用地流转利润分配机制，国家可以通过资源税费制度设计，对流转和占有集体建设用地征收流转税、房产税等税费，获得稳定的资源税费收入；集体可以通过集体建设用地开发权转让、租赁等方式，获得土地租金和承包费用；农民可以获得土地流转租金、入股分红、抵押变现等方式，实现经济收益。在国家、集体、农民的利益关系中，要将维护和实现农民利益作为重中之重。在制度设计上、程序上要尊重农民意愿，利益分配上要让农民占大头，社会保障上要向失地、少地农民倾斜。另一方面，要注意克服因级差地租形成的集体建设用地流转收益不平衡问题，建立健全城乡之间、区域之间利益均沾和均衡发展机制。综合运用“增减挂钩”、税费征收、财政转移支付等政策措施，让偏远地区和经济欠发达地区获得更多发展机会，尽快弥合城乡和区域发展差距，促进城乡一体化和区域协调发展；要针对农村集体建设用地流转收益远大于农业收益的实际情况，未雨绸缪，考虑将针对集体建设用地流转收取的税金专项用于耕地保护补偿和农业补贴，以平衡城郊和农区、务农村民和非务农村民的利益，保护农民务农种粮的积极性。

（六）创新集体建设用地流转和开发利用模式

科学、合理、多元的集体建设用地流转和开发利用模式，是拓宽供地渠道、激发市场活力、放开搞活城乡建设用地市场的重要内容。应按照集体建设用地制度改革的市场化取向和法治化原则，发挥市场主体的主观能动性，赋予农民更加充分的集体建设用地自主支配的权利，为农民建设用地流转提供包括出租、出让、转让、入股、抵押等多元化的选择。同时，应在地方探索和实践的基础上，明确“因地制宜，分类推进”的开发利用原则。经济基础好、建设用地需求强烈的地方，农村集体建设用地可以出租、转让等方式直接流转入市；集体经济发达、组织机构健全的地方，农村集体建设用地可以股份合作等方式，实现集体经济组织自主开发利用；偏远地区和经济欠发达地区，特别是粮食主产区可以采取发展权有偿转移的办法，即通过建设用地指标“增减挂钩”的办法，转让用地指标，获取合理收益，间接开发和利用集体建设用地资源。

（七）进一步建立完善相关配套制度

土地制度是农村产权制度的核心。农村集体建设用地流转改革能否顺利推进，不仅取决于自身制度的创设和完善，还与相关配套制度的支撑和保障密不可分。一是健全农村集体建设用地的民主监督制度。集体建设用地流转涉及巨大的利益，为防止少数干部借机牟利，损害农民集体权益，一方面要建立公开交易制度，要求集体建设用地必须在农村产权交易所等公开市场上以招标、拍卖等方式竞价流转，而不能一对一私下交易；另一方面要建立民主议决制度。对于方式最透明、收益最直接、风险最小的出租，经集体成员或集体成员代表会议 1/2 以上通过即可；对风险较大的出让、入股、抵押方式，应当经集体成员会议 2/3 以上多数通过。对集体建设用地使用权人再次转让使用权的，应当设定须征得农民集体同意的前提条件；二是逐步化解既有集体建设用地流转遗留问题。承认农村集体建设用地流转隐性市场客观存在的既有事实，选准开放依法流转市场的时间点，逐步化解和妥善处理违规流转的行为，让集体建设用地流转入市行为从私下走向公开，从非法走向合法；三是加快征地制度改革。改变国家统一征收、统一供应的建设用地供给模式，扩大建设用地自由流动、自主交易的市场范围。应按照土地供给制度改革阶段性和渐进性的思路，逐年动态调整用地来源途径和比例。缩小国家征地范围，逐渐发育壮大农村集体建设用地流转市场。严格界定公益性和非公益性用地的概念和用地来源，逐步扩大国有土地有偿使用范围，减少非公益性用地划拨，为集体建设用地流转入市创造更大的市场空间。

第四章

农地征收制度改革研究

我国的农地征收制度对于改革开放以来国家经济发展起到了重要的支撑作用。但随着经济社会的发展和人民群众权利意识的增强，其弊端也日益凸显。近年来，农村土地征占矛盾和纠纷快速上升，已成为影响农村稳定的最大因素和农村群体性上访的首要原因。各界要求改革农村集体土地征收制度的呼声一直很高，改革农地征收制度已成社会共识。

一、我国农地征收制度变迁

我国农地征收制度的变迁，以相关法律法规和文件为标志，大致可划分为以下几个时期：

(一)《土地改革法》时期（1950 年 6 月—1953 年 12 月）

我国现行农地征收制度可以追溯至新中国成立初期。1950 年 6 月 30 日颁布的《土地改革法》为了“废除地主阶级封建剥削的土地所有制，实行农民的土地所有制”，规定对地主的土地、耕畜、农具、多余的粮食及其在农村中多余的房屋予以没收[1]，对三类土地和房屋予以征收：一是祠

---

[1] 《土地改革法》第二条。

堂、庙宇、寺院、教学、学校和团体在农村中的土地及其他公地；二是工商业家在农村中的土地和原由农民居住的房屋；三是半地主式的富农出租大量土地，超过其自耕和雇人耕种的土地数量者，应征收其出租的土地①。此外，对两种情形下的土地可以征收：革命军人、烈士家属、工人、职员、自由职业者、小贩以及因从事其他职业或因缺乏劳动力而出租小量土地，其每人平均所有土地数量超过当地每人平均土地数百分之二百部分的土地②；富农所有之出租的小量土地，原则上保留不动，但在某些特殊地区，经省以上人民政府的批准，征收其出租土地的一部或全部③。所有没收和征收得来的土地和其他生产资料，除依《土地改革法》规定收归国家所有者外，均由乡农民协会接收，统一地、公平合理地分配给无地少地及缺乏其他生产资料的贫苦农民所有。基于当时的特定背景，《土地改革法》未对征收时的补偿问题作出明确规定，仅在第八条规定："本法规定所有应加没收和征收的土地，在当地解放以后，如以出卖、出典、赠送或其他方式转移分散者，一律无效。此项土地，应计入分配土地的数目之内。但农民如因买地典地而蒙受较大损失时，应设法给以适当补偿。"

由于《土地改革法》仅适用于一般农村，不适用于大城市的郊区④，政务院又于1950年11月21日公布了《城市郊区土地改革条例》，其规定的没收和征收情形与《土地改革法》相同，但在没收和征收土地的所有权归属上，《条例》第九条规定："城市郊区所有没收和征收得来的农业土地，一律归国家所有，由市人民政府管理，连同国家在郊区所有的其他可分的农业土地，交由乡农民协会按照土地改革法第十一条及十二条规定的原则，统一地、公平合理地分配给无地少地的农民耕种使用。"在土地征

---

①《土地改革法》第三条。

②《土地改革法》第五条。依该条规定，如该项土地确系以其本人劳动所得购买者，或系鳏、寡、孤、独、残废人等依靠该项土地为生者，其每人平均所有土地数量虽超过百分之二百，亦得酌情予以照顾。

③《土地改革法》第六条。

④《土地改革法》第三十五条。

收征用的补偿上，《条例》也作了明确规定：一是国家为市政建设及其他需要征用私人所有的农业土地时，须给予适当代价，或以相等之国有土地调换之。对耕种该项土地的农民应给予适当的安置，并对其在该项土地上的生产投资（如凿井、植树等）及其他损失，予以公平合理的补偿；二是国家为市政建设及其他需要收回由农民耕种的国有土地时，应给耕种该项土地的农民以适当的安置，并对其在该项土地上的生产投资（如凿井、植树等）及其他损失，予以公平合理的补偿。

此外，1950 年 6 月 24 日政务院颁布的《铁路留用土地办法》第六条也规定："铁路因建筑关系，原有土地不敷应用或有新设施需要土地时，由铁路局通过地方政府收买或征购之。"

从上述规定可以看出，新中国成立初期的农地征收制度具有以下鲜明特征：一是征收的主要目的在于实行土地改革，将封建的土地所有制改变为农民的土地所有制；对于城市郊区而言，还包括"国家为市政建设及其他需要"。总的来看，其征收范围是很宽泛的；二是基于当时的特定历史背景，对土地征收补偿问题未作具体规定，但从《城市郊区土地改革条例》"须给以适当代价，或以相等之国有土地调换之""适当的安置""公平合理的补偿"等规定看，其补偿要求还是符合公正补偿的原则的。

（二）《国家建设征用土地办法》时期（1953 年 12 月—1958 年 1 月）

随着抗美援朝战争的胜利、土地改革和各项民主改革的完成以及国民经济的全面恢复和初步增长，我国自 1953 年开始，进入了以实施发展国民经济第一个五年计划为中心的大规模经济建设时期，相应带动了对建设用地的巨大需求。"但是过去在不少的地方，有不少的用地单位，对于征用土地的政策执行得不好或很不好，不经过政府部门的批准便随意测量、插标和占用民地，不付给土地被征用者适当的代价，应当而且可能照顾农民利益的地方不作适当照顾，对土地被征用者的生产和生活不作妥善安置，以致严重地影响了这样做了的地方一些农民的生产情绪，并使一些农民流离失所，损害了党和政府在这些农民群众中的政治影响。”[①] “为适应国家建设的需要，慎重地妥善地处理国家建设征用土地问题”[②]，政务院于1953年12月5日公布施行了《国家建设征用土地办法》。

在征用范围上，《办法》规定，凡兴建国防工程、厂矿、铁路、交通、水利工程、市政建设及其他经济、文化建设等所需用之土地，均依本办法征用之。可见，其征用范围相当宽泛，只要是国家建设需要，都可征收土地。此外，私营经济企业和私营文教事业用地，得向省（市）以上人民政府提出申请，获得批准后由当地人民政府援用该办法，代为征用。

在征用土地的基本原则上，《办法》规定了三条：一是国家建设和人民利益兼顾。征用土地既应根据国家建设的确实需要，保证国家建设所必需的土地，又应照顾当地人民的切身利益，必须对土地被征用者的生产和生活有妥善的安置；二是保护耕地、节约用地。凡属有荒地、空地可资利用者，应尽量利用，而不征用或少征用人民的耕地良田。凡属目前并不十分需要的工程，不应举办；三是安置优先。凡虽属需要，而对土地被征用者一时无法安置，则应俟安置妥善后再行举办，或另行择地举办。

在征收程序上，《办法》规定，凡征用土地，均应由用地单位本着节约用地的原则，提出征用土地计划书，按业务系统报经其上级领导机关批准后，依关于批准权限的规定，分别转请中央人民政府政务院或大行政区行政委员会或省、市、县人民政府核准公布征用之。值得注意的是，《办法》特别强调对被征地群众的解释说明工作，规定征用土地计划书获得批准后，用地单位应协同当地人民政府和中共党委（有些小的单位则直接在当地党政领导下），向当地人民进行解释工作，宣布对土地被征用者补偿安置的各项具体办法，并给群众以必要的准备时间，使群众在当前切身利益得到适当照顾的条件下，自觉地服从国家利益，服从人民的长远利益，

① 中共中央为贯彻政务院关于《国家建设征用土地办法》给各级党委的指示，1953年12月7日。

②《国家建设征用土地办法》第一条。

然后始得确定征用，进行施工。如征用大量土地，迁移大量居民甚至迁移整个村庄者，应先在当地人民中切实做好准备工作，然后召开人民代表大会讨论解决之。而在土地未确定征用前，为勘察该土地是否适用，须进行测量、钻探等工作时，亦应由用地单位视勘测范围，分别报经省、市、县人民政府核准后，协同当地人民政府和中共党委向人民解释清楚（有些小的单位则直接在当地党政领导下），取得人民同意后始得进行。如因此项测探工作，使当地人民蒙受损失时，亦须予以适当补偿。

在征用补偿安置上，《办法》主要规定了三方面内容：一是被征用土地的补偿费。该项费用在农村中应由当地人民政府会同用地单位、农民协会及土地原所有人（或原使用人）或由原所有人（或原使用人）推出之代表评议商定之。一般土地以其最近三年至五年产量的总值为标准，特殊土地得酌情变通处理之。如另有公地可以调剂，亦须发给被调剂土地的农民以迁移补助费；二是附着物和农作物补偿费。对被征用土地上的房屋、水井、树木等附着物及种植的农作物，均应根据当地人民政府、用地单位、农民协会及土地原所有人和原使用人（或原所有人和原使用人推出之代表）会同勘定之现状，按公平合理的代价予以补偿；三是就业安置。农民耕种的土地被征用后，当地人民政府必须负责协助解决其继续生产所需之土地或协助其转业，不得使其流离失所。用地单位亦应协同政府劳动部门和工会在条件许可的范围内，尽可能吸收其参加工作。

总的来看，《办法》规定的土地征用制度有三个突出特点：一是征地范围相当宽泛，这与当时国民经济向计划体制过渡的大背景是一致的；二是征地程序（包括补偿安置程序）强调对被征地群众的解释说明和群众的参与，取得被征地群众的理解和同意。这一点在《中共中央为贯彻政务院关于〈国家建设征用土地办法〉给各级党委的指示》中体现得更加明确："有关党委应负责组织地方工作人员，帮助用地单位动员和教育农民群众，解除他们的顾虑。必须做好教育群众的工作，使之自觉自愿地服从人民长远利益和国家利益的原则。凡征用大量土地牵动大量居民，一定要召开人民代表大会或人民代表会议，进行讨论；对于土地被征用者，必须反复解释征用的理由及必要性，讲明对其生产、生活问题照顾、补偿和安置的办法，做到说服群众自觉地服从国家的需要，绝不容许不取得多数群众的同意，采用强迫命令的办法，硬性地决定征用，迫令群众搬家，或者对于土地被征用者补偿安置办法不予履行”；三是财产补偿与就业安置相结合。《办法》尽管对一般土地仅以其最近三年至五年产量的总值为标准给予补偿费，显然偏低，但由于当地政府须负责协助解决被征地农民继续生产所需土地或协助其就业，解除了被征地农民后顾之忧，这一隐性补偿在很大程度上弥补了显性补偿的不足，体现了对被征地农民利益的保护。

在这一时期，第一届全国人大第一次会议还于 1954 年 9 月 20 日通过了《宪法》，并在第十三条规定，国家为了公共利益的需要，可以依照法律规定对城乡土地和其他生产资料实行征购、征用或收归国有，为国家征收土地提供了宪法依据。

（三）《国家建设征用土地办法（修正）》时期（1958 年 1 月—1982 年 5 月）

1953 年《国家建设征用土地办法》施行后，由于社会主义建设和社会主义改造突飞猛进，高级农业生产合作社已普及全国，生产资料所有制发生了根本变化，原办法对于当前在征用土地工作中所发生的许多新的问题已不能完全适应；与此同时，有些中央国家机关和省、市，为了解决这些新的问题，根据原办法的基本精神，先后发布了一些规范性文件，其中存在着有些抵触和不切实际的现象。因此，国务院于 1957 年 10 月对《国家建设征用土地办法》进行了修正，并于 1958 年 1 月 6 日经全国人大常委会第九十次会议批准后公布施行。

这次修正的主要内容包括以下三个方面。

1. 强调节约用地原则

“这次对原办法的修改，首先着眼的是节约用地。”[①] 针对实践中存在

---

① 陶希晋．关于国家建设征用土地办法修正草案的说明。

的多征少用、早征迟用甚至征而不用等浪费土地的现象，《办法》在第三条专设一款规定："国家建设征用土地，必须贯彻节约用地的原则。一切目前可以不举办的工程，都不应该举办；需要举办的工程，在征用土地的时候，必须精打细算，严格掌握设计定额，控制建筑密度，防止多征、早征，杜绝浪费土地。凡有荒地、劣地、空地可以利用的，应该尽量利用；尽可能不征用或者少征用耕地良田，不拆或者少拆房屋。"此外，还增设了两项制度：一是已征土地交回制度。已经征用的土地，如果用地单位因计划变更或者其他原因不使用或者不全部使用，必须把不使用或者多余的土地交由当地县级人民委员会拨给其他用地单位使用或者交给农民耕种；二是被征土地使用情况监督检查制度。县级以上人民委员会和用地单位的上级机关，必须对使用土地的情况经常进行监督检查，发现征而不用和征多用少的土地，应当及时收回交给当地农业生产合作社耕种。

2. **完善征地审批程序**

为符合中央关于行政管理权限适当下放的精神和更切合实际地控制用地，用地的数量由中央和地方人民政府批准改为由批准建设工程初步设计的机关一并批准，报请土地所在地省级人民委员会一次或数次核拨；建设工程用地在三百亩以下和迁移居民在三十户以下的，可以向土地所在地的县级人民委员会申请核拨。

3. **修改征地补偿安置规定**

除适应农业合作化的新形势，明确农业生产合作社可作为土地补偿费或补助费的发放对象外，《办法》还作了以下修改：第一，明确征用土地，应尽量用国有、公有土地调剂，无法调剂的或者调剂后对被征用土地者的生产、生活有影响的，才发给补偿费或者补助费。第二，将土地补偿标准由原办法规定的最近三年至五年的产量总值改为二年至四年的定产量总值。第三，规定了可不发给补偿费的两种情形：一方面，征用农业生产合作社的土地，如果社员大会或者社员代表大会认为对社员生活没有影响，不需要补偿，并经当地县级人民委员会同意，可以不发给补偿费。另一方面，征用农业生产合作社使用的非社员的土地，如果土地所有人不从事农业生产，又不以土地收入维持生活，可以不发给补偿费，但必须经本人同意。第四，针对原办法对于就地在农业上安置强调不够，被征用土地的农民过多地要求转业，同国家多动员人“下乡上山”的方针不相符合的问题，明确对因土地被征用而需要安置的农民，当地乡、镇或者县级人民委员会应该负责尽量就地在农业上予以安置；对在农业上确实无法安置的，当地县级以上人民委员会劳动、民政等部门应该会同用地单位设法就地在其他方面予以安置；对就地在农业上和在其他方面都无法安置的，可以组织移民。

1958 年修改后的《国家建设征用土地办法》，在强化节约用地管理的同时，受当时经济社会形势的影响，弱化了对被征地农民补偿的力度，土地补偿在相当程度上成为国家的一点“心意”而非对农民土地财产权的补偿。但在征地程序方面，原办法规定的对被征地群众的解释说明和群众的参与程序，“几年来执行的经验证明很好”，得到了坚持。在时任国务院副秘书长陶希晋所作的《关于国家建设征用土地办法修正草案的说明》中，还特别强调：“我们认为像处理征用土地这样直接关系到群众生产和生活的大事，必须认真贯彻群众路线，使群众在当前切身利益得到适当照顾的条件下，自觉地服从国家利益和人民的长远利益，才能做好。事实上，我们国家因建设而征用土地，同广大群众的利益是一致的，只要向群众充分地解释清楚，就会取得群众的同意和支持。因此，坚决贯彻群众路线是保证做好土地征用工作的一个重要关键。”

（四）《国家建设征用土地条例》时期（1982 年 5 月—1986 年 6 月）

改革开放后，随着我国经济的发展和人口的增长，国家建设征用土地出现了一些新情况，1958 年公布的《国家建设征用土地办法》早已不能适应变化了的情况，致使国家建设征地工作实际上处于无法可依状态，节约用地的国策遭到了破坏，建设用地出现了“自由议价”，甚至出现了变相买卖土地和出租土地的现象，给国家建设和工农关系带来了许多困难和一系列的问题，为此，经五届全国人大常委会第二十三次会议批准，国务院于 1982 年 5 月 14 日公布了《国家建设征用土地条例》，同时废止了《国家建设征用土地办法》。

与《国家建设征用土地办法》相比，《国家建设征用土地条例》有以下重要修改。

1. 明确了国家对农地转用的控制

《条例》第二条除明确“国家进行经济、文化、国防建设以及兴办社会公共事业，需要征用集体所有的土地时，必须按照本条例办理”外，还专门规定：“禁止任何单位直接向农村社队购地、租地或变相购地、租地。农村社队不得以土地入股的形式参与任何企业、事业的经营。”

2. 进一步强调了节约用地原则

《条例》第三条规定：“节约土地是我国的国策。一切建设工程，都必须遵循经济合理的原则，提高土地利用率。凡有荒地可以利用的，不得占用耕地；凡有劣地可以利用的，不得占用良田，尤其不得占用菜地、园地、精养鱼塘等经济效益高的土地。”“各地区特别是大城市近郊和人口密集地区，都应当按照土地利用规划，对各项建设用地严格加以控制。”“在城市规划区范围内进行建设，必须符合城市规划的要求，并同改造旧城区结合起来，以减少新占土地。”

3. 规定了被征地社队的配合义务

针对实践中存在的征地费用越来越高、附加条件越来越多，“许多建设单位因为满足不了社队或有关方面提出的征地条件，建设工期一拖再拖，影响了国家建设”等问题[①]，《条例》第四条规定：“国家建设征用土地，凡符合本条例规定的，被征地社队的干部和群众应当服从国家需要，不得妨碍和阻挠。”并在第十七条强调：“被征地单位不得在本条例规定的

---

① 吕克白．关于《国家建设征用土地条例（草案）》的说明［J］．中华人民共和国国务院公报，1982 年第 10 期．

补偿、补助范围以外，提出额外要求或附加条件。”

4. **弱化了征地程序中被征地社队和群众的参与**

《条例》将征地程序分为申请选址——协商征地数量和补偿安置方案——核定用地面积——划拨土地四个阶段，其中只有在第二、三阶段才有被征地单位参与商定预计征用的土地面积和补偿、安置方案，签订相关协议的问题，《国家建设征用土地办法》有关对被征地群众的说明解释以及征用大量土地，迁移大量居民甚至迁移整个村庄的应提交当地人民代表大会讨论解决的规定均未在《条例》中体现。

5. **恢复了中央和地方政府的征地批准权**

《条例》以被征土地类型和面积为标准，规定征用耕地、园地一千亩以上，其他土地一万亩以上，由国务院批准；征用直辖市郊区的土地，由直辖市人民政府批准；征用 50 万人口以上城市郊区的土地，由所在市人民政府审查，报省、自治区人民政府批准；征用其他地区耕地、园地三亩以上，林地、草地十亩以上，其他土地二十亩以上，由所在县、市人民政府审查，报省、自治区人民政府批准，在上述限额以下的，由县、市人民政府批准。

6. **完善了征地补偿安置制度**

一方面，《条例》将原来笼而统之的“补偿费”细化为三类：土地补偿费、青苗补偿费和被征用土地上的房屋、水井、树木等附着物补偿费。其中，征用耕地（包括菜地）的补偿标准，由 1958 年《办法》规定的二至四年产值，提高到年产值的三至六倍①，但征用无收益的土地，不予补偿。青苗补偿费和被征用土地上的房屋、水井、树木等附着物补偿费的标准，由省级人民政府制定。另一方面，《条例》确立了安置补助费制度，征用耕地（包括菜地）的，每一个农业人口的安置补助费标准，为该耕地每亩年产值的二至三倍，但每亩耕地的安置补助费，最高不得超过其年产值的

---

① 年产值按被征用前三年的平均年产量和国家规定的价格计算。

十倍；征用园地等其他土地的，安置补助费标准由省级人民政府参照一般耕地的安置补助标准制定；征用宅基地的，不付给安置补助费。个别特殊情况，按照上述补偿和安置补助标准，尚不能保证维持群众原有生产和生活水平的，经省级人民政府审查批准，可以适当增加安置补助费，但土地补偿费和安置补助费的总和不得超过被征土地年产值的二十倍。在各项补偿和安置补助费的使用方向上，《条例》规定，除被征用土地上的附着物中产权确属个人的其补偿费应付给本人、集体种植土地上的青苗补偿费可纳入当年集体收益分配外，均应由被征地单位用于发展生产和安排因土地被征用而出现的多余劳动力的就业和不能就业人员的生活补助，不得移作他用。此外，《条例》还明确了因征地造成的农业剩余劳动力安置的主要途径，即发展农业生产、发展社队工副业生产、迁队或并队。按照上述途径仍安置不完的，报经省级人民政府批准后，符合条件的才能安排到集体所有制企业或由有招工指标用地单位选招为工人。“至于转为非农业户口或城镇户口，更应从严掌握。绝不能理解为凡是征地就要‘招工’‘转户’。”① 只有生产队的土地已被征完，又不具备迁队、并队条件的，经省级人民政府同意，本队原有农业户口才可转为非农业户口或城镇户口。

7. 完善了已征土地收回制度

《条例》在《办法》规定的已征土地交回制度的基础上，明确已征用两年还不使用的土地，除经原批准征地的机关同意延期使用的外，当地县、市人民政府有权收回，有偿拨给其他符合征地条件的单位使用或借给生产队耕种。

此外，《条例》还规定，全民所有制单位同农村社队联合投资建设的项目，需要使用农村社队集体所有土地的，视同国家建设征用土地，按照条例的规定办理；城镇集体所有制单位进行建设或同农村社队联合投资建设的项目，需要使用农村社队集体所有土地的，比照《条例》的规定办理。

---

① 吕克白．关于《国家建设征用土地条例（草案）》的说明。

《国家建设征用土地条例》是在我国进入改革开放新时期，国家各项建设事业蓬勃发展的背景下制定的，对于解决征地工作无法可依、促进各项建设的顺利开展起到了积极作用，并确立了改革开放后我国征地制度的基本框架。

(五) 1986年《土地管理法》时期 (1986年6月—1998年12月)

1986年6月25日，全国人大常委会通过了《中华人民共和国土地管理法》，专设“国家建设用地”一章对征地问题作了规定，同时废止了《国家建设征用土地条例》。

1986年《土地管理法》基本沿袭了《国家建设征用土地条例》的制度内容，但对征地制度有以下修改和完善。

1. 确立了征地的“公共利益”要件

1982年《宪法》在第十条第三款规定：“国家为了公共利益的需要，可以依照法律规定对土地实行征用。”《土地管理法》相应在第二条第三款作了衔接性规定：“国家为了公共利益的需要，可以依法对集体所有的土地实行征用。”

2. 严格了征地审批权限

第一，国家建设征用耕地一千亩以上，其他土地两千亩以上的，由国务院批准。第二，征用省、自治区行政区域内的土地，由省、自治区人民政府批准；征用耕地三亩以下，其他土地十亩以下的，由县级人民政府批准；省辖市、自治州人民政府的批准权限，由省、自治区人民代表大会常务委员会决定。第三，征用直辖市行政区域内的土地，由直辖市人民政府批准；直辖市的区人民政府和县人民政府的批准权限，由直辖市人民代表大会常务委员会决定。

3. 放宽了被征地人员“农转非”的条件

不再要求“不具备迁队、并队条件”，只要被征地单位的土地被全部征用、经省级人民政府批准即可。

1988年12月29日，全国人大常委会对《土地管理法》的个别条文作了修改，主要是明确国有土地和集体所有的土地的使用权可以依法转让、国家依法实行国有土地有偿使用制度，但未对土地征收制度进行修改。

(六) 1998年《土地管理法》时期 (1999年1月—)

20世纪90年代后期，随着改革深化、形势发展，一些地方违法批地、乱占耕地、浪费土地的问题时有发生，造成耕地面积锐减，土地资产流失，城镇外延扩张、村庄分散建设占用耕地严重，人地矛盾，十分尖锐。针对上述问题，中共中央、国务院于1997年4月15日发布了《中共中央国务院关于进一步加强土地管理切实保护耕地的通知》(中发〔1997〕11号)，要求进一步严格建设用地的审批管理，严格控制城市建设用地规模。1998年8月29日，九届全国人大常委会第四次会议通过了修订后的《土地管理法》，自1999年1月1日起施行。

1998年《土地管理法》就征地制度作了以下规定。

1. 建立农用地转用审批制度

1998年《土地管理法》在确立土地用途管制制度的同时，相应建立了农用地转用审批制度，明确建设占用土地，涉及农用地转为建设用地的，应当办理农用地转用审批手续。其中，省、自治区、直辖市人民政府批准的道路、管线工程和大型基础设施建设项目、国务院批准的建设项目占用土地，涉及农用地转为建设用地的，由国务院批准。在土地利用总体规划确定的城市和村庄、集镇建设用地规模范围内，为实施该规划而将农用地转为建设用地的，按土地利用年度计划分批次由原批准土地利用总体规划的机关批准。在已批准的农用地转用范围内，具体建设项目用地可以由市、县人民政府批准。

2. 上收征地审批权

针对此前征地权过于分散，县级以上各级人民政府都可以行使征地权，有的地方甚至乡（镇）政府实际上也出现了行使征地权的问题，1998

年《土地管理法》上收了征地审批权，将征用基本农田、基本农田以外的耕地超过三十五公顷、其他土地超过七十公顷三种情形，上收至国务院批准；征用其他土地的，则上收至省级人民政府批准，并报国务院备案。

3. 建立占用耕地补偿制度

非农业建设经批准占用耕地的，按照"占多少，垦多少"的原则，由占用耕地的单位负责开垦与所占用耕地的数量和质量相当的耕地；没有条件开垦或者开垦的耕地不符合要求的，应当按照省、自治区、直辖市的规定缴纳耕地开垦费，专款用于开垦新的耕地。

4. 适当提高征地补偿标准

在《土地管理法》修改过程中，许多地方反映，现行土地管理法对征地补偿标准规定得过低，难以执行，要求重新作出规定，适当提高补偿标准。为了有利于严格控制征地，维护农民利益，《土地管理法》适当提高了最低补偿标准：第一，将征用耕地的土地补偿费，由年产值的三至六倍提高到六至十倍。第二，每一个农业人口的安置补助费标准，由该耕地每亩年产值的二至三倍提高到四至六倍，每亩耕地的安置补助费由最高不得超过其年产值的十倍提高到十五倍。第三，将特殊情况下土地补偿费和安置补助费的总和不得超过被征土地年产值的二十倍提高到不得超过三十倍。征用耕地的补偿费用包括土地补偿费、安置补助费以及地上附着物和青苗的补偿费征用耕地的安置补助费，按照需要安置的农业人口数计算。每一个需要安置的农业人口的安置补助费标准，为该耕地被征用前三年平均年产值的四至六倍。但是，每公顷被征用耕地的安置补助费，最高不得超过被征用前三年平均年产值的十五倍。此外，还授权国务院根据社会、经济发展水平，在特殊情况下，可以提高征用耕地的土地补偿费和安置补助费的标准。土地补偿费和安置补助费的总和不得超过土地被征用前三年平均年产值的三十倍。

总的来看，1998 年《土地管理法》在加强建设用地审批、严格保护耕地方面出台了一系列新制度、新要求，但在完善征地补偿安置方面却采取了较为保守的态度。这主要是由于起草者认为，征地是一种国家行为，也是农民对国家应尽的一种义务，不是农民向国家“卖地”。国家征用的土地再出让时，决定不同地价的级差地租是国家投资形成的，原则上这项收益应当属于国家。现在看，这种认识显然是有极大的局限性的。

2004 年 3 月 14 日，第十届全国人大第二次会议通过的宪法修正案对《宪法》第十条第三款进行了修改，将原来的“国家为了公共利益的需要，可以依照法律规定对土地实行征用。”修改为：“国家为了公共利益的需要，可以依照法律规定对土地实行征收或者征用并给予补偿。”从而在宪法层面上明确了转移所有权的征收和不转移所有权的征用之间的区别，并强调了补偿要求。

2004 年 10 月 21 日，国务院还印发了《国务院关于深化改革严格土地管理的决定》（国发〔2004〕28 号），从完善征地补偿办法、妥善安置被征地农民、健全征地程序、加强对征地实施过程监管四个方面对完善征地补偿和安置制度作了部署，其重要突破有四：一是明确土地补偿费和安置补助费的总和达到法定上限（即平均年产值的三十倍），尚不足以使被征地农民保持原有生活水平的，当地人民政府可以用国有土地有偿使用收入予以补贴；二是要求省级人民政府制订并公布各市县征地的统一年产值标准或区片综合地价，征地补偿做到同地同价，这实际上突破了《土地管理法》关于土地补偿标准的计算规定；三是对有稳定收益的项目，允许农民以经依法批准的建设用地土地使用权入股。四是要求在征地依法报批前，要将拟征地的用途、位置、补偿标准、安置途径告知被征地农民；对拟征土地现状的调查结果须经被征地农村集体经济组织和农户确认；确有必要的，国土资源部门应当依照有关规定组织听证。《决定》修正了《土地管理法》及其实施条例不适应形势发展需要的规定，在一定程度上解决了农地征收方面存在的突出问题。

二、现行农地征收制度存在的问题

我国以权利二元、政府垄断、非市场配置和管经合一为特征的农地征收制度，不仅让我国避开了土地稀缺性可能形成的发展“短腿”，而且还使土地扮演了高速工业化和快速城市化“发动机”的角色[①]，但随着我国经济社会的发展和人民群众权利意识的提高，现行农地征收制度的弊端也日益凸显。

（一）征占农村土地中利益分配不公和漠视农民权益，严重影响社会和谐稳定

近年来，农村土地征占矛盾和纠纷快速上升。国土资源部近年征地信访案件占该部信访总量的40%以上。土地征占已取代农民负担，成为影响农村稳定的最大因素和农村群体性上访的首要原因。总的来看，征地纠纷集中体现在以下四个方面。

1. 补偿标准低

按照土地管理法，土地补偿费和安置补助费的总和不得超过耕地被征收前三年平均年产值的30倍。根据2004年国土资源部和财政部财政司《农地转（征）用增值收益分配比较研究》课题调查成果，苏南、苏中、苏北三个被调查地区农民在征地过程中获取的补偿占整个土地收益的比例非常低，平均仅占4.38%，即使按照地价出让方式计算土地增值收益，农民获取的平均比例也不到16%，如果不考虑政府垄断对地价的影响，那么农民获取的比例仅有6.73%。[②] 2004年以来，很多地方开始实施征地区片综合地价和统一年产值标准制度，不再单纯以土地原用途为计算基础，征地补偿标准普遍提高，但与高额的土地出让金相比仍然很低。如浙江省富阳市最高征地补偿为10万元/亩，最高的土地出让价格为800万元/亩，两者相差80倍。对征收农民房屋而言，还存在仅按地上附着物标准补偿，不补偿农民宅基地使用权的问题。征地补偿低，与土地出让价格反差过大，

---

① 刘守英，周飞舟，邵挺．土地制度改革与转变发展方式［M］．北京：中国发展出版社，2012年9月第1版：第3～9页．

② 钱忠好．中国农村土地制度变迁和创新研究（Ⅲ）［M］．北京：中国农业出版社，2010年第1版：第142页．

已成为征地上访的主要原因。

2. 失地农民社会保障制度不健全

失地农民社会保障制度不健全，存在着保障水平偏低、农民自费比例高等问题。在保障水平方面，除北京市、重庆市、长沙市、成都市等少数地方将被征地农民纳入城镇职工养老保险体系，上海将被征地农民纳入其独创的小城镇养老保险体系（养老待遇水平比城镇职工养老保险待遇低、比城市低保水平高）外，其他地方多参照城市低保水平或当地低保水平为被征地农民提供养老保险。在保险费用缴纳方面，各地多采取“土地换社保”的方式，按照个人和集体承担60%～70%的原则将征地补偿费的一定比例直接转入社保基金，剩余部分由用地单位和政府承担。由于保险受益期远、自费比例高、保障水平低，农民参保的积极性不高。交通、水利等项目还存在用地单位社保费用不到位，由地方政府垫支的问题。

3. 征地程序不规范

按照《土地管理法》，征地工作应遵循“两公告一登记”的程序（征地公告→征地补偿登记→补偿安置方案公告），并就补偿安置方案听取被征地集体和农民的意见。但实践中，相应程序没有得到全面遵循，一些地方的补偿安置方案没有听取农民意见，即使听取了也是“走过场”。一些地方政府未及时、足额向被征地集体和农民支付征地补偿费，存在着拖欠、截留、挪用等问题；一些农村集体经济组织在资金使用、分配上未按照规定执行，分配不公、使用不透明和贪污、挪用、挥霍征地补偿款的问题时有发生，也构成了被征地农民上访的重要原因。

4. 被征地农民就业难

由于文化程度低、缺少专业技能，在实体经济不发达的地方，被征地农民就业比较困难。特别是尚未达到领取养老保险金年龄的“4050”人员，企业基本上不愿雇用，就业更加艰难。

（二）征地规模不断扩大，我国粮食安全面临严峻挑战

随着工业化、城镇化的快速发展，近年来我国征地规模呈持续上升趋

势。据《国土资源年鉴》，2006—2010 年，全国共征收土地 2824.7 万亩，其中农用地占 73.8%（耕地占 47.6%）。考虑到未批先占、少批多占、以租代征等违法违规行为的普遍性，实际的征占规模远大于上述数字。[①] 征地规模的持续扩大，不可避免地造成耕地资源大量减少，压缩了农业发展空间。1999—2008 年，全国耕地面积从 19.45 亿亩减少到 18.26 亿亩，10 年间净减少 1.19 亿亩，其中基本农田面积不足 16 亿亩。

尽管为最大限度保护耕地，国家建立了耕地占补平衡制度，但这一制度在很多地方成为了数字游戏、"笔耕"工程。一方面，虚报补充耕地数量、占多补少的行为时有发生。2006 年 12 月，监察部会同农业部、国土资源部对浙江、安徽征地突出问题调查时发现，有的补充耕地没有具体地块，有的存在相互补充现象，有的以钱抵顶补充耕地，这种情况在全国其他地方也普遍存在。另一方面，占补平衡仅注重数字平衡，占优补劣情况十分普遍。各地占用了大量城郊和交通沿线优质耕地搞工业园区和城市建设，用边远丘陵、山区的腾退宅基地、荒坡地补充耕地。据统计，新开垦耕地与被占用耕地相比一般相差 2～3 个等级以上，生产能力不足被占用耕地的 30%，粮食生产能力亩均下降 200 公斤以上。因征地导致的优质耕地资源持续大量流失问题，将对我国粮食安全带来不可忽视的影响。

（三）城乡用地粗放浪费现象普遍存在，过度消耗低效用地的发展方式不可持续

纵观世界各国，工业化、城镇化必然要占用一定的土地资源，但由于征地成本低、理性规划欠缺和相关约束机制缺失，我国建设用地粗放浪费问题十分突出。

1. 城镇快速扩张

新城、新区建设呈现低密度、分散化态势，宽马路、大广场、大水景

---

① 卫星遥感资料表明，违法占地数量一般占用地总量的 20%～30%，有的地方多达 80%。见钱忠好．中国农村土地制度变迁和创新研究（Ⅲ）［M］．北京：中国农业出版社，2010 年第 1 版：第 126 页．

等工程屡见不鲜。2000—2010 年，我国人口城镇化率提高了近 14 个百分点，全国城市建成区面积则扩大了 78.5%，土地城市化速度远远高于人口城市化速度。

2. **产业用地效率不高**

目前，我国工业用地容积率仅为 0.3～0.6，远低于 1.0 的国际平均水平。2010 年，全国工业用地产出率较高的上海市产出水平为 13.75 亿元/平方公里，仅为 20 世纪 80 年代纽约和东京的 32.7%和 14.6%。调研中了解到，各地为了招商引资，基本上都实行工业用地价格倒挂，以低于征地成本价出让土地，不仅造成了巨大的资源浪费，还成为一些企业“跑马圈地”的乐园。

3. **农村建设用地规模大、布局散、利用率低**

许多农民在城镇买房或长期出外打工，村里的住房很多是“空巢”或仅有老人和小孩在家留守的“准空巢”，“空心村”、空闲用地比重不断扩大。

按照《全国土地利用总体规划纲要（2006—2020 年）》，“十二五”期间新增建设用地规模为 3000 万亩，但预计全国新增建设用地需求在 4000 万～4500 万亩，超出规划 1000 万亩以上。在人多地少、人均耕地少、优质耕地少、耕地后备资源少的基本国情制约下，这种依赖于过度消耗低效用地的发展方式显然难以持续。

（四）土地出让收入占到地方财政收入较大比例，土地财政、土地金融存在严重隐患

20 世纪末 21 世纪初，我国土地资产化全面加速，土地出让收入迅速成为地方财政收入的重要来源。从 1999 年到 2011 年，13 年间全国土地出让收入总额 12.75 万亿元，年均近 1 万亿元。特别是 2009—2011 年分别达到 1.59 万亿元、2.92 万亿元、3.15 万亿元，约占地方财政收入的 50%～60%。从地方情况看，浙江省某县级市 2009—2011 年土地出让收入分别占财政总收入的 32.6%、52.1%、47.4%。宜宾市某区 2011 年土地出让收

入 17.9 亿元，超出财政一般预算收入 2.52 亿元的 6 倍。值得注意的是，近年来还出现了土地金融化的发展趋向，土地已不仅是地方财政收入的重要来源，还成为地方政府融资的主要手段。据统计，2010 年我国地方政府各类融资平台总负债 10.7 万亿元，其中绝大部分以土地为抵押担保。

当前的土地财政，本质上是政府一次性收取若干年期地租，对用地企业和住房购买者而言则属于透支未来的收入；土地金融则是政府直接负债经营，透支未来的收入。[①] 这不仅不合理地增加了企业和消费者的负担，而且一旦政府无地可征或者无力偿债，很可能发生类似美欧的债务和金融风险。

三、当前农村土地征占制度的症结所在

当前农村土地征占中存在的矛盾和问题，直接看属于地方政府与农民的利益之争，但其根源却交错复杂，既有主观因素，也有客观原因。

（一）统筹城乡的发展理念没有得到全面理解和落实

中共十六大以来，中央提出了统筹城乡发展的基本方略，制定了“多予少取放活”和工业反哺农业、城市支持农村的基本方针，并作出了“三化同步”的战略决策。但在贯彻过程中，很多地方将其片面理解为单纯的工业化、城镇化，反映到土地征占上，就是大规模征收农村土地以扩张城市建设和兴建工业园区，低成本补偿以赚取级差地租，并将征地收益主要用于工业和城镇建设。这种工业化、城镇化的发展模式，本质上还是对农业、农民利益的剥夺，是从农业、农民身上提取资源、资金用于工业和城镇发展，只不过与过去的农业税费相比隐性化罢了。

（二）土地是农民财产权利的意识未从根本上得到确立

土地承包经营权、宅基地使用权是农民的重要财产权利。2007 年颁布的《物权法》明确了土地承包经营权、宅基地使用权的用益物权性质，赋

---

① 黄小虎．解析土地财政［J］．中国改革，2010 年第 10 期．

予了土地承包经营权、宅基地使用权人“准所有权人”的地位。但实践中，不仅农民对此了解不够，即使负责执行政策法律的广大基层干部乃至地方领导都存在模糊认识甚至抵触情绪，往往以“土地是集体的”为由来为征地中的不当行为辩解。目前各地为了获得城镇建设用地指标而开展的宅基地整理工作，都带有强迫半强迫的性质，腾退出的土地或建设用地指标多被政府出让，相当一部分收益被政府赚取。土地是农民财产的意识没有得到确立。

(三) 政府职能转变尚未到位甚至越位错位

社会主义市场经济条件下，政府应当承担的是经济调节、市场监管、社会管理和公共服务职能，而不是直接参与经济活动。当前，我国政府职能已经发生深刻转变，但在土地管理领域却存在着政府职能转变尚未到位甚至越位、错位的问题，其突出表现就是政府在土地征占中扮演起“红顶商人”的角色，一方面依靠行政权力单方面、低成本征收集体土地；另一方面按照市场规则拍卖土地赚取级差地租。正是由于政府在土地征占中成为“运动员”和“生意人”，并获得了大量收益，因而本应由其承担的征地“刹车”职能也异化为“油门”职能，这是近年来征地规模迅速扩大的重要原因。

(四) 有利于科学发展的考核和奖惩机制尚未建立

近年来，粮食安全、保护耕地和节约集约用地逐步纳入地方领导班子考核范畴，但由于做好这些工作并不能给地方政府带来现实利益（往往还要倒贴钱），市、县的积极性并不高，上级考核时也很难全面真实了解指标完成情况，即使发现问题，往往会抱着同情的心理高高举起、轻轻放下。如在 2011 年的首次土地违法问责中，全国有 73 个市县政府相关负责人被给予党纪政纪处分，但无一人被撤职。而围绕 GDP 展开的工业增加值、固定资产投资、招商引资项目、城市建设则属于“看得见、摸得着”的硬指标，既能增加地方财政收入，也是地方领导干部政绩的直接和有力证明，即使形式上取消了这些考核指标，实际上仍然是干部升迁、奖励的重要考虑因素。在这种考核和奖惩机制下，市县领导干部不可避免地要追求“投资拉动、资源投入、规模扩张”的发展模式，力求在任期内“三年见成效，五年上水平”，大圈大占、大拆大建，土地利用粗放浪费问题也就不可避免。

（五）责权一致的财税体制尚待健全

1994 年实施的分税制改革，对于建立符合社会主义市场经济要求的财税管理体制起到了重要作用，但在实施过程中，由于中央与地方的事权和财权划分不科学、不规范，导致在税收分配上注重向中央倾斜，对地方财力关注不够；在事权及支出责任下放过程中，没有相应下放财权，特别是近年来许多建设和民生项目都要求地方配套资金，导致地方政府尤其是基层政府财力不足，而 20 世纪末 21 世纪初开始推行的国有土地招拍挂制度，在强化土地资产属性的同时，也使地方政府发现了弥补财力不足的预算外新财源。当然，在任何国家，土地都是财政收入的重要来源，问题是西方国家主要依靠向存量土地资产征收财产（地产、物业）税获得财政收入，税源广且稳定，我国则主要依靠增量土地获得一次性土地出让收入，不仅难以预期，也是导致地方政府卖地冲动的重要制度原因。

（六）符合市场经济要求的土地市场尚未建立

从国际经验看，国家征收土地一般要受到两个限制：一是公共利益需要；二是公正补偿。大量的公共利益之外的用地由当事人通过市场机制协商解决；公正补偿以市价为标准，对补偿不服的可以提起诉讼。我国《宪法》和《土地管理法》尽管也规定国家为了公共利益的需要，可以依法对土地实行征收或者征用并给予补偿，但由于《土地管理法》第四十三条规定除兴办乡镇企业、村民建设住宅、乡（镇）村公共设施和公益事业建设外，任何建设用地必须使用国有土地，从而导致“公共利益需要”这一限制没有明确的边界，政府完全垄断了土地一级市场。这种情况下，农村土地只能有政府一个买家，而且是否买卖、何时买卖、价格多少只能由买家说了算，这在以基础性、公益性建设项目和点、线状征地为主的早期，农民还可以勉强接受，但在经营性用地、区片征收为主的今天，当农民看到自己的土地被征收用于商业开发，政府一转手就获取巨额收益后，显然会产生被剥夺之感和不满情绪，进而要求公正的补偿。由于政府垄断土地一级市场，何谓公正的补偿又没有参照标准，因而即使政府给得再多，农民也不满意，并为今后被征地农民遇到任何生产生活问题都找政府解决埋下了伏笔。

四、四川省、浙江省征地制度改革的做法和经验

随着工业化和城镇化发展到一定水平，地方财政实力逐渐增强，四川、浙江两省近年来按照中央部署，积极探索征地制度改革，也形成了一些值得总结的做法和经验。

（一）完善征地补偿，稳步提高补偿标准

浙江省采用征地区片综合地价和统一年产值相结合的方式，大中城市及其郊区实行区片综合地价，其他地区实行统一年产值，并每2～3年调整一次征地补偿最低保护标准（不含青苗及地上附着物补偿费）。按照 2012 年 1 月公布的最新标准，浙江省征地区片综合地价不低于 3 万元/亩；实行统一年产值倍数补偿的，征收耕地的统一年产值不低于 1800 元/亩，补偿倍数不低于 16 倍，补偿标准不低于 2.88 万元/亩。

四川省采用统一年产值的补偿方式。2012 年成都市执行的年产值标准为 3406 元/亩，土地补偿费和安置补偿费不低于 5.5 万元/亩；宜宾市南溪区年产值标准 1450 元/亩，土地补偿费和安置补偿费不低于 2.32 万元/亩。

（二）拓宽安置渠道，解决被征地农民长远保障

1. 做好住房安置

浙江省富阳市按照农民原住房面积补偿，每户安置面积不超过 $125m^2$，原房屋与安置房屋按照有关标准结算差价。四川省成都市按照人均 $35m^2$ 进行住房安置，原住房面积超出人均 $35m^2$ 部分，按地上附着物标准进行补偿，同时，还允许并鼓励每户农民选择两套住房，一套自住，一套出

租，保障被征地农民获得稳定的收入来源。此外，还按人均 10.5m^2 集中配建商业用房，收益归被征地农民所有，以增加农民的经营性收益。

2. 完善社会保障

浙江省富阳市实行被征地农民基本生活保障和基本生活补助两个保障类别。16～60 周岁（女为 50 周岁）的被征地农民参加基本生活保障，缴费标准为 2.8 万元，其中政府承担 30%，待遇为 400 元/月；满 60 周岁（女满 50 周岁）的被征地农民参加基本生活补助，缴费标准为 1.5 万元，其中政府承担 50%，待遇为 250 元/月。成都市在 2004 年建立被征地农民社会保障制度，将被征地农民纳入城镇职工养老保险、医疗保险和失业保险体系。其中，养老保险按照省平均工资 20%的缴费标准（农民承担 8%、财政补贴 12%），目前月均养老金水平为 926 元。医疗保险和失业保险由政府从土地出让收益中全额支付。截至 2011 年年底，成都市已有 94.28 万被征地农民参加社会保险，38.64 万人按月领取养老金。

此外，两省还积极开展被征地农民就业培训和指导服务，采取提供劳务信息、劳务推介、公益岗位优先招录等多种方式帮助被征地农民就业。成都市双流县对雇用被征地农民的企业按照 300 元/人的标准给予奖励，并在每周四组织就业赶场。

（三）坚持放开搞活，探索留地、留利于民的新机制

1. 探索留地安置方式

为保障被征地农民获得持续稳定经营收益，浙江省出台了留地安置的办法，对位于城市市区和郊区的农村集体经济组织，按照被征地面积 5%～10%的比例进行留地安置，由村集体自主选择单独开发或合作经营，用途限定于工业标准厂房、商业服务业项目等，严禁用于商品房住宅等经营性房地产项目。据介绍，富阳市实施留地安置的两个村，每年分别可获得 700 万元和 280 万元的经营收益。

2. 允许符合条件的集体建设用地入市

成都市从 2008 年起探索征收范围以外的集体建设用地使用权流转制

度，对土地利用总体规划允许建设区范围以外的农村集体建设用地，逐步缩小征地范围，通过市场机制实现经营性用地供给。集体建设用地流转后可用于工业、商业、旅游业和服务业等，但不能用于商品住宅等房地产开发。初次转让所得收益，除政府提取10%、2%的基础设施配套费和耕地保护金外，主要归集体经济组织所有，并优先用于农民的社会保障。

（四）注重公平公正，妥善解决历史遗留问题

随着近年来征地补偿、安置标准的提高，为妥善解决早期被征地农民“找后账”问题，成都市2004年出台《已征地农转非人员社会保险办法》，采取“个人缴费、政府补贴”的办法，对1991年至2003年期间征地“货币化安置”的男年满40岁、女年满30岁的农民，在一次性补缴5～10年的养老和医疗保险费后，统一纳入城镇职工社会保险体系。为此，成都市安排资金50亿元，解决了32.6万早期被征地农民的社会保障问题。

（五）强化耕地保护，探索节约用地的新模式

1. 实施耕地保护奖补制度

成都市2008年建立了耕地保护基金，由市与区县各按50%的比例共同筹集。根据耕地质量，对基本农田和耕地分别按照每年每亩400元和300元的标准补偿。补偿资金的10%用作农业保险补贴，其余90%主要用于农户养老保险补贴，直接划入农民养老保险个人账户。目前，成都市每年发放耕地保护基金约28亿元。杭州市2010年开展基本农田保护补偿试点，对承担基本农田保护责任且在保护周期内不违法占用、不抛荒的农户和村集体给予每年每亩50元的补偿。

2. 强化农业部门参与

浙江省于2010年年底出台了《浙江省耕地质量管理办法》，明确了农业部门在耕地质量保护、建设和管理方面的职责，并规定工程建设项目确需占用标准农田的，标准农田补充划入方案须经省农业厅审核同意；补充划入的标准农田质量提升建设期限届满后，由省农业厅组织专项验收。

3. 鼓励集约用地

宜宾市南溪区出台了多层厂房奖励补助政策，建设第二层厂房的补助100元/m^2，第三层补助150元/m^2，第四层补助200元/m^2，并要求工业土地平均投资强度每亩超过150万元，亩均土地产出超过300万元。成都市双流县也将工业用地的容积率由原来的0.7调整到目前的1.2。

总的来看，两省近年来在征地制度改革方面所作的探索取得了明显成效。特别是成都市，由于补偿标准高、社保水平高、住房安置到位，加上有实体产业支撑，就业机会多，被征地农民总体较为满意。我们在郫县访问的一位老农，每月能拿到养老金854元、医疗补助60元，60岁以上老人物价补贴120元，看病按85%的额度报销；老人的儿子儿媳都在附近工厂上班，两人一月能挣3000多元，另有一套房子出租，每月能拿到租金500多元，老人非常满意。

五、完善农村土地征占制度的建议

土地不仅是根本的经济问题，还是重大的社会问题和政治问题。尽管地方在改革土地征占制度方面有一些积极探索和好的做法，但从总体上看，长期形成的土地征占用制度仍是目前农村社会不稳定的重要因素，必须尽快加以改革完善。对此，中共十七届三中全会和十八大分别提出了“严格界定公益性和经营性建设用地，逐步缩小征地范围”“改革征地制度，提高农民在土地增值收益中的分配比例”的要求。中共十八届三中全会进一步强调，“缩小征地范围，规范征地程序，完善对被征地农民合理、规范、多元保障机制”，为改革农村集体土地征收制度指明了方向。

在改革完善的思路上，我们认为，应当坚持以下三个原则。

首先，维护农民土地权益和保障国家粮食安全并重。当前，我国经济社会发展水平有了很大提高，不能再靠牺牲农民土地财产权利降低工业化、城镇化成本，有必要也有条件大幅度提高农民在土地增值收益中的分配比例，使失地农民有尊严地融入城镇生活，而不致形成新的城市贫民阶层。同时，还要考虑人多地少的国情，严格执行最严格的耕地保护制度和节约集约用地制度，防止征地补偿标准提高后形成“政府想征、农民愿卖”的局面，切实保障国家粮食安全。其次，征地制度与相关配套制度改革协调推进。征地制度改革牵一发而动全身，本身又受到其他制度、条件的制约，想要实现预期目的，必须与相关配套制度改革统筹考虑、协调推进。从目前情况看，可以以修改《土地管理法》、制定《农村集体土地征收补偿条例》为突破口，将实践中的成功经验和看得准的做法法律化，进而带动相关配套制度改革加快推进。第三，妥善处理不同利益关系。征地制度改革涉及政府与农民、中央政府与地方政府利益关系的再调整，同时涉及被征地农民与未被征地农民、以前被征地农民和今后被征地农民利益关系的再平衡，必须妥善处理。在政府与农民利益关系上，应当坚持政府不能从征地中获利的原则。在中央政府与地方政府利益关系上，应当调整税收分配比例、加大转移支付力度，确保地方有足够的财力实施公共管理和服务。在被征地农民与未被征地农民利益关系上，要加大对未被征地农民扶持和补贴的力度，提高农民保护耕地的积极性。在以前被征地农民和今后被征地农民利益关系上，要正视历史、公平公正，妥善解决以前被征地农民的社会保障问题。

（一）关于缩小征地范围

土地征收必须以“公共利益”为目的与前提是各国的共识，我国《宪法》和《土地管理法》也明确征收土地的前提是“为了公共利益的需要”。但由于《土地管理法》第四十三条规定，除兴办乡镇企业和村民建设住宅，或者乡（镇）村公共设施和公益事业建设经依法批准使用农民集体所有的土地外，“任何单位和个人进行建设，需要使用土地的，必须依法申请使用国有土地”，这就使得征地的限定条件——“公共利益需要”形同具文。针对这一问题，应当修改法律法规，使征地范围回归到“公共利益”的本义上。

1. 明确界定公益性用地

通过立法或判例尽可能对公益性用地进行明确界定是各国通行做法。

如日本《土地征收法》第 3 条详细列举了 49 种可以实施土地征收的事业，并且未设兜底条款。韩国《土地征收与补偿法》规定了 7 类可实施征地的事业。我国台湾地区也规定了 10 类可实施征地的公共事业。美国法院通过判例形式为确认征收的前提条件——“公共使用”提供准则，联邦和州的立法也从不同方面为“公共使用”划定范围，如印第安纳州将高速公路、桥梁、机场、港口、取得许可的技术园区、公营公用事业明确为“公共使用”。我国应当借鉴有关国家和地区的经验，在制、修订相关法律法规时对公益性用地范围作明确界定。

2. **严格限定征地范围**

对“公共利益”的具体认定，既受到文化传统、政治体制的影响，又受到经济社会发展阶段的制约，各国和地区并没有完全一致、一成不变的认识和做法。总的来看，将军事用地、国家机关用地、交通和水电气等基础设施用地、教科文卫等公益事业用地纳入征地范围是各国的通行做法，至于工商业等经营性用地和成片开发建设能否纳入征地范畴，各国（地区）做法不同，内部认识也不一致。韩国在经济快速发展阶段，就将制铁、肥料及其他总统令规定的重要事业（如电子及造船、发动机制造、水泥生产等）列入“公共利益”范围允许征地，但在经济发展到较高程度后，于 2002 年将上述事业排除出征地范围。我国台湾地区目前仍允许通过区段征收的方式对新设都市地区、旧都市地区、非都市土地、农村小区等一定区域内的土地进行全部征收进行开发建设。美国最高法院尽管在 2005 年认可政府为发展经济而征收财产，但基于对征地权滥用的担心，43 个州在该判决出台后纷纷制修订法律限制征收权的使用，一些州明确禁止仅为经济发展目的而征收土地。

考虑到我国多年来征地规模高速增长和建设用地粗放浪费现象普遍存在的实际，结合今后集体建设用地改革的方向，我们认为，应当对征地范围从严控制，工商业用地原则上不应通过征收取得；没有具体用途、单纯与民争利的土地储备制度应当明确禁止；成片开发建设应当仅限于对旧城区的改造而不能无限扩张，如果考虑到发展阶段将征收范围扩大到新城区的，必须在征收程序和补偿标准上作出更严更高的规定。综合上述考虑，建议参照《国有土地上房屋征收与补偿条例》的表述，将政府征地限缩为五种情形：(1) 国防和外交的需要；(2) 由政府组织实施的能源、交通、水利等基础设施的需要；(3) 由政府组织实施的科技、教育、文化、卫生、体育、环境和资源保护等公共事业的需要；(4) 由政府组织实施的保障性安居工程建设的需要；(5) 法律、行政法规规定的其他公共利益的需要。

3. 允许城市土地归集体所有

当前各地扩大征地规模的一个重要手段，就是以《宪法》规定"城市的土地属于国家所有"为依据，不断扩大城市边界，进而将农村集体所有的土地收归国有。这种做法，与宪法平等保护国有和集体经济的精神是违背的。按照宪法第六条的规定，生产资料的全民所有制和劳动群众集体所有制都是社会主义公有制的组成部分，《宪法》在规定"国家保护城乡集体经济组织的合法的权利和利益，鼓励、指导和帮助集体经济的发展"的同时，还专门强调"……城市郊区的土地，除由法律规定属于国家所有的以外，属于集体所有"，突出体现了宪法对于土地集体所有的保护。应当看到，一块土地能否用于建设，属于用途管制范畴，与所有权没有内在联系。

实践中，一些地方为减少征地矛盾和保障农民权益，已经有让农民在城镇化进程中保留集体土地所有权的做法。如广西贺州市、株洲市在留地安置中，就允许根据被征地农户的意见，将统一安排的产业发展用地的性质保留为集体建设用地，广东省、海南省、成都市等地也有类似做法。建议应当正本清源，尽快对"城市土地可以归集体所有"予以明确。考虑到修改《宪法》事关重大、程序复杂，可以考虑由全国人大常委会行使《宪法》解释权，明确"城市的土地属于国家所有"是对《宪法》颁布之时现状的确认而不是对未来发展的要求，城市建设中是否需要征地，要遵守《宪法》第十条第三款关于征地的具体要求（公共利益要求），从而在限缩征地范围的同时，为集体土地参与城镇建设留出空间。

4. 改革完善财税和考核制度

当前滥征滥占土地的现象之所以非常严重，地方严重依赖一次性土地出让收入的土地财政和以 GDP 为核心的干部考核制度是重要原因。如果不对这两项制度进行改革完善，缩小土地范围的规定就很难落实。建议适应“营改增”后的新形势，加快推进财税制度改革，合理划分中央和地方税种并调整中央和地方共享税种的分配比例，加强以所得税和财产税为重点的直接税建设，尽快开征房产税，确保地方有稳定而持续的税收来源，同时还要深化地方机构改革，精兵简政，消除机构臃肿、人浮于事的问题。适应经济社会发展新阶段的要求，加快推进干部考核制度改革，将以 GDP 为核心的考核模式真正转变为涵盖经济发展、城乡居民收入、耕地保护、粮食安全、环境保护及社会稳定等指标体系的综合考核模式。

（二）关于完善征地程序

征地事关农民的基本财产权利，必须充分保障被征地集体和农民的知情权、参与权和监督权，这不仅有利于相关工作的顺利开展，也是保障农民权益的重要体现。目前，征地程序不完善、现有程序要求不落实的问题比较突出，是导致征地矛盾和纠纷的重要因素，有必要尽快解决。

1. 强化权力机关对征收权的控制

为防止行政机关滥用征收权，在英、美等国，地方事权范围内的征地项目均需得到地方议会的批准。在议会审查过程中，往往要以公开听证会等形式进行广泛的协商讨论，听取各方面特别是财产权人的意见，某一项目如不属公共利益而图利特定机构或个人往往会招致民怨沸腾，进而影响议员的表决，这起到了在个案中认定“公共利益”的作用，在很大程度上防止了征收权的滥用。

与之相比，作为权力机关的我国各级人大在这方面的作用尚未发挥：一方面，与征地直接相关的土地利用总体规划、城乡规划无须人大批准，土地利用总体规划依照《土地管理法》只需经地级市以上人民政府批准即可，城乡规划尽管依照《城乡规划法》在报上一级人民政府批准前应经同级人大或其常委会审议，但审议意见仅具参考性质，并无约束力；另一方面，具体征地项目也由政府一手操办，人大同样缺乏控制权。当然，国外也有由行政机关在征收前认定“公共利益”的例子，如韩国由国土海洋部长认定、日本由国土交通大臣或都道府县知事认定，但考虑到我国地域广大、行政区域众多的实际和各级人大在同级国家机关中的核心地位，在我国由地方人大来行使这一权力更为妥当。建议今后制订修订法律法规时，明确土地利用总体规划、城乡规划和具体征地项目在报送审批前，均应经同级人大充分审议并获得批准，从而减少规划和征地的随意性，以民意来制约行政机关的权力。

2. 征地项目事前要听取被征地农民和集体的意见

从国外和我国台湾地区情况看，征地前充分听取被征地人意见是通行做法。如美国犹他州要求就投票表决征收的公开会议书面通知每一财产所有人，并给予其听证机会；西弗吉尼亚州要求以挂号信的形式通知财产所有人公开听证和要求就财产是否处于衰败状态进行实地考察的权利。我国台湾地区需用土地人在将欲兴办事业报主管部门批准前，要举办公听会听取土地所有权人以及其他利益相关人的意见。

与之相比，我国《土地管理法》仅规定征地补偿安置方案应当听取被征地农村集体经济组织和农民的意见，在更为关键的决定征地环节没有听取农民意见的规定。现有的“两公告一登记”（征地公告→征地补偿登记→补偿安置方案公告）和就补偿安置方案听取被征地集体和农民意见的程序也未得到全面遵循。借鉴有关国家和地区的经验，建议从以下方面完善听取被征地农民和集体意见的程序：第一，土地利用总体规划、城乡建设规划涉及农用地转用的，应当专门听取相关农民集体和农民群众的意见。第二，征地项目在人大审议阶段，应当召开听证会听取拟征地所在的农民集体和农民的意见，听证会情况和相关意见应当连同其他审批材料一并报送征地审批机关。第三，征地决定不仅要在被征地集体公告栏中公告一定时间，还要书面送达已知的每一户被征地农民，确保其事前了解征地决定的内容。

3. **增加协议购买环节**

从国外和我国台湾地区情况看，某项目即使被认定属于“公共利益”而允许征收，也并不意味着政府必然动用征收权。在美国，政府确定征收地块后，首先要进行所有权调查并完成土地估价，之后以估价为基础与土地所有权人协商购买，只有协商购买不成的情况下才借助征收权。韩国和我国台湾地区均要求用地者先与土地所有权人协商购买所需土地，协商不成的才可申请征收。我国有必要借鉴上述经验，在征地程序中增加协议购买环节。为与目前征地程序尽可能衔接，可以考虑将该环节放在征地申请得到批准后，只有在法定期限内达不成协议的，才可实施强制征收。

4. **增加买回权制度**

为防止政府滥用强制权，许多国家和地区都规定有被征地人的买回权制度。我国台湾地区规定，有以下三种情形之一，原土地所有人可申请按原征收价额收回土地：第一，征收补偿费发给完竣届满三年，未依征收计划开始使用者；第二，未依核准征收原定兴办事业使用者；第三，依原征收计划开始使用后未满五年，不继续依原征收计划使用者。美国一些州也有类似规定。我们认为，可以借鉴上述经验，增加规定被征地集体的买回权制度，防止和遏制地方对土地“征而不用”的问题。

5. **加强农村集体征地补偿费分配、使用管理**

当前，农村集体征地补偿费分配不公、使用不透明和贪污、挪用、挥霍征地补偿款的问题时有发生，构成了被征地农民上访的重要原因。针对这一问题，应当健全制度，加强农村集体征地补偿费分配、使用管理：一方面，要与“长久不变”的制度走向统筹考虑，明确征地补偿费原则上应当主要归被征地农户；另一方面，要明确补偿费分配使用应当经集体成员全体会议而非代表会议讨论通过，使用情况也要向全体成员公开，以确保补偿费分配、使用的公平、公正和透明。

（三）关于提高征地补偿标准

征地补偿标准偏低是当前征地矛盾和纠纷的核心。被征地农民对征地不满，在很大程度上不是因为对属于公共利益有意见，而是对征地补偿标准不满。同时，地方政府之所以滥征滥占动机很强，也是因为征地补偿标准低，与招拍挂价格之间存在巨大利差。针对这一问题，应当适应经济社会发展新形势的要求，按照城乡一体的原则提高征地补偿标准，使补偿额不仅能够弥补农民的损失，还能使其最大限度地分享土地增值的成果。

1. **明确公正补偿原则**

土地被征收对于财产权人而言是其为了公共利益而作的特别牺牲，国家有义务按照填平补齐的原则给予公正补偿，这是各国的共识。如法国《人权宣言》将“公平而预先补偿”作为征收前提、美国宪法将“公正补偿”作为前提、日本宪法将“正当补偿”作为前提。我国也应在法律中明确宣示对被征收人的公平补偿原则。

2. **稳步提高现金补偿标准**

发达国家和地区对被征地人的补偿以现金为主。美国将“公正补偿”定义为“公平的市场价值”。对于何谓公平的市场价值，加利福尼亚《民事程序法典》第 1263.320 条规定：“被征收财产的公平的市场价值为估价之日没有特别或紧急需要必卖也未被强迫的愿卖者和有准备、有意愿、有能力但也没有特别需要必买的愿买者都同意的最高价格，双方都对该财产合理的适宜、可得用途和目的完全知悉。”“被征收财产没有相关、可比市场的，其公平的市场价值为估价之日采用公正（Just）、公平（Equitable）估价方法评估的价值。”一些州如佐治亚和蒙大拿的宪法，还规定补偿应高于财产的公平市场价值，如特定情况下被征收人为获得充分补偿而支付的律师费和诉讼费也应纳入补偿范围。日本对被征收土地的补偿参考附近同类土地的交易价格进行计算，以公共利益认定公告时的相应价格，乘以到裁决时的物价变化校正系数，得出补偿金额。韩国、我国台湾地区则以公告的基准地价、土地现值为基础确定补偿地价。考虑到我国征地的实际状况，建议借鉴韩国和我国台湾地区的做法，将目前并行的区片综合地价和统一年产值补偿制度统一为区片综合地价制度，完善确定标准和工作机制，授权省级政府定期调整，稳步提升现金补偿水平，这可能是更具合理性和可行性的做法。

3. 强化对被征地农民的安置保障

在稳步提升对被征地农民“明补”的现金补偿的同时，应当将补偿的重点放到对被征地农民的安置保障上。发达国家和地区由于社会保障制度完善，可以不考虑被征地人的长远生计而一次性支付现金，但在我国这却是一个现实而重要的问题。农民土地被征收后，失去最基本的生产资料和赖以生存的生产手段，其社会身份、生产方式、生活来源等均发生较大变化，应当得到良好的安置保障，否则“种田无地、就业无门、社保无钱”，不仅影响他们的长远生计，更会严重影响社会和谐稳定。

建议从以下三个方面入手改革对被征地农民的安置保障。

第一，改变目前“农民缴费、政府补贴”的社保缴费模式，由政府从土地出让收入中提取一定比例直接为农民缴纳保费，保障被征地农民即使不缴费也能享受到比普通农民更高水平的保险待遇。

第二，对农民的房屋不再按地上附着物补偿。对能够提供宅基地重建的，按重置价补偿；对不能提供宅基地重建的，由政府提供国有土地上大产权房屋，并尽可能让被征地农民有一套自住，还能有房屋出租或经商。计算补偿标准时应当考虑农民的宅基地面积。

第三，加强对被征地农民的就业扶持，明确开发建设被征收土地，应当优先安排被征地农民就业；国家给予被征地农民免费的技能培训和就业指导，提高其就业能力；被征地农民自主创业的，国家给予信贷、税收扶持。

4. 将留地安置作为一种法定补偿方式

我国台湾地区在成片开发建设的“区段征收”中，采用了“抵价地”补偿制度。被征收人可自愿选择现金补偿或发给抵价地补偿，也可以选择部分领取现金补偿，部分申请发给抵价地。抵价地的总面积原则上为50%，特殊情况经核准也不得少于40%。“抵价地”制度使被征收人能够分享土地开发建设后的增值收益，保障了被征收人的权益，政府在减少征地阻力的同时，也减少了支付现金补偿的压力，是一种两全其美的制度。与台湾地区相比，我国大陆自20世纪80年代由深圳发端，目前已有20多个省区市采用过留地安置方式，取得了较好的效果。如浙江省富阳市实施留地安置的两个村，每年分别可获得700万元和280万元的经营收益，受到了农民群众的欢迎。我们认为，如果允许成片开发建设纳入征地范围，就应当借鉴台湾地区的经验，在总结各地实践的基础上，将留地安置作为法定补偿方式，确保被征地农民分享发展成果。

第二篇

专题研究篇

以起点公平为基础实现农村土地承包关系长久不变

承包制度、资源配置与农业绩效

城镇化进程中的耕地保护与农民土地权益保护

“三权分离”、多元经营与制度创新

实现农村土地承包关系“长久不变”的关键在于合理确定农村土地承包的“起点”，只有在起点公平的基础上才能真正实现农村土地承包关系长久不变，并为农业农村经济的长远发展创造基础的制度条件。

城镇的发展和建设，不可避免地要改变一部分农用土地的性质，占用一定数量的耕地。如何在城镇化进程中保护好耕地资源和农民的土地权益，事关城镇的建设与发展，事关解决“三农”问题战略全局。

作为一项基础性的制度安排，农村土地制度既是多方因素共同作用平衡后形成的结果，而其本身的创新与变革也具有牵一发而动全身的功效。经过改革开放三十多年的发展，目前我国农村土地制度建设又到了一个关键的时期，迫切需要与时俱进健全完善相关制度安排。

第五章

以起点公平为基础
实现农村土地承包关系长久不变

中共十七届三中全会提出了现有土地承包关系要保持稳定并长久不变的重大命题，此后几年的中央一号文件多次明确要求修订完善相关法律法规和政策，落实“长久不变”的要求。中共十八届三中全会再次强调要稳定农村土地承包关系并保持长久不变。近年来有关部门和部分地区也开展了土地确权等实践探索，但要真正全面实现农村土地承包关系长久不变，从理论到实践层面都还有一系列问题需要研究解决。本书认为，实现“长久不变”的关键在于合理确定农村上地承包的“起点”，只有在起点公平的基础上才能真止实现农村土地承包关系长久不变，并为农业农村经济的长远发展创造基础的制度条件。

一、“长久不变”是完善我国农村土地承包制度的基本方向

土地是农业最为重要的生产资料，土地承包经营权是农民最为基本的财产权利之一。中共十七届三中全会提出了“长久不变”的要求，包含了稳定现有土地承包关系、实现土地承包关系长久不变和赋予农民更加充分而有保障的土地承包经营权等重要内涵，具有深刻的现实意义和明确的政策指向，是健全完善我国农村土地制度的基本方向。

（一）“长久不变”是农村土地承包政策的延续和完善

从我国农村土地承包政策演变的内在逻辑看，逐步延长土地承包期限、稳定土地承包关系一直是政策演变的基本方向。在实施家庭承包经营制度之初，土地承包合同基本是一年或数年一定，1984 年确定土地承包期为 15 年，20 世纪 90 年代后土地承包期延长为 30 年，并进而将 30 年耕地承包期以法律的形式予以确认。从稳定与调整的关系看，1984 年政策还允许“大稳定、小调整”，20 世纪 90 年代后逐步演变为“提倡在承包期内实行‘增人不增地、减人不减地’的办法”，并在实践中否定了“两田制”等调整土地的做法，“长久不变”则是在“增人不增地、减人不减地”基础上的递进。因此，提出农村土地承包关系长久不变体现出政策思路的延续性，是历史与逻辑的统一。

（二）“长久不变”是土地承包经营权物权性质的体现

从农村土地承包经营权的性质看，改革之初土地承包只是集体经济组织内部的责任制。1998 年中共十五届三中全会提出“依法赋予农民长期而有保障的农村土地使用权”，从政策层面明确终结了以经济责任为特征、具有债权性质的土地承包关系，取而代之的是依法赋权的新型土地承包关系。2003 年开始实施的《农村土地承包法》，进一步凸显了农村土地承包经营权的物权性质，强化了对土地承包权的物权保护。2007 年《物权法》颁布实施，进一步确定土地承包经营权是用益物权。用益物权是一种排他性权利，依法保护用益物权，必然要求稳定土地承包关系，“长久不变”正是农村土地承包经营权物权性质的应有之义。

（三）“长久不变”有利于强化农民土地承包权益保护

目前，我国正处于城镇化快速推进阶段，大量耕地被占用，农民由于组织化水平低、土地承包权益不充分等原因，合法土地权益受侵害现象突出。1997—2012 年年底，我国耕地面积净减少了 1.25 亿亩。据专家测算，每征用 1 亩地，将造成约 0.4 个农民失去土地，目前我国失地农民已经达 4000 万～5000 万。通过明确农村土地承包关系长久不变，赋予农民更加充分而有保障的土地承包经营权，是强化对农民土地承包权益的保护的重要措施。一方面，更长的承包期限，必然要求在让渡农地相关权益时获得更高的利益补偿，意味着农民在土地流转时可以获得更多的收益，在土地被征用时可以获得更高的补偿，“长久不变”能够调动农民保护土地的积极性；另一方面，更长的承包期限，也意味着城镇化占地成本的提高，有助于减少征占用土地的数量，推动集约节约使用土地，改变我国目前土地城镇化快于人口城镇化的局面，推动城镇化健康可持续发展。

（四）“长久不变”是提高农地资源配置效率的有效途径

当前我国农民工规模已达2.63亿人，农村劳动力与土地资源的配置状况发生了很大改变。为确保粮食安全和重要农产品的有效供给，需要引导稀缺的土地资源向种粮大户、家庭农场等有效率的经营者集中。以往出于对地权不稳定的预期以及担心土地流转后无法要回等原因，我国耕地的流转长期滞后于农村劳动力转移步伐。近年来，随着农村土地承包经营权的物权化和“长久不变”政策的明确，土地承包经营权流转呈加快推进之势。截至2012年年底，全国农村土地流转面积约2.7亿亩，占家庭承包耕地面积的21.2%，涌现出一大批新型农业经营主体。此外，实现农村土地承包关系长久不变还能够刺激农民增加中长期投资，起到提升土壤肥力、改善土地生产条件、提高产出水平的作用。

二、实现农村土地承包关系长久不变要以起点公平为必要前提

实现农村土地承包关系“长久不变”是基本的方向和原则性要求，但要把“长久不变”的要求落到实处，不仅涉及一系列政策与法规的调整和完善，更需要做好大量的基础性工作。农地制度是我国农村最为基础的制度安排，直接影响着千家万户的基本经济利益，涉及复杂的利益关系。因此，公平是我国农地制度的价值取向和内在要求。在市场经济条件下，社会公平包括起点公平、机会公平、程序公平和结果公平等多种含义，其中起点公平是前提和基础。起点公平是我国农村改革兴起和成功的重要原

因，也是要实现农村土地承包关系长久不变的逻辑起点。

（一）起点公平是“长久不变”的必要前提

中央提出“长久不变”的要求，目的在于赋予农民长期而有保障的土地承包经营权，巩固和完善农村基本经营制度，为农业生产持续发展和农村社会和谐稳定奠定基础。只有从一个公平的起点出发，才有可能达到公平的结果，起点公平是“长久不变”必须具备的前提条件。如果一个地方农村土地承包的基础工作不扎实，土地承包经营权分配存在各种不公平、不合理的情况，农民群众对当前的土地承包关系不满意，也就是说农村土地承包经营权的初始界定就存在不公平的话，那么以此为基础实现的“长久不变”很难得到广大农民的认同，也必然不能得到公平公正的结果。

（二）起点公平是渐进式改革背景下的现实选择

提出起点公平的命题，核心原因是我国农村改革走的是一条“摸着石头过河”的渐进式改革道路，先有政策实践后有法律规范，农村土地承包相关法律法规的出台远远晚于政策实践。改革初期农村土地承包并没有系统的制度框架，各地农村土地承包的具体办法和规则并不一样，“起点”并不是整齐划一而是有多种模式。以土地调整为例，既有“生不增、死不减”的长期不变模式，也有偶有小变动的“大稳定、小调整”模式，甚至还有剧烈变动的“大调整、大变动”等截然不同模式。土地承包关系的现状要求先对土地承包的“起点”进行规范，由此在起点公平的基础上才能实现“长久不变”。

（三）起点公平是规则公平的价值所在

随着中国特色社会主义法律体系的形成，我国农村土地承包法律法规和政策不断健全。目前，包括《宪法》《农业法》《农村土地承包法》《物权法》《土地承包经营纠纷调解仲裁法》《农村土地流转管理办法》等法律法规已经对农村土地承包相关主体的权利和义务进行了全面的规范，农村土地承包实现了有法可依。同时，农村土地承包管理和服务的行政体系、司法体系也逐步建立健全。截至2012年年底，全国已设立农村土地承包纠纷仲裁机构 2064 个，化解纠纷 54.51 万件。农村土地承包已经建立起一套比较健全的规则和服务体系，规则公平有了较好保障。与之相比，起点公平更为基础、更为复杂，但只有做到了起点公平，相关的政策法规才有良好的基础，规则公平才能实现价值。

三、渐进式改革背景下如何体现农村土地承包关系的起点公平

我国目前的农村土地制度和承包关系是在渐进式改革过程中逐步形成和完善的，由于我国地域广阔，各地人口资源、风俗习惯千差万别，农户家庭情况、利益诉求也多种多样，由此导致农村土地承包制度具有明显的多样化特征，哪怕在同一省区甚至同一个县内也有不同的具体操作办法。比如，即使是改革开放初期均田承包这一得到广泛认可和执行的原则，实践中也分为了按人口平均分配，按劳动力平均分配和按人口、劳动力各占一定比例分配等不同的操作办法。经过近三十年的健全完善，影响农户土地承包关系预期最主要的是承包及其调整的不同模式，每种类型下的“起点”及农户的预期和诉求并不一致。

（一）“大稳定、小调整”类型

“大稳定、小调整”是我国农村土地承包关系最为普遍的类型。实施家庭承包制度初期，1984 年中央一号文件规定：在延长土地承包期以前，群众有调整土地要求的，可以本着“大稳定，小调整”的原则，经过充分商量，由集体统一调整。1993 年之后，中央提倡在承包期内实行“增人不增地，减人不减地”的办法。1997 年之后，国家开始禁止土地大调整，更加严格地限制土地小调整。从实际情况看，“大稳定、小调整”的土地承包办法，在改革初期是全面的政策导向，在二轮承包以及《土地承包法》《物权法》实施后也在一定范围内继续存在。因此，从总体上看，“大稳定、小调整”的做法在全国具有一定普遍性。据中国科学院农村政策研究中心对 6 省 60 个村 1200 农户的调查，1982—2000 年，样本村中有 97%发生过土地调整，其中发生过小调整的村占到了 72%；2001—2008 年，发生过土地调整的村比重下

降为28%，其中26%发生过土地小调整[①]。另据农业部产业政策与法规司对河北省16个村的调查，二轮承包以来有5个村进行过不同形式的小调整，发生小调整的比率为31.3%。在此模式下，由于长期以来土地承包关系“大稳定”，因此大部分农户对地权的稳定性有着明确的预期，但是由于“小调整”的存在，也导致部分农户对土地的适当调整尚有一定预期。

（二）“生不增、死不减”类型

所谓“生不增、死不减”指的是土地发包后，土地承包期内农户的土地不因人口的增减而变动。该办法以贵州省湄潭县为代表，后来成为贵州全省性的政策。贵州省委1997年下发文件规定，从1994年起，耕地承包期再延长50年，非耕地承包期再延长60年，在承包期内，增人不增地，减人不减地。在“生不增、死不减”的模式下，农户的土地承包关系最为稳定，土地承包经营权权能最为充分。有学者研究认为，这一模式的承包期已经接近永佃制，是在集体所有制下最具有个人化特征的农地制度。[②]但值得注意的是，即便在“生不增、死不减”模式下，土地调整也并没有被完全禁止，在发生“农转非”、全家户籍外迁等少数情况下，个别的土地调整依然存在。因此严格意义上讲，“生不增、死不减”并非一种独立的土地承包模式，而是“大稳定、小调整”的极端形式。在此模式之下，绝大部分农户已经适应了土地承包关系的长期不变，实现“长久不变”更加顺理成章。但值得注意的是，经过几十年的发展，目前实行该办法的地区的人口与耕地对应关系发生了很大变化，部分人多无地或少地的农户也有着调整土地的愿望和诉求，也需要纳入政策完善的考虑范围之内。

（三）“大调整、大变动”类型

从实行家庭承包经营制度之初，将全部承包地打乱重新分配的“大调

---

① 黄季焜．中国的农地制度、农地流转和农地投资［M］．上海：格致出版社，2012年11月第1版．

② 姚洋．中国农地制度：一个分析框架［J］．中国社会科学，2000年第2期．

整”做法就受到明确的限制，而且越是土地承包政策法规健全之后，大调整受到的限制就更明显。但在实际上，各种形式的农村土地承包关系的大调整一直存在。以“两田制”这一后来受到明确禁止的做法为例，在高峰时的1997年占到了土地承包经营总面积的40%。[①] 即使是在二轮土地承包和《农村土地承包法》正式实施之后，承包土地的“大调整”虽有较大幅度减少，但仍未完全消失。在前述中科院农村政策研究中心的调查中，2000年前有60%的村发生过土地的大调整，2000年之后也还有7%的村发生了土地大调整，主要集中在2005年以前。据陶然等2008年对6省119个村的调查，样本村二轮承包前有24.37%发生过土地大调整，二轮承包之后大调整的发生比例虽然大大降低，但也还有4.2%的样本村曾经有过大调整的情况。[②] 另据农业部产业政策与法规司对河北省16个村的调查，二轮承包以来尚有3个村定期调整土地，分别是“三年一小调，五年一大调”“五年一小调，十年一大调”和“五年一大调”。在发生承包土地大调整的情况下，农户对地权稳定性的预期大大降低，而对调整土地的预期则大为增强。因此，在频繁发生承包土地“大调整”的地区，如何确定农村土地承包关系长久不变的“起点”，情况远比其他地区更为复杂，难度也要远远大于其他地区。

农村土地承包关系模式多种多样，除上述三种基本的模式之外，还有的地方土地承包到户之后，集体或农户又新开垦了不少荒地，但新增耕地并未纳入统计和管理；有的地方土地被大量征占用，大部分农民已经失去了土地；还有个别地区土地一直未承包到户，实行的是集体统一经营模式。凡此种种，不一而足。实现“长久不变”，需要有足够的勇气、足够的耐心，扎实做好相关基础性工作，为实现农村土地承包关系长久不变奠定基础。

---

① 张红宇．农村土地使用制度变迁：阶段性、多样性与政策调整［J］．农业经济问题，2002年第2期．

② 陶然等．2008年中国农村土地使用权调查——17省份调查结果与政策建议［J］．管理世界，2010年第1期．

四、在起点公平的基础上实现农村土地承包关系长久不变

2013年的中央一号文件进一步提出，抓紧研究现有土地承包关系保持稳定并长久不变的具体实现形式，完善相关法律制度。同时还明确要求，用5年时间基本完成农村土地承包经营权确权登记颁证工作。确权登记颁证是对农村土地承包关系的进一步确认，是落实农民土地承包经营权用益物权的重要举措。应积极总结地方经验，以此为契机，以土地承包经营权确权登记作为未来产权界定的逻辑起点，在起点公平的基础上实现农村土地承包关系长久不变。

（一）以土地确权作为实现长久不变的载体

农村土地承包经营权确权登记作为一种物权登记，是对农民土地承包经营权权益的法律认可。经过确权登记颁证后的农村土地，用益物权的性质体现更为明显，权能更加充分和完善。农村土地承包经营权确权涉及每个农户的既得利益和长远权利，是一项基础性工作，事关农村社会长治久安。若该项工作扎实有效推进，在切实解决历史遗留问题、做到起点公平的基础之上确权颁证，则可为农村发展明确最为基础和关键的基本产权关系，为农村土地承包关系长久不变提供基础条件。但若对该项工作的认识不足，或是为了避免问题而对现有矛盾视而不见，仅仅是简单换发一个证书，则只是将矛盾延期引发，会对未来农业农村经济发展和社会稳定埋下隐患。

（二）因地制宜通过不同模式实现起点公平

在渐进式改革和农村土地制度变迁模式下，我国不同区域形成了多样化的土地承包模式，因此起点公平具有不同的含义和要求。应在充分考虑现有土地利益格局的基础上，因地制宜地探索不同的土地确权和长久不变的形式。一是对于长期实行“生不增、死不减”模式，自分地到户以来土地承包关系就非常稳定的地方，农户对现有土地承包关系充分认可，可以

现有土地承包关系作为土地确权和长久不变的起点；二是对于长期实行“大稳定、小调整”模式的地方，可在现有土地承包关系基本不变的情况下，针对历史遗留问题和个别特殊案例作最后一次小调整，在此基础上确权颁证和实现长久不变；三是对于个别土地承包关系频繁大范围调整，或者土地长期数量不清、分配不匀的地方，要下大力气摸清底数，在群众充分认可的条件上公平分配，并以此为基础确权颁证并明确今后长久不变。在上述三种模式中，第一和第二种占了大多数或绝大多数，第三种模式虽然所占比重不大，但是涉及的各种利益关系复杂，工作难度很大。对于除此三种模式之外的其他例外做法和模式，也应因地制宜寻求解决好土地确权和土地承包关系长久不变的起点。

（三）充分借鉴地方开展确权颁证的成功经验

从 2009 年起，国家在 8 个省份进行承包经营权确权登记的探索。2011 年 3 月，农业部等六部门正式启动全国范围内的农村土地承包经营权登记试点，首批 50 个试点县（市、区）涉及 28 个省区市的 710 个乡镇、12150 个村。截至 2012 年年底，已有 1642 个村完成确权登记，为扩大农村土地确权登记范围、实现 5 年时间基本完成确权工作的目标积累了经验。特别是作为全国统筹城乡综合配套改革试验区的成都市，目前已经完成了农村土地的确权颁证，其很多做法和经验值得借鉴。一是扎实做好确权颁证的基础工作。对每一块土地必须进行精确的实地测量，对农户之间的人口、土地关系进行彻底的清理；二是充分尊重农民群众的主体地位。成都市建立了村民议事会制度，由村民无记名投票选出由村里德高望重、处事公道的人组成议事会、监事会，凡涉及村民切身利益的问题，都先由议事会讨论决策，监事会进行全程监督，保证每一项决策的公开、公平和公正；三是有效发挥确权颁证的作用。使确权登记所颁发的证件成为有效的产权证明，成为农户获取各项与土地相关补贴的依据，成为土地要素流通和获取资本收益的依据。

（四）以土地确权为逻辑起点实现“长久不变”

在扎实做好农村土地确权工作、做到起点公平的基础上，可以明确宣布农村土地承包关系长久不变，亦即农村土地承包经营制度长久不变，农村土地承包所形成的全部权利义务关系长久不变，农村土地承包期限更长、权利更加充分而有保障、义务更加明确、地块也不再动。① 但必须要明确的是，确权登记和长久不变所解决的主要是农村土地承包初始赋权和权能内涵问题，并不能穷尽农村土地承包制度的全部。完善农村土地承包制度，还需要有多种相关制度作为支撑。比如，为提高土地资源的配置效率，需要完善农村土地经营权流转制度；为防止工商资本等外部强力对小农利益的侵害，需要建立健全工商资本租赁农户承包耕地的准入和监管制度；为解决城镇化进程中人口迁移导致的人地分离问题，需要建立健全农村土地承包经营权退出机制。但这些制度与确权登记和长久不变之间并不矛盾，起点公平的初始产权界定和完整的产权权能，是决定这些后续制度效率的基础。

---

① 孙中华．关于稳定和完善农村基本经营制度的几个问题［J］．农村经营管理，2009 年第 5 期．

第六章

承包制度、资源配置与农业绩效

——贵州省“生不增、死不减”土地承包政策的实践与启示

贵州省是农村土地承包“增人不增地，减人不减地”政策的最早实践者，农村土地制度有着明显的特征。与此同时，贵州省又是欠发达省份，无论是整体经济社会发展水平还是农业农村经济都与其他地区有着明显差距。基于贵州省独具特色的农地制度和资源禀赋、地理区位等特征，本章在贵州省毕节市、六盘水市等地调研的基础上，分析近年来贵州省土地制度的运行情况及其与资源配置、农业绩效之间的内在联系，并对贵州省的农地制度整体状况作出判断。

一、贵州省“生不增、死不减”农地制度的运行情况

所谓“生不增、死不减”是“增人不增地，减人不减地”的简称，指的是土地发包后，承包期内农户的土地不因人口增减而变动。这一政策发端于贵州省湄潭县，此后成为贵州省全省性的政策。在此土地承包模式下，农户与土地的关系长期稳定。有学者研究认为，这一模式的承包期已经接近永佃制，是在集体所有制下最具有个人化特征的农地制度。[①]

（一）“生不增、死不减”的土地承包政策得到了较好贯彻执行

贵州省委于1997年下发文件规定，从1994年起，耕地承包期再延长

---

① 姚洋．中国农地制度：一个分析框架［J］．中国社会科学，2000年第2期．

50 年，非耕地承包期再延长 60 年，在承包期内，增人不增地，减人不减地。此后二轮土地承包工作陆续完成，该政策得到了较好的执行。从调研两个市所访问农户的情况看，自二轮承包之后尚未发生过土地调整的情况。六盘水市 2000 年二轮土地承包工作基本结束，全市共有 465444 户家庭参加承包，承包土地面积 1377105 亩，承包期限为 50 年；到 2012 年全市承包农户 475818 户，承包土地面积 1355852 亩，发放经营权证书 470203 份，承包关系总体保持了稳定。值得注意的是，尽管相关政策也明确，在发生“农转非”、全家户籍外迁，以及农户自然消亡等少数情况下，应将承包土地交出，但在调研地区该政策也并未得到有效执行，因此实际上土地承包关系在二轮承包的基础上就已经“固化”。

（二）承包农户对土地承包经营权的稳定性形成了长久预期

由于长期实施“生不增、死不减”政策，目前贵州省农户的人口与耕地之间的对应关系发生了很大变化。但从调研了解的情况看，大部分农户或是主动、或是被动都对“生不增、死不减”的政策表示认同和接受。究其原因，一方面是因为自一轮承包以来，贵州大部分地区的土地并没有大的调整变动，广大农户已经把土地承包关系不变视作“定规”；另一方面则是由于贵州省是我国人地关系最为紧张的区域之一。1978 年，全国农村人均耕地面积为 1.54 亩，贵州省人均耕地面积 0.78 亩，仅相当于全国水平的一半。① 而一轮土地承包与贵州省计划生育工作基本同步展开，土地承包一定意义被赋予了人口控制功能。② 若随人口变动而增减土地，则不仅会刺激生育，还会导致土地细碎化不断加剧。加之土地承包以户为单位进行，尽管户内人口有增有减，但农户这一单位却长期存在并相对稳定，

① 袁天鹏．试论贵州人地关系的变化与对策［J］．理论与当代，2009 年第 12 期．

② 贵州省委、省政府于 1979 年制定《贵州省计划生育暂行办法》，提出实行计划生育的具体措施，1981 年之后进入了全面推进计划生育的工作阶段，这与一轮土地承包基本是同步推进。

通过农户内部的自我调节，在很大程度上消化和缓解了人地矛盾，这也是贵州省“生不增、死不减”承包模式能够持续稳定的重要原因。

（三）土地承包纠纷与“生不增、死不减”政策没有必然联系

尽管在“生不增、死不减”政策环境下农户的土地承包关系相对稳定，但并不意味着这样就能够消弭土地承包相关纠纷，实践中各种与土地承包相关的纠纷频繁发生。毕节市 2012 年调处的土地承包纠纷为 337 件。但从土地承包纠纷的内容看，大多属于权属不明、四至不清等历史遗留问题，以及税费改革前因负担重而“弃地”，现在又因土地增值而“要地”所引发的矛盾。个别地区最初承包土地不是经过丈量而是通过估计产量，以产量基本相同为一个单位进行发包，承包好田好地的一亩和薄瘠田地的一亩实际面积相差很大。这在以往土地用于农业生产时并无矛盾，但在土地征占用的情况下所获得补偿差别甚大，近年来由此引发的矛盾和纠纷屡见不鲜。尽管如此，从土地承包纠纷的性质分析，绝大部分或是因基础工作不扎实，或是因土地性质发生变化所导致，而与“生不增、死不减”政策并无直接关联，由此引发的纠纷较为罕见，这与一些研究者所担忧的根本不同。

二、“生不增、死不减”政策下的土地流转与组织创新

与其他省份相比，贵州省人地矛盾更加突出，土地细碎化程度更高。如何提高有限土地资源的利用效率，需要引导土地资源相对集中，推动发育新型农业经营组织，这与土地承包制度都有着密切联系。贵州省“生不增、死不减”的承包办法，对土地流转与新型组织的发育都产生了一定影响。

（一）“生不增、死不减”政策与土地流转

贵州省自 2005 年以来土地流转日趋活跃，流转规模逐步扩大。2012 年全省土地流转面积 463.7 万亩，占家庭承包经营耕地面积的 16.75%，

流转面积比2011年增加了28.8%，比2005年增长了6.44倍。贵州省土地流转的总体趋势与全国类似，但流转所占比例要略低于全国平均水平，更远低于经济发达地区和部分粮食主产区。① 尽管有着“生不增、死不减”这一独具特色的政策，但贵州省的土地流转总体态势与全国类似，显示出整体上该政策并未对土地流转产生显著的促进作用。微观的调查则表明，该政策也从某些方面对土地流转产生了一定影响，最为明显的影响体现在土地流转期限上。目前有相当多的研究表明，近年来农村土地流转短期化的趋势明显。② 但贵州省的土地流转普遍具有期限较长的特点，有调查表明，由于土地产权相对稳定，贵州省农户之间在进行农地流转时，流转期限相对较长，平均流转期限在3～6年，最长的达到了27年。③ 从课题组调查案例看，在流转费用稳定增长或建立较好利益分配机制的情况下，贵州省土地流转的期限大多在10年以上，有的达到30年甚至50年，个别甚至有长久不变的情况。④ 而贵州省之所以土地流转期限普遍较长，重要原因之一就是在“生不增、死不减”的政策背景下，农户对承包土地形成了稳定预期，不再担心长期流转之后土地会收不回来。

“生不增、死不减”政策并未显著促进或阻碍土地流转，关键原因在于影响贵州省土地流转的因素来自众多方面，“生不增、死不减”的土地

---

① 例如：2011年，作为发达地区的上海市土地流转比例为58.2%、北京市为46.2%、江苏省为41.2%，作为粮食主产区的黑龙江省土地流转比例为30.5%、湖南省为23.6%，均明显高于贵州省2012年的水平。

② 比如，韩立达等（2012）对成都市的调查表明，只有12%的被调查者希望土地能长期流转，其他农户流转期限都希望在5～10年以内；黄延信等（2011）的研究表明，黑龙江省土地流转期限多数为1年，在签订流转合同的2254万亩耕地中，期限为1年的占71%，2～3年占16%，3～5年占7%，5～10年占2%，10年以上仅占4%。

③ 洪名勇．欠发达地区的农地流转分析——来自贵州省4个县的调查［J］．中国农村经济，2011年第8期．

④ 六盘水市部分地区发展猕猴桃生产，前三年支付固定租金，三年后猕猴桃挂果有了收益则承包农户与流转者按照三七分成，土地流转合同的一般定为30年；还有流转林地用于发展茶叶生产的，土地流转合同的期限签到了50年。

承包政策仅仅是其中一个因素，甚至远非最重要的方面。

影响贵州省土地流转的因素主要来自三个方面。

1. **对土地流转的需求**

贵州省“八山一水一分田”，发展粮食生产并不具有比较优势，土地流转大多用于发展特色产业，这使土地流转地域、规模和面积受到限制。

2. **土地流转的交易成本**

贵州省农户之间、农户与农民专业合作社或种植大户之间的流转多采用流入方与流出方直接签订流转协议。而企业特别是规模较大的企业参与农地流转，为降低与农户直接谈判的交易成本，则更多地采取了农户、村委会（或乡镇政府）、公司三方共同签订流转合同的方式。

3. **土地流转的服务体系**

毕节市建立了250个乡镇农村土地流转服务中心、1525个村级服务站，基本实现了乡镇土地流转服务中心全覆盖，为土地流转打下了坚实基础。2012年毕节市的土地流转比例达到了26.3%，高于全省和全国平均水平。六盘水市土地流转服务体系建设相对滞后，其水城县土地流转比例就只有6.6%，六枝特区土地流转比例为14.9%，钟山区土地流转比例为8.9%。

（二）“生不增、死不减”政策与新型农业经营组织

种养大户、家庭农场、农民专业合作社等新型农业经营组织，很多都通过直接流转土地或与农民合作等方式参与土地经营，土地承包政策对其有一定影响。从新型农业经营组织发育情况看，贵州省近年来的发展速度较快，但与全国平均水平相比依然有较大差距。截至2012年年底，贵州省有农民专业合作社14005个，成员17万人，筹资158.5万元，无论是数量、平均成员数还是筹资额，均与全国平均水平有较大差距。[①] 六盘水全

① 据国家工商总局统计，截至2012年年底，全国农民专业合作社数量达到68.9万家，出资总额1.1万亿元，另据农业部数据，68.9万个农民专业合作社成员超过5300万。

市有种植大户61个、养殖大户247个，两者合计仅占农户总数的0.05%；家庭农场46家，仅占农户总数的0.007%；农民专业合作社402家，成员数11737户，也只占全市农户数的2%。虽然新型农业经营组织的发育相对滞后，但从流转土地的情况看，与全国总体情况并无大的差别。2012年，贵州省土地流转中流向农民专业合作社的为98.07万亩，占土地流转面积的21.1%，这一数据甚至还要高于全国平均15.8%的水平。而且如前所述，贵州省的土地流转还具有期限较长特点。就对土地流转进而对新型农业经营主体的影响看，与其他地方相比，"生不增、死不减"的承包政策有利于新型农业经营主体的发展，至少可以说尚未见特别明显的负面影响。

简要分析为什么贵州省新型农业经营主体发展滞后，原因也有多个方面。一是贵州省的新型农业经营组织大多依托特色产业而非从事粮食等大宗农产品的生产，因此所受资源、市场制约因素较多。比如，2012年贵州省的农民专业社中，有茶叶合作社458个，马铃薯合作社135个，中药材合作社367个，小杂粮合作社25个；二是贵州省作为欠发达省份，对新型农业经营主体的支持力度有限。目前，对于种养大户、家庭农场的支持政策基本处于空白，即使是支持政策相对明确的农民专业合作社，扶持力度也十分微弱。从2007年开始，贵州省支持农民专业合作社发展的专项资金一直是400万元，在农民合作社从200多个发展到1.4万个的同时，扶持资金规模却从未增加，市县基层政府对农民专业合作社的资金支持更为缺乏；三是从新型农业经营组织本身而言，也存在发展的内生动力不足、规范性不强等问题。贵州省的新型农业经营主体不仅总体数量不足、规模较小，而且大部分人才、资金、技术缺乏，科技创新能力弱，大多只能从事产品的粗加工，市场竞争能力不强。很多农民专业合作社内部组织、管理制度不健全，较为规范的合作社数量更少。据贵州省统计，在其1.4万个农民专业合作社中，运作比较规范的合作社为9842个，还有很大一部分合作社离规范运作有较大距离，一些合作社甚至是"空壳社"。

三、“生不增、死不减”背景下的农业绩效

自一轮承包至今已经30多年，贵州省“生不增、死不减”的土地承包制度经过了时间的检验。可从对农业生产发展、农业劳动力转移以及对农民增收等几个方面，大体了解“生不增、死不减”背景下的农业绩效。

（一）“生不增、死不减”背景下的农业生产

农业生产绩效如何是判断土地制度的核心标准。从农林牧渔业增加值的变化情况看，1979—2011年，贵州省的农林牧渔业总产值年均增长12%，同期全国农林牧渔业总产值年均增长13.1%，贵州省的增长趋势与全国基本同步但增幅略低。分阶段看，1979—1985年，贵州省农林牧渔总产值年均增长14.4%，同期全国平均水平为14.6%；1986—2000年，贵州省农林牧渔业总产值年均增长12.5%，同期全国平均水平为13.7%；2001—2011年，贵州省农林牧渔业总产值年均增长9.9%，同期全国平均水平为11.4%。[①] 从农林牧业总产值的变化情况看，贵州省一直呈现略低于全国平均水平态势，甚至进入21世纪以来还明显低于全国平均水平。从反映土地产出效率的粮食单产指标情况看，1978—2012年，贵州省的粮食单产水平从2385千克/公顷增加到3534.3千克/公顷，年均增长约1.16%；全国粮食单产水平从2527千克/公顷增加到5299千克/公顷，年均增长2.2%，贵州省的粮食单产水平尽管也呈现稳定增长的态势，但无论是绝对产出水平还是相对增长速度，都要低于全国平均水平。[②] 从农林牧渔总产值和粮食单产这两个核心指标的简单比较可以看出，“生不增、死不减”的土地承包制度下，贵州省的农业生产尽管也出现了长期持续的增长，但并未显示出相对于其他地区的明显优越性。

---

① 均按照当年价格计算，贵州省的数据来自历年《贵州统计年鉴》，全国数据来自《中国农村统计年鉴2012》。

② 1978年数据来自《新中国60年农业统计资料》，2012年数据来自国家统计局发布的数据，贵州省2012年粮食单产数据偏低因有受灾减产的因素，其2009年单产达到了3966公斤/公顷。

(二)“生不增、死不减”背景下的劳动力转移

贵州省的人地矛盾突出，据学者测算，贵州省2000年粮食生产潜力为100亿～115亿公斤，按人均年消费300公斤的标准计算，人口严重超载500万。[①] 人多地少导致农民就业不充分，农业劳动力情况大量富余。据测算，到2007年年底，贵州省农村剩余劳动力规模达1450.82万人[②]，占农业户籍人口的43.4%。另有学者采用广义柯布—道格拉斯生产函数测算了贵州省农业经济增长的因素，结果表明资本投入、技术进步是贵州省农业经济增长的主要贡献来源，而劳动力数量投入的影响不显著，这与贵州省农村劳动力一直存在严重的隐性过剩情况相吻合，也表明近年来农村劳动力大量转移并未对农业增长产生显著负面影响。[③] 从理论上来讲，地权的稳定性有利于打消农民外出就业的顾虑，对于农业劳动力转移有积极促进作用。相关统计资料表明，1996—2008年，贵州省外出就业的农村劳动力从102.84万人增加到了524.74万人，年均增长13.36%，到2008年外出就业农村劳动力已经占到了乡村总人口的19.52%。与之相比，2008年全国外出农民工规模为14041万人，占乡村人口的比重为14.69%。[④] 另据贵州省人力资源和社会保障厅统计，截至2012年年底，全省外出务工人员共计755.6万人，约占农业户籍人口的16%；其中跨省流动的567.3万人，跨省流动的占到了全体外出农民工数量的75%。[⑤] 而据全国农村固定观察

---

① 邹超亚. 贵州粮食生产潜力与土地人口承载力的初步研究［J］. 耕作与栽培，2003年第1期.

② 田富强. 贵州农村剩余劳动力数量及创业效应试析［J］. 浙江农业科学，2012年第1期.

③ 龙江等. 贵州农业经济增长的因素分析［J］. 贵州农业科学，2007年第35卷3期.

④ 数据来源：贵州省统计局. 贵州六十年［M］. 北京：中国统计出版社，2009年。转引自李红华. “十二五”期间贵州农村三类劳动力规模估算［J］. 南京人口管理干部学院学报，2011年7月. 第27卷第3期。

⑤ 贵州农业户籍人口为2011年底数，来自《贵州统计年鉴2012》。

点的监测，2012 年农村外出就业劳动力为 16408 万人，约占农业户籍人口的 18.7%；在外出就业的农村劳动力中，跨省就业的比重为 38%。这表明在“生不增、死不减”的土地承包制度下，贵州省的农村劳动力转移较快，特别是跨省就业的比重较高。

(三)“生不增、死不减”背景下的农民增收

改革开放以来，贵州省农民人均纯收入由 1978 年的 109.3 元增加到 2012 年的 4753 元，在不考虑价格变化因素的情况下，年均增长率为 11.7%。同一时期，全国农民人均纯收入从 133.6 元增加到了 7916.6 元，年均增长率为 12.8%。与全国平均水平相比，贵州省不仅基数要低，而且长期增幅也略低，由此导致了与全国收入水平的差距拉大。1978 年贵州省农民人均纯收入相当于全国平均水平的 81.8%，到 2012 年这一比例已经下降为了 60%。[①] 目前，贵州省农民人均纯收入水平在全国的排名已经位居倒数第二，仅略高于甘肃省的水平。在农民收入来源构成中，与承包土地密切相关的主要是家庭经营收入特别是其中的农业收入，以及财产性收入。从农业收入情况来看，2011 年，贵州省农民收入中来自农业的部分为 1065.1 元，占农民人均纯收入的 25.1%；全国农民收入中来自农业的部分为 1896.7 元，占农民人均纯收入的比重为 27.2%，贵州省农民来自农业收入的绝对数远低于全国平均水平，占农民纯收入的比重也略低于全国平均水平，表明农业经营并未对贵州省农民增收构成主要的支撑。[②] 从财产性收入情况分析，1993—2012 年，贵州省农民财产性收入由 3.03 元增加到 71.5 元，年均增长 18.1%，同期全国农民人均财产性收入由 7.02 元增加到 219.3 元，增长率为 19.9%；2012 年贵州省农民财产性收入占纯收入的比重仅为 1.5%，而全国的平均水平为 2.8%。从绝对数、增长率和所占比重等几个方面衡量，贵州省农民的财产性收入水平均明显低于全国平均

① 数据来源：历年《中国统计年鉴》《中国统计摘要 2013》以及《贵州统计年鉴》。

② 数据来源：《中国农村统计年鉴 2012》《贵州统计年鉴 2012》。

水平，表明农民土地的财产功能未能得到有效发挥。[①]

四、研究结论与几点启示

通过对贵州省“生不增、死不减”农地制度的简要分析，并简要考察在此承包政策之下的土地流转、组织创新以及农业绩效，可得出以下基本结论与启示。

（一）“生不增、死不减”的土地承包政策能够带来土地承包关系的长期稳定

“生不增、死不减”是贵州省在人地矛盾突出，以及同步实施计划生育政策的背景下，逐步探索实施的一项土地承包政策。主要通过家庭内部的自我调节，这一承包办法使农户间的土地承包关系保持了长期稳定，而且其土地承包权具有了高度的排他性，大部分农户对此办法也都予以了认可。

（二）“生不增、死不减”的土地承包政策并不必然导致土地资源的优化配置

“生不增、死不减”政策给了农民以稳定的土地承包关系预期，但从对土地流转的影响看，除了对于土地流转的期限有一定影响之外，与全国其他地方的情况相比并无明显的特殊之处。地权的稳定性并不会自动带来土地资源的优化配置，也未对新型农业经营主体的发育起到明显的促进作用。除“生不增、死不减”政策外，还有很多因素对土地流转和组织创新产生重要影响。

（三）“生不增、死不减”的土地承包政策对农业绩效的影响并不十分显著

在“生不增、死不减”政策背景下，除了农业劳动力转移跨省就业的

---

① 数据来源：《中国农村统计年鉴》《中国统计摘要2013》《贵州统计年鉴》，全国统计数据中，财产性收入在1992年以前与转移性收入合并在一起，无法获得独立财产性收入的数据。

指标明显高于全国平均水平之外，贵州省的农业生产水平、农民收入水平均明显低于全国平均水平。总体上看，贵州农业农村经济发展的绩效并未表现出明显过人之处，地权稳定也并不必然导致良好的农业绩效。而且农民的人均财产性收入也明显低于全国平均水平，表明承包土地的财产功能也尚未得到有效发挥。

（四）全面认识“生不增、死不减”土地承包政策的作用并汲取其有效制度内核

从贵州省的实践经验来看，“生不增、死不减”土地承包政策的最大优势在于确保土地承包关系的稳定性，但并不必然导致土地资源的优化配置和良好的农业绩效。这说明，“生不增、死不减”只是农业政策甚至土地制度的一个方面而非全部。因此，一方面要吸收该办法的合理内核，亦即赋予农民长期而稳定的农村土地承包权，实现农村土地承包关系“长久不变”；另一方面，更要通过建立农业支持保护体系、培育新型农业经营组织等多种渠道，以求实现发展农业农村经济的目标。

（五）与时俱进健全完善“生不增、死不减”的农村土地承包政策

随着工业化、城镇化的加快推进，贵州省“生不增、死不减”土地承包政策的优越性和缺点都明显呈现。需要在坚持其基本方向的条件下，对一些方面进行健全完善。加快土地承包经营权确权颁证，妥善解决面积不准、四至不清等基础性问题，并可在此基础上在全国率先实现农村土地承包关系“长久不变”。加强土地流转管理服务，建立健全基层土地流转服务体系和平台，为土地流转创造有利条件。与农村劳动力转移和农村人口迁徙的步伐相适应，探索建立农村土地承包经营权退出机制，引导有限土地资源相对集中，提高土地产出率和资源利用率。

（六）强化中央政府的转移支付，支持贵州省提升农业现代化发展水平

贵州省农业发展滞后，是资源禀赋、地理区位、发展基础等多种因素

共同导致的结果。目前，贵州省农业生产、农民收入等方面与全国差距扩大的趋势尚未得到有效遏制，而且依靠自身的积累和市场力量很难使这种状况得到根本改变。中央政府有责任促进贵州省农业赶超发展，要通过加大中央财政转移支付等途径，着力加强贵州省农业基础设施建设，为提升土地产出效率创造有利的外部条件，加快推进贵州省农业现代化进程。

第七章

城镇化进程中的耕地保护与农民土地权益保护

我国正处于世界上规模最大、速度最快的城镇化进程中。城镇化是产业不断聚集和产业结构转换的过程，是农村人口不断向城镇迁移的过程，是城镇规模不断扩张的过程。城镇的发展和建设，不可避免地要改变一部分农用土地的性质，占用一定数量的耕地。如何在城镇化进程中保护好耕地资源和农民的土地权益，事关城镇的建设与发展，事关解决“三农”问题战略全局。

一、耕地保护与农民土地权益保护面临的严峻形势

我国于1996年城镇化率达到30.48%，进入了城镇化加速推进阶段。进入21世纪以来，我国城镇化率以每年一个百分点以上的速度提升，到2012年城镇化率已经达到52.57%。[①] 城镇化水平从20%提升到50%，美、英、法三国分别用了100年、60年和65年，我国仅用了30年。[②] 在城镇化快速推进的同时，发达国家城镇化进程中分阶段逐步出现的问题，在我国集中叠加爆发。其中最为突出的问题之一是土地，主要表现为两个

---

① 数据来源：《中国统计年鉴》。

② 数据来源：不能搞急风暴雨式的“造城运动”. 新华每日电讯（http：//news. xinhuanet. com/mrdx/2013－07/18/c_132550582. htm）。

方面的矛盾：

（一）农产品需求刚性增长与耕地资源约束加剧的矛盾

土地是农业最为基础的生产资料，同时也是城市建设的立足之基。我国是人地关系高度紧张的国家，快速推进的城镇化使农产品需求持续刚性增长，与此同时又占用大量耕地，更加剧了人地矛盾的紧张程度。

1. 农产品需求刚性增长

随着城镇化的推进，城镇人口增加、消费结构升级会导致粮食和农产品需求的增加。据测算，仅由于膳食结构中肉蛋奶增加一项，我国每转移一个农村人口，就增加饲料用粮 75 公斤。① 目前全国每年大体增加粮食需求 400 万吨、肉类 80 万吨、植物油 50 万吨，粮食等农产品需求刚性增长的态势不可逆转。② 近年来我国粮食产量连创历史新高，实现了半个世纪以来首次“九连增”。《国家粮食安全中长期规划纲要（2008—2020 年）》明确 2020 年粮食综合生产能力达到 10800 亿斤以上，该目标到 2010 年就已经提前 10 年实现。但包含大豆在内的粮食自给率由 2003 年的 100%下降至 2011 年的 91%，确保国家粮食安全和重要农产品有效供给的难度日益加大。③

2. 耕地数量快速减少

我国从 1996 年开始进入城镇化加速推进阶段，与此同时也进入了耕地数量减少最快的时期。1996—2011 年年底，我国耕地面积净减少 1.25 亿亩。除了生态退耕减少部分耕地外，城市建设是占用耕地的重要原因。据国家统计局数据，1996—2011 年，城市建成区面积从 20214.2 平方公里增加到了 43603.2 平方公里，增长了一倍多；征收土地面积累计达到

---

① 数据来源：叶贞琴．转变发展方式，打造粮食发展新增长势——关于我国粮食“九连增”后的若干思考［N］．农民日报，2012 年 12 月 11 日。

② 数据来源：韩长赋．毫不动摇地加快转变农业发展方式［J］．求是，2010 年第 10 期。

③ 数据来源：同注①。

20959.54 平方公里，其中很大部分是耕地。据专家估算，到 2020 年我国城镇化率应该在 60%左右，城镇人口大约为 8.5 亿人，比 2012 年年底城镇人口净增加 1.4 亿人。[①] 若按照国土资源部《全国土地利用总体规划（2006—2020）》中确定的到 2020 年人均城镇工矿用地面积为 127 平方米的控制目标，还将占用将近 1.8 万平方公里的土地。

3. 耕地质量明显降低

快速城镇化不仅导致耕地数量大量减少，还是耕地质量下降的重要原因。特别近年来，随着国家保护耕地力度的加大，耕地数量减少势头有所遏制，但质量下降问题更加凸显。一方面，耕地占优补劣问题突出。建设占用的耕地大多是城镇周围和交通沿线的良田沃土，补充耕地与被占耕地质量一般相差 2～3 个等级。据专家估算，近十年全国因耕地占优补劣导致粮食生产能力至少减少 120 亿公斤。另一方面，工业和城镇污染向农业农村扩散。[②] 据环保部数据，全国受污染的耕地超过 1.5 亿亩，因污水灌溉而污染的耕地 3250 万亩，因固体废弃物存堆而占地和毁田的有约 200 万亩，合计受污染面积占耕地面积的十分之一。全国每年因重金属污染的粮食 1200 万吨，造成的直接损失超过 200 亿元。

（二）发挥土地财产功能与农民土地权益严重流失的矛盾

土地是农民的衣食之源、生存之本，也是农民最重要的财产之一。农民的土地财产功能的发挥，主要在经营权流转或者土地征用等情况下才能够实现。但受不合理土地征用制度的制约，土地财产权益流失已经成为新时期农民利益受损最主要的途径。

1. 农民土地财产权益大量流失

由于征地范围宽、补偿标准低等原因，农民无法公平分享城镇化后土

---

① 数据来源：中国金融 40 人论坛课题组．土地制度改革与新型城镇化．百度文库（http：//wenku. baidu. com/）。

② 陈晓华．加强农业资源环境保护促进农业可持续发展［J］．行政管理改革，2013 年第 3 期．

地升值的收益，实际上成为了城镇化进程中的利益受损者。据国务院发展研究中心的一项调查统计，征地之后土地增值部分的收益分配中，投资者拿走大头，占40%～50%；政府拿走20%～30%；村级组织留下25%～30%，而农民拿到的补偿款，只占整个土地增值收益的5%～10%。在近年来兴起的宅基地整理中，腾退土地或其指标转让获得的收益基本上被地方政府拿走，而农民只获得了远小于其宅基地的规定面积的楼房，如果要增加面积，还要另外交钱购买。地价“剪刀差”成为新的历史时期剥夺农民利益的新途径，这导致很多农民特别是失地农民被甩出了城镇化进程，有的甚至陷入“种田无地、就业无岗、保障无份”的境地。

2. 地方政府土地财政依赖严重

与农民土地财产收益严重流失形成鲜明对比的是，地方政府对土地财政的依赖严重。2010—2012三年间，国有土地使用权出让收入分别为29398亿元、33477亿元、28886亿元，占同年政府财政收入的比重分别为35%、32%、25%，占同期GDP的比重分别为7%、7%、6%。2013年以来，受宏观经济增速放缓影响，财政收入增幅有限，而1—6月份国有土地出让收入达到1.67万亿元，同比增长了46.3%。目前很多城市有一半到三分之二的城市建设资金来自于土地出让收入，已经形成了对卖地收入的高度依赖，这也是地方政府占地冲动的重要原因。

3. 土地相关矛盾影响社会稳定

一些地方政府和开发商“要地不要命”，打着城镇化的幌子剥夺农民的土地。农民土地财产权利被剥夺所引发的社会矛盾越来越突出，已经成为影响城乡社会稳定的重要因素。最近一个时期，很大部分群访事件和社会矛盾，根源都来自耕地征占用过程中的利益补偿问题。根据国家信访局统计，群体性上访事件60%与土地有关，占社会上访总量的40%，其中征地补偿纠纷又占土地纠纷的84.7%，每年因为征地拆迁引发的纠纷在400万件左右。

二、问题的根源

工业化、城镇化进程中耕地和农民权益保护方面存在的上述问题，从表面看是工业和农业、城镇与农村的土地之争，政府与农民的利益之争，但其背后的根源却交错复杂，既有主观认识的误区，又有土地制度本身的缺陷，更受到相关体制机制的影响和制约。

（一）主观认识的误区

1. 片面理解统筹城乡和工业化、城镇化的战略决策

中共十六大以来，中央提出了统筹城乡发展的基本方略，制定了“多予少取放活”和工业反哺农业、城市支持农村的基本方针，并作出了“四化同步”的战略决策。但在贯彻过程中，很多地方将工业化、城镇化片面理解并转化为简单的“造城”运动，反映到土地征占上，就是大规模征收农村土地或者以“宅基地整理”“新农村建设”等名义搞集中居住乃至合村并庄，以获取扩张城市和兴建园区所需的土地，通过低成本补偿以赚取级差地租，并将征地收益主要用于工业和城镇建设。如2012年，全国土地出让收入用于农业农村支出尽管比2011年提高了8.4个百分点，达到了1999.79亿元，但也仅占当年实际使用土地出让收益的34.5%，剩余的65.5%的收益被用于城市建设支出和保障性安居工程支出（占比分别为55.3%和10.2%）。这本质上还是单向地从农业、农村和农民身上提取资源、资金用于工业和城镇发展，只不过与过去的农业税费相比更加隐性化。

2. 不尊重农民的主体地位和财产权利

土地承包经营权、宅基地使用权是农民的重要财产权利。2007年颁布的《物权法》明确了土地承包经营权、宅基地使用权的用益物权性质，赋予了土地承包经营权、宅基地使用权人“准所有权人”的地位。基于用益物权人的法律地位，农民不仅可以对抗作为所有人的农民集体的非法干预（如非法收回、调整承包地），而且可以对抗包括政府在内的第三方对其土地承包经营权、宅基地使用权的侵害（如村庄整治强制腾退宅基地等）。但实践中，不仅农民对此了解不够，不少基层干部乃至地方领导也存在模糊认识，认为既然土地是集体所有而不是农民私有，作为使用者的农民就

只能服从集体和政府的决定。一些地方将农民的土地承包经营权、宅基地使用权仅视作政府和集体赐予的福利而非财产，相应出现了要求农民“以承包地换社保，以宅基地换住房”的现象。一些地方为了获得建设用地指标和出让收益搞集中居住乃至合村并庄，其本质也是不尊重乃至侵犯农民的土地财产权。

3. 有法不依、变通执法乃至违法行政

《农村土地承包法》对农民土地承包经营权的保护作了全面规定，《土地管理法》对宅基地使用权和土地征收也作了相应规定，2004 年以来，国务院还出台了《国务院关于深化改革严格土地管理的决定》等文件，对加强土地规划管理、完善征地补偿安置制度、建立完善耕地保护责任制度等提出了一系列具体要求。但实践中，一些地方领导干部法制观念淡薄，以“严格执行法律什么事情都搞不成”“法律规定不符合实际”为由，不严格依法行政，对法律规定绕道走、搞变通，如为了规避征收基本农田需要国务院审批的规定，随意更改规划将基本农田转为非基本农田，一些地方甚至连这一程序也懒得走，直接纵容、支持单位和个人非法占地，导致严格的法律规定在一些地方成为一纸空文。

（二）土地制度本身的缺陷

1. 重要制度缺乏法律规定

这主要体现在宅基地管理上。目前，宅基地管理在国家层面除了《土地管理法》规定了两条（第八条、第六十二条）、《物权法》规定了四条（第一百五十二至第一百五十五条）外，没有专门的法律、行政法规予以规范，只有中共中央、国务院和国土资源部的一系列文件作为依据。《土地管理法》和《物权法》的规定一方面过于原则，可操作性不强，如《土地管理法》规定宅基地应经乡（镇）人民政府审核，由县级人民政府批准，但对审批内容、审批程序没有任何具体规定；另一方面，许多问题没有涉及，如宅基地能否有偿使用、宅基地如何收回等，没有任何规定。而中共中央、国务院和国土资源部印发的一系列文件，由于年代跨度大，许

多规定已不适应新形势下的管理需要；有关内容由于未经过广泛征求意见、充分发扬民主的立法程序，在全面性、严谨性、科学性上也有缺失；同时还存在原则性规定多而可操作性弱的问题。尽管一些地方如河北、河南等省和许多市县出台了本地的农村宅基地管理办法，但规定不一，效力不高，不利于维护国家土地制度的统一和权威。

2. 法律规定不适应形势发展

这主要体现在农村土地承包和农地征收两个领域。在农村土地承包领域，《农村土地承包法》明确承包方全家迁入设区的市，转为非农业户口的，应当将承包的耕地和草地交回发包方；对进入小城镇落户的农户则尊重其意愿。这主要是考虑到立法当时农村和城市、大城市和小城市在社会保障方面的差异所作的制度安排。但随着社会保障体系的健全，获得社保不再以本地户口为前提，导致很多进城农民基于对土地升值的预期而不愿进城落户。在农地征收领域，法律规定不适应形势发展的表现更多：

（1）征地范围过宽。《土地管理法》对征收的前提——“公共利益”没有明确界定，导致即使是经营性建设用地也要通过国家征收取得。

（2）土地价格双轨制。《土地管理法》对被征土地按原用途补偿，且有最高额限制，土地补偿费和安置补助费的总和不得超过耕地被征收前三年平均年产值的30倍。而在征地后工业、商业、旅游、娱乐和商品住宅等经营性用地出让上，则以招拍挂等市场化方式进行，导致征地补偿与土地出让价格形成巨大反差，引起被征地农民不满。

（3）缺乏对被征地农民的社会保障。《土地管理法》及其实施条例规定的安置补助费原则上支付给农村集体经济组织或安置单位，只有在不需要统一安置的情况下，才支付给被安置人员或用于支付其保险费用，但由于标准偏低（耕地被征收前三年平均年产值的4～6倍），根本不足以为被征地农民提供充分的社会保障。

（4）征地程序缺乏农民参与。《土地管理法》仅规定征地补偿安置方案应当听取被征地农村集体经济组织和农民的意见，在更为关键的决定征地环节没有听取农民意见的规定。

（5）禁止集体建设用地流转。《土地管理法》规定除企业破产、兼并外，农民集体所有土地的使用权不得出让、转让或者出租用于非农业建设。这一规定的本意在于保护耕地，但在工业化、城镇化加速推进的背景下，这一规定与“除兴办乡镇企业、村民建设住宅、乡（镇）村公共设施和公益事业建设外，任何建设用地的使用必须与国有土地”的规定相结合，导致政府完全垄断了土地一级市场，剥夺了农民集体通过直接流转集体建设用地使用权获取收益的权利。

（三）相关体制机制的制约

1. 政府职能错位、越位

当前，我国政府职能已经发生深刻的转变，但在土地管理领域却存在着政府职能错位、越位的问题，其突出表现就是政府在土地征占中扮演着“红顶商人”的角色，一方面依靠行政权力单方面、低成本征收集体土地；另一方面按照市场规则拍卖土地赚取级差地租。正是由于政府在土地征占中成为了“运动员”和“生意人”，并获得了大量收益，因而本应由其承担的征地“刹车”职能也异化为“油门”职能，这是近年来征占地规模迅速扩大的重要原因。

2. 有利于科学发展的考核和奖惩机制尚未建立

近年来，粮食安全、保护耕地和节约集约用地逐步纳入地方领导班子考核范畴，但这些指标“看不见、摸不着”，上级政府考核时主要依赖听汇报、看材料，很难全面真实了解指标完成情况，即使发现问题，也往往高高举起、轻轻放下。如在2011年的首次土地违法问责中，全国有73个市县政府相关负责人被给予党纪政纪处分，但无一人被撤职。而围绕GDP展开的工业增加值、固定资产投资、财政收入、招商引资项目、城市建设则属于“看得见、摸得着”的硬指标，是地方领导干部政绩的直接和有力证明。在这种考核和奖惩机制下，市县领导干部不可避免地要追求“投资拉动、资源投入、规模扩张”的发展模式，力求在任期内“三年见成效，五年上水平”，大圈大占、大拆大建，土地利用粗放浪费问题也就不可避免。

3. 责权一致的财税体制尚待健全

1994 年实施的分税制改革，对于建立符合社会主义市场经济要求的财税管理体制起到了重要作用，但在具体安排上也存在一些弊端，与土地征占直接相关的就是中央与地方的事权和财权划分不科学、不规范：在税收分配上注重向中央倾斜，对地方财力关注不够；在事权及支出责任下放过程中，没有相应下放财权，特别是近年来许多建设和民生项目都要求地方配套资金，加上许多地方沿袭计划经济时期思路，把财政资金大量投入生产性、营利性领域，大搞“形象工程”“政绩工程”，导致地方政府尤其是基层政府财力不足，而 20 世纪末 21 世纪初开始推行的国有土地招拍挂制度，在强化土地资产属性的同时，也使地方政府发现了弥补财力不足的预算外新财源。当然，在任何国家，土地都是财政收入的重要来源，问题是西方国家主要依靠向存量土地资产征收财产（地产、物业）税获得财政收入，税源广且稳定，我国则主要依靠增量土地获得一次性土地出让收入，不仅难以预期，也是导致地方政府存在卖地冲动、房地产市场投机盛行的重要制度原因。

三、各地保护耕地和农民土地权益的主要做法与启示

中央高度重视耕地资源和农民土地权益的保护，把耕地保护作为基本国策，并对保护农民土地权益提出了明确要求。各地按照中央要求，积极探索保护耕地资源和农民土地权益的有效途径，积累了不少具有推广借鉴价值的经验。

（一）明晰界定农民的土地相关权利

明确界定农户土地的产权边界，是强化农民土地财产权利保护的基础和前提。虽然农村土地承包到户已经三十多年，但农户土地四至不清、边界不明等基础性工作仍不到位，而且缺乏具有物权性质的登记。成都市从 2008 年以来，以“赋权拓能”为核心，扎实开展土地承包经营权确权登记。目前已经全面完成确权登记工作，颁发证书 180.3 万本，颁证率达 99.5%。确权

登记所颁发的证件成为有效的产权证明，成为农户获取各项与土地相关补贴的依据，也是土地要素流通和获取资本收益的依据。通过确权登记颁证，落实了农民对承包地的财产权，增强了农民群众的产权意识。

（二）健全“两个保护”的政策法规

一些地方颁布实施了耕地质量建设和农民权益保护的政策法规和规章，为加强“两个保护”提供了法制保障和政策依据。湖南省人大常委会颁布了《湖南省耕地质量管理条例》，天津市人民政府颁布了《天津市耕地质量管理办法》，江西省制定了《江西省耕地占补平衡和补充耕地质量验收工作暂行办法》和《江西省补充耕地管理暂行规定》。吉林省颁布实施了《吉林省耕地质量保护条例》，从保护与建设、耕作与养护、监测与评价、科技与教育等几个方面规定了耕地质量保护和建设的任务、责任、权利和方法。江苏省早在1997年就出台了《江苏省农民财产权益保护办法》，对包括土地财产权益在内的农民财产权益保护作了规定。广东省2012年出台了《关于在推进工业化城镇化进程中切实保护农民合法财产权利的意见》，对推进农村集体土地确权登记颁证、加强农村“三资”管理、深化农村征地制度改革等方面提出了规范性要求。

（三）建立土地要素平等交换的机制

以重庆市的“地票”交易、成都市的统筹城乡土地管理制度改革等为代表。重庆市在全国首开地票交易之先河，农民转移到城市有了稳定的住所之后，在自愿前提下可以将农村的老旧宅子用于复垦，复垦形成的耕地，仍归农村集体经济组织所有，由原农户承包使用。原有的建设用地指标可获得相应的地票，地票由农村土地交易所统一组织公开拍卖，价款扣除有关成本后，净收益归“三农”，由农户和集体经济组织按85∶15比例分享。土地开发者可以根据自身建设项目的需要在土地交易所竞购地票，并在符合城乡规划和土地规划范围内选择相应耕地做项目开发。目前，地票的成交单价稳定在20万元/亩左右。截至2013年2月，重庆市农村土地交易所交易地票11.1万亩，拍卖所得222亿元，落地使用的地票达到5.3万亩。在完全按照制度设计的规范落实的情况下，地票交易可以同时实现新增建设用地指标、保证耕地占补平衡、促进农民的土地财产变现等功能。

（四）落实“两个保护”的行政责任

地方政府是保护耕地和保护农民土地权益的直接责任者，建立有效的行政考核机制是落实“两个保护”政策的关键措施。2005 年，国务院办公厅下发了《省级政府耕地保护责任目标考核办法》，明确省级政府对本行政区内的耕地保有量和基本农田保护面积负责，各省、自治区、直辖市的省长、主席、市长是耕地保护的第一责任人，不少地方也建立了类似考核机制。江苏省于 2006 年 7 月就出台了《江苏省市级政府耕地保护责任目标考核办法》，将违法占用基本农田案件的查处率达到 100%列为考核内容，将耕地保护责任目标考核列为各地政府第一责任人业绩考核。江苏省政府、省国土资源厅分别与全省 13 个省辖市的市政府、国土资源局签订了《耕地保护目标责任书》，全省共签订各级、各类耕地保护责任状 900 万份，有效促进了耕地保护责任的落实。

（五）调动农民保护耕地资源积极性

成都市 2008 年开始建立耕地保护基金，由市与区县各按 50%的比例共同筹集，主要由新增建设用地有偿使用费、耕地占用税的一部分、土地出让收入的一定比例等资金组成。耕地保护基金主要用于对承担耕地保护任务的农民养老保险补贴。根据耕地质量，对基本农田和耕地分别按照每年每亩 400 元和 300 元的标准补偿。补助资金的 10%用作农业保险补贴，其余 90%用于农户养老保险补贴，直接划入农民养老保险个人账户。目前，成都市每年发放的耕地保护基金已经达 20 多亿元。苏州市委、市政府于 2010 年 7 月出台了《关于建立生态补偿机制的意见（试行）》，通过财政预算安排、土地出让收入划拨、上级专项补助、接受社会捐助等多种渠道，筹集设立生态补偿专项资金。政府通过财政转移支付的方式，对因保护资源而在经济发展上受到限制的地区及个人给予一定补偿。补贴的对象是直接承担耕地保护责任的村委会和农户，按照耕地面积，以不低于每亩

400元的标准予以生态补偿。此外，耕地保护专项资金还用于对土地流转农户、经营大户等进行补贴。2012年，苏州全市投入生态补偿资金155948万元，其中耕地保护专项资金100097万元。

（六）稳步提高对农民的征地补偿标准

浙江省采用征地区片综合地价和统一年产值相结合的方式，大中城市及郊区实行区片综合地价，其他地区实行统一年产值，并每2～3年调整一次征地补偿最低保护标准（不含青苗及地上附着物补偿费）。按照2012年公布的标准，浙江省征地区片综合地价不低于3万元/亩；实行统一年产值倍数补偿的，征收耕地的统一年产值不低于1800元/亩，补偿倍数不低于16倍，补偿标准不低于2.88万元/亩。四川省采用统一年产值的补偿方式。成都市执行的年产值标准为3406元/亩，土地补偿费和安置补偿费不低于5.5万元/亩；宜宾市南溪区年产值标准1450元/亩，土地补偿费和安置补偿费不低于2.32万元/亩。

综合分析，各地保护耕地和保护农民土地权益的做法多种多样，涉及行政、法律、经济诸多政策手段，都对健全完善“两个保护”相关政策法规具有一定借鉴意义。一些做法已经比较成熟，可以在更高层次、更大范围实施和推广，比如完善耕地质量建设的法律法规，以及落实“两个保护”行政责任的做法，已经积累了丰富的经验，行之有效，可以在全国范围内推广实施；一些做法有一定成效，但长远影响如何，还需要深入观察，比如重庆市的“地票”交易，需要继续探索经验；一些做法虽然成效明显，但需要具备一定的经济社会基础条件，比如成都市建立耕地保护基金、苏州市建立生态补偿基金的做法，需要以强大的地方财力为支撑，可鼓励推广但适用范围还比较有限。

四、相关建议

（一）建立健全耕地保护机制

1. 加强基本农田保护

明确时间进度，加快划定永久基本农田，一经划定不得调整，其他基本农田只有省级以上人民政府批准的能源、交通、水利等重大基础设施建设用地方可转用，并不得调整规划以规避国务院审批。

2. 推进土地承包经营权登记和证书发放工作

稳步推进土地承包经营权登记工作，解决承包权证面积不准、四至不清问题，将基本农田落实到具体地块和农户，以农民的权利制衡地方政府的权力。

3. 建立耕地保护补偿机制

可先以基本农田为突破口，争取从土地出让收入和土地税收中提取一定比例建立耕地保护基金，调动地方政府和农民保护耕地的积极性。

4. 加强耕地质量建设

积极争取资金项目，加大耕地质量投入力度。严格耕地占补平衡和土地复垦验收制度，切实解决“占优补劣”等问题。

（二）切实保护好进城农民的土地承包经营权

当前，保护进城农民土地承包经营权有两种主流方案：一种是坚持目前《农村土地承包法》的制度安排，区分设区的市和一般城镇，对全家进入设区的市落为非农业户的农民收回承包地，进入一般城镇的农民则不收回。另一种是通过给予补偿的方式，鼓励进城农民退回承包地。这两种观点各有道理，但也各有缺陷。

一种方案混淆了财产权和社会保障权的关系，财产权是公民的固有权利，社会保障权则是国家和社会应当承担的义务，以财产权的让渡来换取社会保障权在理论上站不住脚。该方案实施起来也面临诸多困难：一是农民会选择进入一般城镇落户来规避退回承包地，难以实现扩大在村农民经营规模的目的；二是目前已有14个省（自治区、直辖市）取消了农业户口和非农业户口之分，今后统一城乡户口将是大势所趋，很难再用非农业户来作为判定条件。

第二种方案尽管有利于进城农民退地，但钱从哪里出是个问题：目前80%左右的村集体没有经营性收入或经营性收入很低，无力支付补偿；由政府补偿，在难以获得所有权的情况下，地方政府是否愿意很值得考虑；如由收回后的转入方补偿，在一次性支付高额补偿金的情况下，转入方何不选择以按年支付租金的方式流转其他承包地？此外，在土地不断升值的背景下，进城农民是否愿意退出也是个问题。

我们认为，保护好进城农民的土地承包经营权，要将农民的户口与集体经济组织成员身份分离，跳出“进城就要收地”的传统思路，允许进城农民享有土地承包经营权。农民的集体经济组织成员权和土地承包经营权属于经济和财产范畴，户口则属于政治和社会范畴，两者之间没有必然联系。历史上由于城乡、农村间鲜少人口流动，将户口作为认定成员的依据是合理可行的，但随着城乡之间、农村之间人口流动日益频繁和常态化，再把户口作为认定是否集体经济组织成员、是否享有承包权的标准已缺乏合理性，随着城乡户口的统一也难以操作。今后，不能因为农民进城就认定其丧失成员权，要求收回土地，而要尽快推进农村集体产权制度改革，将集体经济组织成员固定下来。为防止集体经济组织成员频繁变动和扩张，确认集体经济组织成员应当以户而非以人为单位，承包经营权在户内如何分配、继承由该户成员自主决定。农民进城落户后仍属于集体经济组织成员，享有土地承包经营权，可以自己耕种也可以流转，国家只需划定一条红线：不得抛荒，抛荒的由集体经济组织无偿收回。

（三）出台宅基地使用权专门立法

建议在认真研究和总结各地宅基地管理实践的基础上，加快出台专门的宅基地使用权立法。在立法模式和路径的选择上，可通过修订《土地管理法》对宅基地制度作出较目前更为全面的规定，同时授权国务院按照《土地管理法》规定的精神和原则制定《农村宅基地使用条例》，在施行一段时间后再总结经验，制定一部《农村宅基地使用法》。内容可包括如下方面：一是重申宅基地“集体所有，村民使用”的基本特征；二是强调节约用地、保护耕地的原则；三是规定宅基地的申请条件和审批程序；四是重申“一户一宅，面积限制”的要求；五是规定宅基地使用期限，建议参照城镇住房用地使用期限，确定为七十年；六是明确宅基地流转方式和范围，禁止城镇居民在农村受让宅基地，防止土地投机和土地兼并；七是明确宅基地收回的情形，防止宅基地事实上的私有化导致的土地浪费和贫富分化。

针对当前农村宅基地整理中存在的整理目的不是为了增加耕地而是占用耕地、整理的主导权在政府而不是农民、整理的好处主要归政府而不是农民等问题，我们认为，有必要对各地宅基地整理的现行做法进行反思和改革：一是必须尊重农民的土地所有权和宅基地使用权。开展宅基地整理，必须尊重农民集体和宅基地使用权人的意愿，由农民集体自主进行。整理方案应经村民（集体经济组织成员）会议三分之二以上多数通过，并取得宅基地使用权人的同意，宅基地使用权人不同意的，对其宅基地不得强制腾退；二是必须切实保护耕地。因宅基地整理增加的耕地（不含履行“占补平衡”义务整理出的耕地）可以在考虑其面积和质量因素后，作为增加下一年度建设用地指标的依据，但不应允许在国家下达的年度建设用地指标之外“体外运行”，由地方直接转换为建设用地指标。整理后复垦的耕地应由省级国土、农业等部门联合验收，确保其数量和质量符合要求；三是必须保障收益归农。宅基地整理后节约的土地可以作为建设用地出租、入股（但不得用于对外出售的房地产建设，以防止农民集体事实上的永久失地），所获收益全部归农民集体所有，由农民集体以民主议决的方式决定其分配和使用。

（四）改革农地征收制度

目前征地补偿实践已与《土地管理法》脱节，各地做法又很不一致，长此下去会积累很多矛盾，亟待通过国家统一立法将看得准、行得通的做法予以法制化、规范化。建议继续推进相关法律法规制修订进程，加快农地征收制度改革。

1. 缩小征地范围

建议按照中共十七届三中全会“严格界定公益性和经营性建设用地，逐步缩小征地范围”的要求，参照《国有土地上房屋征收与补偿条例》的表述对“公共利益”进行明确界定。最好将“城市规划区内成片开发建设”排除在征收范围外，如果纳入征收范围，应明确取得被征地农民2/3以上同意方可征收。同时，还应强调土地利用总体规划和城市总体规划等的科学性和严肃性，制定相关规划应当广泛听取公众意见，涉及农用地转用的，还应专门听取相关村集体和农民的意见；相关规划应当明确划定城市边界，一经划定不得随意调整。

2. **提高征地补偿标准**

在补偿标准确定上，我们认为，完全按新用途予以现金补偿，可能造成相邻相近地块因用途不同补偿悬殊、今后被征地农民和以前被征地农民补偿悬殊，引起新的纠纷；同时还可能诱发农村集体经济组织和农民“卖地”的积极性，耕地保护将面临更大压力。建议原用途和新用途结合、明补与暗补结合，在以原用途为基础提高被征地农民现金补偿的同时，将新用途产生的增值收益重点用于被征地农民的住房保障、就业扶持和社会保障，解决好被征地农民的长远生计。

3. **做好被征地农民住房保障和就业扶持**

在被征地农民房屋补偿上，建议不再按地上附着物补偿。对能够提供宅基地重建的，按重置价补偿；对不能提供宅基地重建的，由政府提供国有土地上大产权房屋，并尽可能让被征地农民有一套自住，还能有房屋出租或经商。在被征地农民就业上，建议在加强就业扶持、提高就业能力上下功夫，明确以下扶持政策：第一，开发建设被征收土地，应当优先安排被征地农民就业；第二，给予被征地农民免费的技能培训和就业指导，提高其就业能力；第三，对被征地农民自主创业给予信贷、税收扶持。

4. **健全完善对被征地农民的社会保障**

建议改变目前的“农民缴费、政府补贴”的社保缴费模式，由政府从土地出让收入中提取一定比例直接为农民缴纳保费，保证被征地农民即使不缴费也能享受到较高水平的保险待遇。

5. **完善征地程序**

建议从以下方面着手，进一步保障农民的知情权和参与权：第一，完善征地审批程序，增加征求意见、举行听证、组织社会稳定风险评估等要求，明确农民对征地决定和补偿安置方案有权申请行政复议或提起行政诉讼；第二，按照“真正保障农民承包地的财产权”要求，将确权登记颁发的土地承包经营权证书作为确定征地对象、获得补偿收益的法律依据；第三，明确补偿费在集体和农民间的分配原则、补偿费分配使用应当经成员会议讨论通过，保障农民的知情权、参与权和监督权。

6. **推进相关制度改革**

推进集体建设用地流转制度改革，允许集体建设用地使用权在符合规划的前提下以出租等形式流转，满足经营性建设用地需求，增加农民收入。推进财税制度改革，通过合理划分中央和地方税收分配比例，加强以所得税和财产税为代表的直接税建设，改变目前地方财政收入过分依赖一次性土地出让收入的现状，减少和消除地方政府滥征滥占耕地的内在动因。推进政府绩效考核制度改革，将以 GDP 为主的考核模式真正转变为涵盖经济发展、城乡居民收入、耕地保护、粮食安全、环境保护及社会稳定等指标体系的综合考核模式。

第八章

“三权分离”、多元经营与制度创新

——我国农地制度创新的一个基本框架与现实关注

土地制度是农村生产关系的核心内容，事关农业生产、农民增收、农村稳定乃至经济社会发展全局。在快速推进的工业化、信息化、城镇化、市场化、国际化进程中，我国农业和农村也正在经历着剧烈而深远的重大变迁。作为一项基础性的制度安排，农村土地制度既是多方因素共同作用平衡后形成的结果，而其本身的创新与变革也具有牵一发而动全身的功效。经过改革开放三十多年的发展，目前我国农村土地制度建设又到了一个关键的时期，迫切需要与时俱进健全完善相关制度安排。

一、发展阶段变化呼唤以使用权为核心的农地制度创新

农地产权是一个包含了占有、使用、收益、处置等多项权利在内的权利束，甚至每一大的权利之下又可细分为更多的具体权利项。各项权利如何设置以及在不同主体之间分配，对农地制度的公平与效率具有重大影响。当前我国经济社会的阶段性特征发生了重要变化，日益突显出以使用权为核心的农地制度创新的必要性和重要性。

（一）农地私营是经过历史检验最具效率的农地使用制度

新中国成立以来，从大的历史阶段划分，我国农村土地制度经历了三个阶段，不同阶段各项权利的设置、分配以及农地制度的绩效迥异。

第一阶段：土地改革时期，农村土地制度的基本特征是私有私营。通过农村土地制度改革，我国废除了封建地主土地所有制，改变了“地主所有、租佃经营”的制度，实现了“农民所有、农户自营”的产权结构。农民既是土地所有者，也是土地经营者，享有完全的土地所有权，对土地的占有、使用、收益、处分等各项权能高度统一。这一制度变迁顺应农民的意愿，促进了农业生产大发展，巩固了党的执政基础。

第二阶段：农业合作化后和人民公社时期，农村土地制度的基本特征是公有公营。在对农业进行社会主义改造进程中，我国的农地制度先是由农民私有私营发展到农业合作化阶段农民私有、合作经营，进而发展到了人民公社体制下的集体所有、统一经营。这一阶段的农地制度变迁，除了整个国民经济社会主义改造的大背景之外，还被赋予了为国家工业化提取农业剩余的使命，并在二十多年的时间中为实现该目标发挥了重要作用，但也导致了农业生产绩效长期低下，为改革开放之后的农地制度创新埋下了伏笔。

第三阶段：改革开放以来，农村土地制度的基本特征是公有私营。中共十一届三中全会后，通过一系列渐进式的制度创新，我国确立了集体所有、家庭承包经营的土地制度。这一制度安排，实现了土地权利在集体和农民之间的有效分割，较好处理了国家、集体与农户之间的土地利益关系，在短时期内就显现出以制度创新推动农业发展的强大活力，因此被确立为新时期的农村基本经营制度，并被反复强调要毫不动摇地坚持。

纵观新中国成立60多年来三个历史阶段的农地制度变迁，暂时撇开所有权问题不论的话，着眼于保障农民利益和农业生产绩效，土地私营无疑是最佳的选择方案。在第一和第三阶段尤其是制度变革的初期，尽管农村土地所有权的制度安排根本不同，但在土地私营模式下，都实现了调动农民土地经营积极性、提高农业产出水平和增加农民收入的目标，是新中国农业农村发展形势最好的时期之一；但在农地公营的第二阶段，虽然通过农地制度安排为国家的工业化提供了大量的农业剩余，但农业农村经济发展却长期徘徊，甚至一度陷入饥饿的边缘。正反两方面的经验表明，土地私营是更为符合农业产业特征，既是世界农业发展的一般规律，也是符合中国国情的农地经营模式，必须长期不懈地稳定和坚持。

（二）公有私营框架下农地使用制度具有多样化选择空间

历史经验表明私营是最具效率的农地使用制度，但私营本身也是一个充满弹性的制度空间。在土地私营这一基本框架下，除了农户自营外，还存在诸如大户流转经营、农民合作社经营、涉农企业经营等不同选项。特别是进入新世纪以来，经济社会发展的阶段性变化，对改革初期形成的农户自营模式带来了巨大挑战，其中影响最为明显的因素是工业化、城镇化快速推进。工业化要求转移劳动力，城镇化要求农民变市民，两者共同作用的结果就是使务农劳动力的绝对数量和相对比重都大幅下降。2012 年，第一产业从业人员从 1991 年最高峰时的 3.91 亿人下降到 2.58 亿人，占就业人员的比重从 1978 年的 80.5%下降到 33.6%。① 但由于我国城镇化进程不彻底，导致大量农村人口只实现了职业的转换和居住的转移，并未能实现身份的转变，对农业经营的直接影响就是导致兼业经营成为普遍现象。2012 年，我国流动人口达 2.36 亿人，比上年年末增加 669 万人；农民工数量 2.63 亿人，平均每户就有一个农民工，农户的非农兼业行为成为常态。②

（三）以“集体所有、农户承包、多元经营”为农地制度创新的基本方向

正是由于工业化、城镇化对农业经营带来的这种影响，使建立“三权分离”的农地制度有了讨论的空间和必要性。20 世纪 90 年代以前，我国的农户大部分没有非农就业，农地的承包者与经营者高度统一，承包权和经营权既没有区别的必要，也没有分离的实际价值。正因如此，从政策导向到法律法规中一贯都采用了承包经营权的提法和权利设定，农村土地集

---

① 数据来源：历年《中国统计年鉴》。

② 数据来源：2012 年国民经济发展稳中有进．国家统计局网站（http://www.stats.gov.cn/）。

体所有、家庭经营的“两权分离”制度安排已经能够容纳农业生产经营方式的需要，并且是兼顾国家、集体和农民土地权利的有效制度设定。但在工业化、城镇化大发展、大推进的背景下，承包权与经营权就有了分离的必要和可能。从必要性而言，与大量兼业经营的农户相比，专业化农业经营者有着更高的生产效率，这早已为国际经验特别是日本、韩国及我国台湾地区等东亚小农经济体的发展历程所证明。从可能性而言，两权分离并非仅是一种空想或者理论假设，实际上在近年来农民专业合作社、家庭农场和涉农企业加快发展的背景下，土地承包权与经营权的分离尽管尚未通过政策法规的正式确认，但实践中已经不是个案。仅从土地流转比例这一指标来看，近年来就呈现快速上升态势，已经从前些年长期在5%以下徘徊迅速提高到了目前的23.9%，承包权与经营权的分离在实践中日益成为常态。

综合分析，在经济社会的快速变迁中，中国农村土地制度所处的宏观背景和微观基础都正在发生深刻的嬗变。在土地集体所有、农户家庭承包经营基本框架下，具体表现为“集体所有、农户自营”的土地经营模式，正逐步向集体所有，农户自营、合作社经营、企业化经营多种模式并存转变。这是一种悄然进行中的诱致性制度变迁，当其发生和发展到一定程度之后，需要政策法规等正式制度作出有效回应。我们认为，基本的方向是构建以集体所有、家庭承包、多元经营为特征，所有权、承包权、经营权“三权分离”为特征的新型农地制度。

二、“三权分离”新型农地制度的内涵特征与政策取向

首先需要强调的是，提出所谓“三权分离”的农地制度创新，构建集体所有、农户承包、多元经营的新型农地制度，前提是坚持农村土地集体所有、家庭承包经营的基本制度长久不变，在此基础上进一步明晰相关制度的权益内涵，是对现有农地制度和农村基本经营制度的完善和发扬，而不是背离现行土地制度框架。所谓“三权分离”的农地制度，主要有以下内涵特征与政策取向。

（一）农村土地集体所有属性不变

目前关于农村土地所有制度方面的讨论，尽管不时有国有化和私有化的极端主张，但始终未能占据理论研究与政策探索的主流地位。各方关注的核心问题，深度检讨都与承包经营权的制度安排有关，而与所有权关系并不明显。特别是作为核心利益主体的农户，更为关注的是自身直接拥有和支配的土地权利，对于土地所有权这一相对虚置的权利并未表现出清晰的认知和诉求。农业部产业政策与法规司2013年年初对河北省8个乡镇16个村的219名农民进行问卷调查结果表明，认为承包地归国家、集体所有的分别占31%、36.1%，认为归自己所有的仅占26%，还有6.9%的农民不清楚归谁所有。理应最为关注农地所有权的农户，却表现出不应有的漠然，看似存在明显悖论，但事实上正表明了现行土地集体所有制的合理性。事实上，在工业化、城镇化的大背景下，当前和今后一个长时期，农村土地集体所有也是最恰当、最有效率的制度安排。国有意味着国家权力亦即公权可以无限膨胀，私有则意味着在市场化充分情况下土地兼并和集中极有可能发生，极端情况下甚至出现“富者田连阡陌、贫者无立锥之地”的情况，这两种情况对农民而言都不见得是好事。集体所有实际上是在此两极之间设置了一个中间性的制度安排，兼顾了国家、集体、农民多元利益，是相对费省效宏的所有权制度安排。

但集体所有同样是一个充满弹性的制度空间，农村土地集体所有不意味着所有权在任何情况下和在任何区域的重要性都是等量齐观。事实上，改革开放三十多年，在农村经济总量伴随着国民经济成长大幅提升的总体格局下，区域经济差异发展的特征也越来越明显，土地集体所有的重要意义在不同区域表现的权重差异甚大。比如，在诸如广东省南海区、浙江省温州市、江苏省昆山市等集体经济比较发达的大城市郊区、发达地区，土地集体所有权的“产权强度”就明显要高。在承认农户承包经营权的前提下，一些地方采取了类似“反租倒包”做法，对农地的支配能力大大增强。一些地方农户的承包经营权已经后退至仅保留获取租金收益或股份分红的权利，个别地区甚至承包经营的地块已经虚拟化，集体所有权相对拓展甚至控制了经营权的相当空间；而反观大部分主要农区和中西部地区，农村集体经济薄弱，拥有的资源和支配力量不足，集体所有权实际上大部分情况下处于虚置状态。这类地区集体所有权的价值体现，还有待经济社会进入更高层次、更高阶段。

(二) 进一步细分农户的承包经营权

与集体所有权相比，对农户承包经营权的讨论显然更为深入和充分。原因在于承包经营权是一个包含着诸多权利内涵，而且权能还在不断丰富和拓展的权利束。土地承包经营权是典型的用益物权，在没有发生权利分离的前提下，承包经营权拥有相应的占有、经营、收益、处置权等完整的权利；在承包与经营两权分离之后，承包权则更多地表现为占有、处置权，以及在此基础上衍生出的多重权益，典型如继承权、退出权等，相应的经营权更多地表现为耕作、经营、收益以及其他衍生的多重权益，比如入股、抵押等权。对国家而言，土地承包经营权的设置直接影响甚至决定农业绩效，进而对国家粮食安全与重要农产品的有效供给，乃至农村社会稳定和公平正义等非经济话题也影响深远。对农民而言，承包经营权的设置不仅关系到其经营权利的大小和地权的稳定性，还对于获取土地的财产收益具有深刻影响。

值得注意的是，土地所承包与经营权的分离并非一个新鲜话题。实际上，历史上我国的土地租佃关系高度发达，到了明清，主要由土地使用权表现的"田面权"与土地所有权表现的"田底权"之间"两权分离"、田面权相对独立化的办法已经非常成熟，在一些地方发生已经非常普遍，而且建立了较为完备的制度体系。在工业化、城镇化快速推进和"四化"同步发展的背景下，根据现实需要并借鉴历史经验，再度促进农户拥有的承包经营权分离意义重大。将承包经营权"两权分离"，承包权主要体现为给原承包农户带来财产收益，实现财产价值，经营权则通过在更大范围之内流动，提高有限资源的配置效率，并由此推动培养出新型经营主体和多元化的土地经营方式。在"两权分离"的情形下，原承包农户被赋予了更充分的土地财产权利，但割裂了与土地的经营关系，揭示出深刻的制度内涵。

（三）“三权分离”农地制度的内涵特征

在所有、承包、经营“三权分离”的制度框架下，农村土地所对应的“三权”有着不同的制度内涵。

1. 所有权

集体所有权的关键问题，主要包括三个方面：一是集体所有权行使者。依据《物权法》的规定，农村土地的集体所有包括属于村农民集体所有、分别属于村内两个以上农民集体所有和乡镇农民集体所有等三种类型，有村集体经济组织、村民委员会、村民小组、村内相关集体经济组织和乡镇集体经济组织五类组织代表行使所有权①；二是集体所有权对其他权利的控制。集体通过行使所有权，可以对承包经营权等形成一定的支配。《物权法》规定，土地承包方案以及将土地发包给本集体以外的单位或者个人承包、个别土地承包经营权人之间承包地的调整、土地补偿费等费用的使用及分配办法等事项应当依照法定程序经本集体成员决定；三是集体所有权的实现。主要包括如何凭借集体所有权获取经济收益，包括以往的土地承包费、出让“四荒”经营权所获取的收益、土地征用后获得的补偿费用等的获得和分配，实践中还包括部分地区采取“留地安置”等情况下所分享的部分农地发展权收益。诚如前面所提及，由于我国不同地区的发展阶段等方面的差异性，对于农地所有权关注的侧重点和要求并不一致。对于大部分地区特别是一般农区而言，集体所有权的关键问题在于明确权利行使者，并处分好集体所有权所带来的各种收益；但对于经济发达

---

① 《农村土地承包法》并未规定承包土地由乡镇农民集体所有和乡镇农民集体经济组织代表行使所有权的情况，但《物权法》第六十条对此作出了明确规定。据全国人大常委会法工委编著的《中华人民共和国物权法解读》，所谓“属于乡镇农民集体所有的，由乡镇集体经济组织代表集体行使所有权”的情形包括：一是改革开放以前，原来以人民公社为核算单位的土地，在公社改为乡镇以后仍然属于乡镇农民集体所有；二是在人民公社时期，公社一级掌握的集体所有的土地和其他财产仍然属于乡镇农民集体所有。

地区和大城市郊区等特殊区域而言，如何通过所有权来支配和控制其他权利，以及如何把集体所有权做强做大，并维护好权利人的利益，要求已经越来越迫切。

2. 承包权

改革开放初至今，大部分时间农村土地承包权与经营权是合而为一的，承包经营权包含了占有、经营、流转、入股、收益、抵押、继承、退出、处置等多项权利内容。承包经营权中特别有意义的是经营和处置两项权利，前者是体现使用，后者体现权利。在承包权与经营权分离的情况下，承包权的意义和价值更多地凸显在两个方面：一是承包权的取得。农村土地承包权的获得，需要具备一定的主体资格条件。《农村土地承包》第五条规定：农村集体经济组织成员有权依法承包由本集体经济组织发包的农村土地。显然，承包权的取得是与集体经济组织成员资格相挂钩的，承包权主体的范围，要远远小于经营权主体的范围。即便今后可以通过继承等方式取得农村土地承包权，但范围同样是受到了明确限制；二是承包权的体现。在承包权与经营权相分离的情况下，承包主体通过让渡经营权而获得财产收益，在土地被征用以及退出后获得财产补偿，未来土地承包权还要体现在继承权上。

3. 经营权

经营权只有在工业化、城镇化快速发展，劳动力大量转移并且逐步市民化，承包权与经营权相对分离的情况下，才能单独发挥作用。经营权独立发挥作用，当前的意义在于其行使主体范围远远大于承包权主体。承包权的获得具有严格的条件限制，而对经营权主体资格的限制就要少得多。这对于在更大范围内优化配置耕地资源，提高农业生产绩效具有重大意义，是通过土地制度创新培育实现多元经营的基本前提与必然选择。其一是发展现代农业，提高土地、劳动力和资源利用效率，提升农业综合生产能力、竞争力和可持续发展的选择；其二是最大限度提高商品农产品生产率，延伸农业产业链条的选择；其三是培育和生成家庭农场、合作组织和农业企业新型主体的选择；其四是培育和生产新型职业农民的选择。经营权独立发挥作用，长远来看还能够发挥出更加充分的作用。比如，可以通过土地经营权来设定抵押，为经营权者提供金融支持，这是优化农村要素资源配置，提高要素流动性的重要途径。

三、在“三权分离”制度框架下探索解决现实土地问题

土地制度创新涉及对若干重大问题的重新认识，比如集体所有、家庭经营作为制度长久不变下的土地经营方式创新问题，土地承包经营权权能的拓展与权利束的分割问题等。土地制度创新又与资源禀赋和经济社会发展阶段高度相关，不同区域资源禀赋、经济社会阶段对土地制度创新选择影响甚多，大到“四化同步”发展如何克服农业短腿，具体到现代农业的模式选择，无一不与土地制度创新高度相关。提出构建“三权分离”的农地制度，对于解决现实土地相关问题具有重要意义。

（一）土地承包关系长久不变问题

从中共十七届三中全会提出土地承包关系要保持稳定并长久不变的命题，至今过去了五年时间。稳定土地承包关系是农村土地制度变迁的一个基本点，从改革之初土地承包合同一年一定到现在的三十年土地承包期，体现出稳定农村土地承包关系这一思想的一脉相承。稳定土地承包关系，对于强化地权稳定性、保障农民土地权益、刺激对土地的长期投入等方面均有重要意义，各方对此的认识比较一致。但土地承包关系长久不变的内涵和实现形式如何，还有不少值得讨论和需要细化之处。“三权分离”农地制度之于土地承包关系长久不变的价值和意义，在于更加明确了“长久不变”的制度内涵，亦即“长久不变”的核心是承包权而非经营权，是土地承包关系长久不变而不是土地经营关系长久不变。在承包权及由此形成的土地承包关系长久不变的基础上，可以衍生出多元化的经营形态。而且承包权和承包关系愈是稳定，经营权的流转愈发达、配置效率也愈高。

落实“长久不变”的要求，还需要处理好两个关键问题。一是长久不变的起点问题。也就是在什么样的基础上稳定承包关系并长久不变，这看

似一个技术性、操作性问题，但实际意义要深刻得多。比如，是在二轮承包的基础上长久不变，还是在确权登记颁证之后再长久不变，事关长远、影响重大。究其核心原因，在于各地农村承包的基础和起点并不一致，有的地方长期实行“生不增、死不减”，承包关系相当稳定，实现长久不变也就容易得多甚至是顺理成章；但更多地区则一直实行“大稳定、小调整”甚至是“大变动、大调整”的承包模式，不少农户对于调整土地还有一定预期，希望在二轮承包到期后再调整土地。这就要求妥善处理好土地承包的各种遗留问题，比较稳妥的办法是把稳定土地承包关系与确权登记颁证结合起来，在尊重历史传统、合乎法律法规、农民普遍接受的情况下，在起点公平的基础上实现长久不变。实际上，若不能妥善处理承包土地的稳定与调整关系，解决好相关历史遗留问题，则农村土地承包经营权的确权登记颁证的意义和效力也要大打折扣。成都市等地在完成确权颁证的基础上，实行农村土地承包关系“长久不变”的做法，也为把“长久不变”与土地确权挂钩提供了例证；二是长久不变的期限问题。“长久不变”的目的在于给农民以稳定的预期。从政策目标来看，只要能达到稳定农民地权稳定预期的目的，不设具体的土地承包期限，或者是目前的三十年土地承包期，并无本质区别。但从具体操作层面来看，是否设立具体的土地承包期限影响甚大。比如，关于农村土地流转的时间期限，关于土地征收时对农民补偿额度的确定，都与土地承包期限密切相关。因此，为了保护农民利益，也为了实际操作方便，还是应该明确一个足够长的土地承包期限。借鉴城市建设用地使用期限的规定，可考虑将长久不变的土地承包期限也设定为 70 年，并明确在一个承包期届满之后，符合条件承包者的承包周期自动顺延。

（二）多元主体从事农地经营问题

正如中共十八届三中全会决定所指出的，“坚持家庭经营在农业中的基础性地位，推进家庭经营、集体经营、合作经营、企业经营等共同发展的农业经营方式创新”。未来相当长的时期内，我国农业将呈现出以家庭经营为基础的多元经营模式共同发展特征。“三权分离”的农地制度设计不仅无碍于家庭经营的基础地位，更有利于多元主体参与农业经营和发展壮大。家庭经营之于农业经营的优越性，已经被我国农业几十年的发展历程所检验，也为同是小农经营的东亚经济体甚至欧美大规模农业所佐证。对于传统一家一户小规模的自营农户而言，绝大多数情况下其承包权与经营权不必分离。但随着现代农业的发展，家庭经营的内涵也在不断丰富和发展，包括种养大户、家庭农场等新型经营主体同样属于家庭经营范畴，“三权分离”对这部分家庭经营主体而言意义重大。甚至对于自营农户而言，经营权的相对独立化也可为其通过经营权抵押、担保来获取金融支持提供便利条件。“三权分离”是巩固而非弱化了家庭经营的基础地位，丰富了多样化农业家庭经营模式的形成途径。

构建“三权分离”的农地制度，最为重大的意义就是使农地的经营权相对独立化，为其在更大范围内优化流动配置和发挥作用拓展了巨大空间，也为形成多元化的农地经营模式创造了条件。在多元化的农地经营模式中，对于家庭经营、集体经营与合作经营在理论和政策层面并不存在大的争议。特别对于家庭农场和农民专业合作社两类主体，政策上是给予了充分的鼓励与肯定。据农业部相关统计，截至2012年年底，全国家庭农场经营耕地面积达到1.76亿亩，占承包耕地面积的13.4%；土地流转中，流入农民合作社的占15.8%。但与此明显不同的是，对于工商企业等非农主体进入农业参与土地经营，更多得是排斥或者警惕状态。究其原因，一方面是担心强势工商资本的进入会对小农利益造成损害，挤压农民利益空间；另一方面则是由于工商资本具有更加强烈的趋利冲动，担心由此造成大量耕地“非粮化”、甚至“非农化”，进而影响国家粮食安全等宏观战略。

对非农主体从事农地经营保持警惕，并加强政策引导和法律规制，显然十分必要。但若由此就否定了非农主体至于农地经营的积极作用，甚至关闭其参与农地经营的大门，则大可不必。首先，人多地少农业资源禀赋不足，以及快速工业化、城镇化进程中城乡要素流动性增强等基本国情农情，决定了我国现阶段“谁来种地”必然有多元主体的生成，从“农地农用农民用”演变为一定程度上的“农地农用全民用”具有客观必然性，日本和我国台湾地区等都经历类似的变化历程。据农业部统计，截至2012年年底，我国土地流转中流入工商企业的面积为2800万亩，比2009年增加了115%，占流转总面积的10.3%，尽管总量不高但增速显著，表明非农主体参与农地经营的客观趋势难以遏制。其次，非农主体进入农业参与农地经营的原因多种多样，根本原因自然是寻求商机，但在此同时也能够带来现代农业建设急需的资本、科技、人才等要素，这实际上解决了现代农业发展的很多关键性问题。最后，非农主体参与农地经营，对于其可能造成的耕地“非农化”问题自然坚决要制止。实际上，不仅非农主体，对任何主体导致耕地“非农化”的行为都要坚决制止，对挖鱼塘、建观光园等行为也要严格控制，这是我国耕地资源保护的“高压线”。但对非农主体参与农地经营中的“非粮化”问题则要实事求是，非农企业从事粮食以外的农产品生产经营是其理性选择。非农主体进入农业、参与农地经营是市场规律，保护耕地资源、维护农民利益是政府责任，允许进入和加强监管都是并行不悖的政策导向。正如中共十八届三中全会既提出发展包括企业经营在内的农业经营方式创新，又明确鼓励和引导工商资本到农村是要发展适合企业化经营的现代种养业一样。在“三权分离”农地制度框架下，既要通过承包权和经营权的相对分离来为非农主体参与农业经营创造条件，又要强化对耕地资源和农民土地权益的保护，通过建立农业经营能力审查制度、强化农地用途管制制度和完善土地流转的管理服务等手段，趋利避害把非农主体的“洪水”导入干渠，为现代农业建设发挥正向作用。

（三）土地承包经营权的抵押问题

现代农业具有高投入、高成本、高效率、高收益的特征，大量资本的密集投入是现代农业发展的必要条件。据农业部统计，目前我国有经营规模在100亩以上的专业大户270多万户，各类家庭农场87.7万家，农民专业合作社82.8万家，各类产业化经营组织超过30万个。这些新型经营主体是现代农业建设最为活跃的生产要素，是农村金融市场中需求最为旺盛的群体，但也正是金融需求满足程度最低的群体。关键因素就在于其大部分资产，重点是通过流转获得的土地经营权，过去相当长时期内由于存在法律限制和处置变现困难，不能为经营者获得信贷融资发挥有效担保物的功能。而之所以存在对土地承包经营权抵押的限制规定，核心原因在于土地不仅是农民最重要的生产资料，还承担着提供基本生活保障的任务，发挥着社会“稳定器”的功能。正是因为基于对诸多社会和政治的考量，各地尽管开展了多种以土地权益为基础的抵押试点试验，但始终难以获得全面性突破。

中共十八届三中全会明确赋予了土地承包经营权抵押、担保权能，是农村土地制度改革方面的重大突破和创新。如果说，三中全会对农村土地承包经营权的“扩权赋能”是全面的顶层设计，而“三权分离”则是使其具体化和可操作的制度设计。构建“三权分离”的农地制度，有望为解锁农地抵押困局创造最为关键的制度基础。根本原因在于，承包权和经营权两权分离之后，原承包者拥有长期稳定的承包权，能够稳定获得承包权的财产收益，并以此为其提供基本生活保障。而经营者则可以自身持有的、相对独立化的经营权为客体来设定抵押。经营权抵押给金融机构或其他债权人，并不影响承包农户和集体的土地承包关系。经营者到期不能偿还抵押债务，金融机构或其他债权人也不能取得承包方的地位，只能是以土地经营获得的农产品收入或地租收入优先受偿。承包权与经营权的分离，能够有效地解决制约土地抵押的效率与公平不可兼得问题。以承包权长期稳定来保障承包农户财产权和提供基本生活保障，以经营权设定抵押来破解现代农业发展的融资难题，求得经济效率与社会公平的结合。实际上，检索当前各地开展的农村土地相关权益的抵押融资办法，绝大部分试点试验并不涉及承包权问题。诸如重庆市的土地承包经营权抵押、吉林省梨树县的土地收益保证贷款试点，实质都是在土地使用权及衍生的收益上做文章，并不涉及土地承包权问题。尤其是大部分地区探索实验的农村土地产权抵押办法，更明确提出以土地承包权和经营权相分离为前提，充分显示出“三权分离”农地制度对于土地承包经营权抵押的现实意义和强大活力。

（四）进城农民土地退与留问题

随着工业化、城镇化的快速推进，在农民变市民的过程中，必然要涉及土地问题。到 2012 年，我国外出农民工数量达到 1.63 亿人，其中有部分已经举家实现了职业和居住的转移。由于我国“候鸟型”的农村劳动力转移和不彻底的城镇化模式，大多数转移农民未能实现城镇化，同时与城镇和农民保持着联系。因此，解决进城农民的土地退出还是保留问题，也要同时考虑城市和农村两个方面的因素。城市方面，核心是解决农民退出土地的基本前提条件问题。具体而言，主要包括平等享受城镇的教育、医疗、卫生、社保等基本公共服务，以及保障性住房等相关待遇，并最终获得城镇户籍、享受与老市民平等的待遇。但具备基本的前提条件不等于农民就必然应自动放弃农村的土地权益。无论是农村土地承包经营权，还是农民的宅基地使用权，都是农民重要的财产权益。在什么情况下农民必须退出、具备什么条件的情况下农民可以退出、退出土地后如何获得相关补偿，都是需要认真研究解决的问题。

提出推进“三权分离”的农地制度创新，为构建进城农民的土地承包经营权退出机制设立了一个具体实用并富有弹性的制度框架。这一制度框架的意义和实用价值在于，我国农民从开始进城到完全市民化是一个漫长的过程，承包权和经营权的相对分离适应了这一过程中不同阶段相关主体对土地制度的需求。承包权的长期保留，为维护进城农民土地财产权利提供了制度保障。在完成市民化进程之前，承包权的保留始终发挥着农民最低生活保障和城乡社会“稳定器”的功能。经营权的相对独立化，最大程度弱化了其与土地的直接经营关系。进城农民以获得租金对价为条件让渡了土地经营权，为土地资源的优化配置、现代农业经营主体的发育壮大，以及农地适度规模经营的形成创造了外部条件。承包权的最终退出，则有待于相关前提条件的逐步具备。除了如前所述城市要提供相关基本公共服务之外，还应具备诸如实现举家迁移从而丧失了获得土地承包权的主体资格，以及给予合理的经济补偿等条件。在具备相关条件后，则可最终实现进城农民与农村土地关系的完全隔断，但这是一个长期的过程，应未雨绸缪谋划探索和谋划相关的制度，当前重点则应放在如何保障好承包权和放活经营权上面。

与进城农民土地退出相关的还有土地承包经营权的继承问题。由于我国农村土地承包以户为单位的基本制度安排，只要农户作为承包单位还存在，而不论户中单个成员的增减损益，土地承包经营权就会一直递延。因此，尽管相关法律法规并未对土地承包经营权的继承作出规定，但实际上已经隐含有对土地承包经营权在农户家庭内继承的认可。只有在继承人丧失作为农村土地承包经营权适格主体的情况，继承方成其为问题。具备农村集体经济组成成员的身份，才能有资格承包集体所有的土地。那么相应一旦丧失农村集体经济组织的成员资格，就丧失了作为土地承包经营权适格主体的资格，不能再继承土地承包经营权。若一个农户家庭所有成员都不再具备集体经济组织成员资格，那么顺理成章地原本归属于这个家庭的土地承包经营权也就应退出。但问题是，目前我国尚无农村集体经济组织立法，对于农村集体组织成员资格的取得、行使、丧失的条件没有明确规定。有鉴于目前实践探索和理论研究对此问题还存在较大争议，相关问题的解决还有待进一步地深入研究和等待条件的成熟。

基于对工业化、城镇化进程中农地问题的关注，本研究提出了构建“三权分离、家庭承包、多元经营”为基本特征的新型农村土地制度框架设想，并探讨了在此制度框架下解决现实农村土地制度关键问题的基本思路。通过深入分析，有理由认为该制度框架兼顾了城镇化、工业化与保护土地资源和农民土地财产权益的需要，兼顾了农地制度创新中的效率与公平两大命题，也兼顾了未来发展的必要性和现实条件的可行性，是具备充分可能的一种制度安排。我国农地制度安排具有“先政策探索后法律规范、先试点试验后全面推行”的渐进式改革特征，目前和未来一个时期农地制度创新的路径依然遵循该基本规律。文中所提出和倡导的一些主张，诸如土地经营权的相对独立，土地经营权的抵押等，已经在一定范围有了实践经验的支撑；另一些观点和看法，诸如对集体所有权问题的探讨，对进城农民土地退出问题的主张，还有待在今后的实践中进一步深化和具体化。随着实践的发展，相信对这一制度创新的考虑将得到更多的检验和充实。

第三篇

对策研究篇

关于深化农村土地制度改革的若干意见

不断健全完善“三权分离”的农地制度

土地是农业之本、民生之源，土地制度既直接关系农业农村经济发展，也与工业化、城镇化有着紧密联系，是事关改革发展稳定全局的根本制度。中共十八届三中全会对农村土地制度改革提出了一系列新部署新要求，要以十八届三中全会精神为指导，扎实稳妥地推进农村土地制度改革创新，为农业农村发展奠定坚实基础，为工业化、信息化、城镇化提供基础支撑。

经济社会发展从多方面对农地制度提出了新要求，有必要进一步完善现行“两权分离”的农地制度，明确把承包经营权界定为相对独立的承包权与经营权，构建以“三权分离”为特征的新型农地制度。

第九章

关于深化农村土地制度改革的若干意见

——现阶段需要关注的38个问题

土地是农业之本、民生之源，土地制度既直接关系农业农村经济发展，也与工业化、城镇化有着紧密联系，是事关改革发展稳定全局的根本制度。中共十八届三中全会对农村土地制度改革提出了一系列新部署新要求，要以十八届三中全会精神为指导，扎实稳妥地推进农村土地制度改革创新，为农业农村发展奠定坚实基础，为工业化、信息化、城镇化提供基础支撑。

一、关于完善农村土地承包制度

以农民集体所有、家庭承包经营为特征的土地承包制度，是我国农业农村发展的根本制度，经过历史检验兼顾了国家、集体和农民利益，能够容纳不同的生产力发展水平，是其他各项农业政策的基础。对其制度内核必须长期坚持，并根据经济社会发展需要来不断健全和完善。重点是以下四个方面。

（一）切实贯彻落实“长久不变”的要求

稳定土地承包关系是农村土地政策一以贯之的重要取向。中共十七届三中全会提出现有土地承包关系要保持稳定并长久不变，十八届三中全会进一步强调稳定农村土地承包关系并保持长久不变。如何把“长久不变”

的要求落到实处，既是当前的迫切任务，更事关长远发展。

1. 明确“长久不变”的土地承包周期为 70 年

改革开放以来，农村土地承包期一直呈延长趋势。从改革之初土地承包合同一年一定到确定 15 年的土地承包期，再到二轮承包将土地承包期延长 30 年，都明确体现出稳定土地承包关系的政策取向。“长久不变”之后是否需要规定土地承包期，或者就以长久不变的规定替代具体的土地承包期，目前各方的争议还比较大。从实现政策目标而言，只要能稳定农民预期，不设具体土地承包期限，或者是以目前的 30 年为一个承包周期，本质上并无区别。但为了保护农民土地利益，也为了土地资源管理、土地承包管理等方面的操作便利，设置具体承包期限的办法更为可行。建议可参照城市建设用地使用权 70 年的规定，明确“长久不变”的土地承包周期为 70 年，并且在一个承包周期届满后，符合条件承包者的承包周期自动延长。

2. 实行“长久不变”与土地确权登记颁证挂钩

在什么样的基础上实现“长久不变”，存在是与二轮土地承包还是与土地确权登记颁证相挂钩的不同选择。我国不同地区土地承包模式差异较大，除了比较常见的“大稳定、小调整”模式之外，还存在“生不增、死不减”“大调整、大变动”等不同做法，大部分地区都存在不同程度的调整土地行为，二轮承包时很多历史遗留问题也未得到有效解决，这些地区很多群众对土地调整还有较强预期，特别是寄期望于二轮承包期结束后再调整一次土地。如果是在二轮承包的基础上“长久不变”，可能会因难以处理好稳定的调整关系而引发矛盾，影响农村社会稳定。2013 年中央提出用 5 年时间基本完成土地承包经营权确权登记颁证的要求，有 105 个县（市、区）开展了试点，这是强化农民土地承包经营权物权保护的重要措施。建议把“长久不变”与土地确权统筹考虑，允许群众在民主决议的基础上对土地适当微调，妥善解决好历史遗留问题，在此基础上确权登记颁证，同时宣布“长久不变”，自此之后土地不再调整，相对长时期解决问题。

3. 做好“长久不变”与土地流转期限规定的衔接

这与流转土地的基础设施建设、地力培肥、耕地质量提升、产业发展方向和定位密切相关。由于《农村土地承包法》和《农村土地流转管理办法》明确规定土地流转期限不得超过承包期的剩余期限，目前各地土地流转期限普遍较短，导致土地流转关系不稳定、土地流转行为短期化。实行“长久不变”后，土地流转双方可以签订相对较长期限的流转合同，以保障土地流转关系相对稳定。因此，建议可结合对“长久不变”下土地承包周期为70年的考虑，支持流转双方签订期限相对较长的土地流转合同，形成长期稳定的土地流转关系，便于强化农业基础设施建设，确定产业发展方向，平等保护土地流转双方的合法权益。

（二）健全完善土地承包经营权流转制度

土地承包经营权流转对于适度规模经营的形成和新型农业经营主体的发育影响重大。近年来，农村土地流转速度加快，截至2013年6月底，全国耕地流转面积达到3.1亿亩，流转面积占家庭承包耕地总面积的比重为23.9%。[①] 但在土地流转加速的同时，也出现了不少新情况新问题，需与时俱进明确和完善相关政策措施。

1. 进一步明晰土地承包经营权流转相关概念

在目前的法律法规和政策文件中，都采用的是笼统的土地承包经营权流转的提法。但从理论上分析，土地承包经营权实际包含了承包权和经营权两种不同的权利内容，在转包、出租、互换、转让、股份合作等流转形式中，只有转让等少数流转方式涉及承包关系的变化，转包、出租等占据主导地位的流转方式并不涉及土地承包关系变化。从实践情况看，土地流转中采用转让方式的情况很少发生。截至2013年6月底，采用转让方式流

---

① 数据来源：农业部统计数据，本部分涉及农村土地流转的数据来源均与此相同。

转的土地仅占流转总面积的3.8%，绝大部分情况下土地流转并不影响原有承包关系；从农业现代化的要求看，无论是推进农业适度规模经营，还是提高土地产出率、劳动生产率和资源配置效率，关键都在于用活土地经营权，而与承包权没有必然联系。为进一步明晰土地流转政策、细化土地流转服务，建议今后在相关政策文件中，除涉及土地承包关系变动的转让等流转方式外，明确用土地经营权流转来替代土地承包经营权流转的概念表述。

2. 正确引导工商资本流转土地的行为

企业经营是我国农业经营方式的组成部分之一，工商企业是参与农村土地流转的重要主体。工商企业参与土地流转有助于解决现代农业发展急需的资金、技术、人才等迫切问题，但同时也容易造成助长耕地“非粮化”和挤压小农利益空间等矛盾问题。对工商资本流转土地参与农业经营应正确引导、兴利除弊，重点引导工商资本到农村发展资本密集、技术密集、人才密集型的现代种养业，向农业输入现代生产要素和经营模式。与此同时，还应未雨绸缪探索建立防控工商资本参与土地流转潜在风险的有效机制：一是进入要明确门槛。工商资本流转农地达到一定规模的，需要具备应有的农业经营能力并经农业等部门认可；二是经营要遵守法律。国土、农业等部门要加强执法，对工商企业的土地利用进行监控，确保不改变土地用途；三是风险要提前防控。借鉴部分地区设立土地流转风险保障金或准备金制度的办法，建立健全土地流转风险防范机制。

3. 扎实稳妥开展土地承包经营权抵押、担保

中共十八届三中全会《决定》明确赋予农民土地承包经营权抵押、担保权能，这是重大的政策突破与创新，有利于发挥土地承包经营权的融资功能，扩大农村有效担保物范围，缓解农业农村发展融资难题。要按照中央的要求，扎实稳妥开展农村土地承包经营权抵押、担保。一是明确土地承包经营权抵押、担保的政策界限。土地承包经营权抵押、担保的客体是使用权，农户利用自有的土地承包经营权，其他主体利用合法取得的土地承包经营权抵押、担保，均不改变土地的集体所有性质，不改变集体与农户之间的土地承包关系；二是切实防范土地承包经营权抵押、担保的潜在风险。为防止土地承包经营权抵押、担保造成金融风险、经济风险和社会风险，建议进一步明确，相关主体用于抵押的只能是自有或合法取得并已经支付流转费用的土地承包经营权，用于抵押、担保的土地承包经营权不能超过一定比例（如成都市规定抵押的承包地不超过农户承包地面积的2/3），用于抵押、担保的土地承包经营权的期限最长不能超过20年（参照《合同法》第二百一十四条关于租赁期限不得超过20年的规定），政府通过设立保证基金等形式来防范风险。

4. 规范引导农村土地承包经营权入股的行为

股份合作是土地流转的形式之一，截至2013年6月底，采取股份合作方式流转面积占土地流转总面积的6.7%，所占比重不高；但增长速度较快，比上年年底增长了28.6%。目前的政策法规对土地入股的要求比较严格，《农村土地承包法》明确规定，“承包方之间为发展农业经济，可以自愿将土地承包经营权入股，从事农业合作生产”。从政策内涵看，对入股的主体有限制，只能是在承包方之间；对流转的目的也有规定，只能是从事农业合作生产。中共十八届三中全会《决定》明确，允许农民以承包经营权入股发展农业产业化经营，进一步拓宽了土地承包经营权入股的范围。为防范农民入股工商企业等法人之后，因法人经营不善倒闭导致农民失去土地承包经营权。建议进一步明确，农民土地入股不得改变原有土地承包关系，即使企业倒闭破产清算，因此受到影响的也只是有限年度的土地使用权。与此同时，在程序上还应尽到告知义务，在土地流转时向农户警示土地入股企业的相关风险。

（三）逐步探索建立承包经营权退出机制

中共十八届三中全会《决定》明确提出，推进农业转移人口市民化，逐步把符合条件的农业转移人口转为城镇居民。在农民变市民化的过程中，必然要涉及农村的土地等财产权益的退出问题。目前我国的城镇化率已经达到52.57%，未来一个时期到达城镇化高峰时，这一比例可能会超过70%，还有几亿农民将要进城。进城农民退出土地承包经营权，包括退出土地经营和退出土地承包两个层次。随着农村土地流转机制的建立健全，进城农民通过依法自愿有偿流转土地来退出经营已经没有制度障碍，但是否退出、如何退出土地承包还需要深入研究。

1. **是否退出应尊重进城农民的意愿和选择**

目前，《土地承包法》仅规定在全家迁入设区的市，并且转为非农户口的情况下，应当将承包地交回发包方。但由于我国“候鸟型”的农村劳动力转移和不彻底的城镇化模式，只解决了转移农民的就业问题，1.63亿外出农民工远未市民化，与农村依然保持着紧密联系。因此，我国只能是有条件、有步骤地逐步建立进城农民的土地退出机制。一是坚持以户作为退出的基本单位。农户是农村最基本的生产生活单元，也是土地承包的基本单位，即使个别或部分成员迁入城市，农户作为承包主体依然存在，因此应坚持以农户而非个人作为土地退出的基本单位；二是农户退出要具备充分的前提条件。考虑到承包地还承担着农户基本生活保障和社会“稳定器”的功能，因此除了全家迁入城市之外，还应把是否具有稳定的就业、收入和享受平等基本公共服务作为退出承包地的前提条件。是否退出要充分尊重农民的意愿。即便具备了退出承包地的硬性条件，也应尊重农民的意愿和选择，并设置一定时间作为过渡期，不急于收回农民的承包地。

2. **明确退出承包地应由集体给予经济补偿**

《物权法》明确了土地承包经营权的用益物权性质，这是农民的一项重要财产权利，应对农民退出承包地给予相应的经济补偿，并作为重要前置条件。一是以集体经济组织作为补偿主体。鉴于承包地属农民集体所有，集体经济组织处于所有权主体的地位。因此，进城农民交回承包地的，要由集体给予补偿，包括补偿标准、补偿条件等具体规定，应充分尊重集体经济组织的主体地位；对于经济困难的集体经济组织，国家可以给予支持，但不能“越俎代庖”替代集体的功能作用；二是以省为单位制定具体的退出办法。由于各地经济社会发展状况和土地承包具体办法差异较大，可以省为单位，依据国家法律和政策，制定对全家进城落户农民土地承包经营权有偿退出的具体办法。

3. 统筹考虑土地承包经营权的继承与退出问题

目前，我国农村土地承包相关法律法规和政策并未明确对土地承包经营权继承的规定。但由于农村土地承包以户为基本单位，只要农户作为承包单位还存在，而不论户中单个成员的变化，土地承包经营权就会一直递延。因此，尽管法律法规并未对土地承包经营权的继承作出规定，但实际上已经包含有对土地承包经营权在农户家庭内继承的认可。只有在农户全家丧失集体经济组织成员资格的情况下，土地承包经营权的继承才成为问题。建议可把土地承包经营权的继承与退出问题统筹考虑，通过退出的方式来解决丧失集体成员资格农户的承包地问题。

（四）健全符合现代农业需求的土地制度

与传统农业相比，现代农业有着完全不同的组织制度、产业形态和生产目标，资源配置方式发生了重大变化，对土地制度提出了新要求。

1. 确保土地规模经营在“适度”范围

当前我国推进土地规模经营，对于解决“谁来种粮”问题、保障商品农产品供给、对接现代农业生产要素和增加农业生产者收入具有重要意义。但人多地少的基本国情农情，决定了我国的规模经营要把握好“适度”问题。土地适度规模经营既有量的问题，也要体现出质的提高。因此，我国规模经营的目标既要追求劳动生产率，更要追求提升土地产出率，而且国家的政策导向更应强调和鼓励提高土地产出率。土地适度规模经营要体现出量的要求。土地适度规模经营不是简单的“归大堆”，经营规模也不是越大越好。从当前我国的资源禀赋和工农收益看，一年两熟地区户均经营 50～60 亩，一年一熟地区户均经营 100～120 亩，较为符合国情。土地适度规模经营要受外部条件制约。土地适度规模经营的推进步伐和规模扩张，要与农村劳动力转移和市民化的进程，以及农村社会保障体系的健全完善相适应，不能超越或滞后于发展阶段。

2. **切实解决好设施农业的用地问题**

现代农业的产业形态日趋多元，农业用地的范围也在不断拓展。规模养殖场和养殖小区等现代畜牧业用地，塑料大棚、日光温室等设施农业用地，粮食晾晒烘干、农机具停放等农业生产附属用地，现代农业科技园区、休闲农业用地，这些方面的用地已经大大超过了直接耕作土地的范畴，如何满足需求需要认真研究。要落实好已有的政策措施。近年来，国家先后出台了《关于完善设施农用地管理有关问题的通知》《关于促进规模化畜禽养殖用地有关政策的通知》等政策，但在一些地方还难以有效落实。要探索出台新的扶持政策。可考虑在国家年度建设用地指标中单列一块，专门用于满足现代农业发展的新需求，并实行差别化的管理办法。要防止出现“搭便车”行为。严格政策界限，加强执法力度，坚决制止以设施用地之名行突破国家土地管理政策之实的行为。

二、关于改革农村集体土地征收制度

在中共十七届三中全会和十八大分别提出“严格界定公益性和经营性建设用地，逐步缩小征地范围”“改革征地制度，提高农民在土地增值收益中的分配比例”的基础上，中共十八届三中全会进一步强调，“缩小征地范围，规范征地程序，完善对被征地农民合理、规范、多元保障机制”，为改革农村集体土地征收制度指明了方向。

（一）界定公益性用地，缩小征地范围

土地征收必须以“公共利益”为目的与前提，是各国的共识，我国《宪法》和《土地管理法》也明确征收土地的前提是“为了公共利益的需要”。但由于《土地管理法》第四十三条规定，除兴办乡镇企业和村民建设住宅，或者乡（镇）村公共设施和公益事业建设经依法批准使用农民集体所有的土地外，“任何单位和个人进行建设，需要使用土地的，必须依法申请使用国有土地”，这就使得征地的限定条件——“公共利益需要”形同

具文。应当修改法律法规，使征地范围回归到“公共利益”的本义上来。

1. 明确界定公益性用地

通过立法或判例尽可能对公益性用地进行明确界定是各国通行做法。如日本《土地征收法》第3条详细列举了49种可以实施土地征收的事业，并且未设兜底条款。韩国《土地征收与补偿法》规定了7类可实施征地的事业。我国台湾地区“土地法”和“土地征收条例”规定了10类可实施征地的公共事业。美国法院通过判例形式为确认征收的前提条件——“公共使用”提供准则，联邦和州的立法也从不同方面为“公共使用”划定范围。我国应当借鉴有关国家和地区的经验，在制修订相关法律法规时对公益性用地范围作明确界定。

2. 严格限定征地范围

对“公共利益”的具体认定，既受到文化传统、政治体制的影响，又受到经济社会发展阶段的制约，各国和地区并没有完全一致、一成不变的认识和做法。总的来看，将军事用地、国家机关用地、交通和水电气等基础设施用地、教科文卫等公益事业用地纳入征地范围是各国的通行做法，至于工商业等经营性用地和成片开发建设能否纳入征地范畴，各国（地区）做法不同，内部认识也不一致。韩国在经济快速发展阶段，就将制铁、肥料及其他总统令规定的重要事业（如电子及造船、发动机制造、水泥生产等）列入“公共利益”范围允许征地，但在经济发展到较高程度后，于2002年将上述事业排除出征地范围。我国台湾地区目前仍允许通过区段征收的方式对新设都市地区、旧都市地区、非都市土地、农村小区等一定区域内的土地进行全部征收进行开发建设。美国最高法院尽管在2005年认可政府为发展经济而征收财产，但基于对征地权滥用的担心，43个州在该判决出台后制修订法律限制征收权的使用，一些州明确禁止仅为经济发展目的而征收土地。考虑到我国多年来征地规模高速增长和建设用地粗放浪费现象普遍存在的实际，结合今后集体建设用地改革的方向，我们认为，应当对征地范围从严控制，工商业用地原则上不应通过征收取得；没有具体用途、单纯与民争利的土地储备制度应当明确禁止；成片开发建设应当仅限于对旧城区的改造而不能无限扩张，如果考虑到发展阶段将征收范围扩大到新城区的，必须在征收程序和补偿标准上作出更严更高的规定。综合上述考虑，建议参照《国有土地上房屋征收与补偿条例》的表述，将政府征地限定为五种情形：（1）国防和外交的需要；（2）由政府组织实施的能源、交通、水利等基础设施的需要；（3）由政府组织实施的科技、教育、文化、卫生、体育、环境和资源保护等公共事业的需要；（4）由政府组织实施的保障性安居工程建设的需要；（5）法律、行政法规规定的其他公共利益的需要。

3. **允许城市土地集体所有**

当前各地扩大征地规模的一个重要手段，就是以宪法规定“城市的土地属于国家所有”为依据，城市发展无边界，征地也就无限制，导致大量集体土地被征为国有。这种做法，与宪法平等保护国有和集体经济的精神是相违背的。按照《宪法》第六条的规定，生产资料的全民所有制和劳动群众集体所有制都是社会主义公有制的组成部分，《宪法》在规定“国家保护城乡集体经济组织的合法的权利和利益，鼓励、指导和帮助集体经济的发展”的同时，还专门强调“……城市郊区的土地，除由法律规定属于国家所有的以外，属于集体所有”，突出体现了宪法对于土地集体所有的保护。应当看到，一块土地能否用于建设，属于用途管制范畴，与所有权没有内在联系。实践中，一些地方为减少征地矛盾和保障农民权益，已经有让农民在城镇化进程中保留集体土地所有权的做法。如广西壮族自治区贺州市、株洲市在留地安置中，就允许根据被征地农户的意见，将统一安排的产业发展用地的性质保留为集体建设用地，广东省、海南省、成都市等地也有类似做法。建议正本清源，尽快对“城市土地可以归集体所有”予以明确。考虑到修改宪法事关重大、程序复杂，可以考虑由全国人大常委会行使宪法解释权，明确“城市的土地属于国家所有”是对宪法颁布之时现状的确认而不是对未来发展的要求。城市建设中是否需要征地，要遵守《宪法》第十条第三款关于征地的具体要求（公共利益要求），从而在限制征地范围的同时，为集体土地参与城镇建设留出空间。

4. 改革完善财税和考核制度

当前滥征滥占土地的现象之所以非常严重，地方严重依赖一次性土地出让收入的土地财政和以 GDP 为核心的干部考核制度是重要原因。如果不对这两项制度进行改革，缩小征地范围的规定很难落实。建议按照全会精神深化税收制度改革，合理划分中央和地方税种并调整中央和地方共享税种的分配比例，加强以所得税和财产税为重点的直接税建设，尽快开征房产税，确保地方有稳定而持续的税收来源，同时还要深化地方机构改革，精兵简政，消除机构臃肿、人浮于事的问题。适应经济社会发展新阶段的要求，加快推进干部考核制度改革，完善发展成果考核评价体系，纠正单纯以经济增长速度评定政绩的倾向。

（二）完善征地程序，保障农民的知情权、参与权和监督权

目前，征地程序不完善、现有程序要求不落实的问题比较突出，是导致征地矛盾和纠纷的重要因素，有必要按照中共十八届三中全会的精神进一步规范征地程序。

1. 强化权力机关对征收权的控制

为防止行政机关滥用征收权，在英、美等国，地方事权范围内的征地项目均须得到地方议会的批准。在议会审查过程中，往往要以公开听证会等形式进行广泛的协商讨论，听取各方面特别是财产权人的意见，某一项目如不属公共利益而图利特定机构和个人往往会招致民怨沸腾，进而影响议员的表决，这起到了在个案中认定“公共利益”的作用，在很大程度上防止了征收权的滥用。与之相比，作为权力机关的我国各级人大在这方面的作用尚未发挥：一方面，与征地直接相关的土地利用总体规划、城乡规划无须人大批准，土地利用总体规划依照《土地管理法》只需经地级市以上人民政府批准即可，城乡规划尽管依照《城乡规划法》在报上一级人民政府批准前应经同级人大或其常委会审议，但审议意见仅具参考性质，并无约束力；另一方面，具体征地项目也由政府一手操办，人大同样缺乏控

制权。建议今后制修订法律法规时，明确土地利用总体规划、城乡规划和具体征地项目在报送审批前，均应经同级人大充分审议并获得批准，从而减少规划和征地的随意性，以民意来制约行政机关的权力。

2. 征地项目事前要听取被征地农民和集体的意见

从国外和我国台湾地区情况看，征地前充分听取被征地人意见是通行做法。如美国犹他州要求就投票表决征收的公开会议书面通知每一财产所有人，并给予其听证机会；西弗吉尼亚州要求以挂号信的形式通知财产所有人公开听证和要求就财产是否处于衰败状态进行实地考察的权利。我国台湾地区需用土地人在将欲兴办事业报主管部门批准前，要举办公听会听取土地所有权人以及其他利益相关人意见。但我国《土地管理法》仅规定征地补偿安置方案应当听取被征地农村集体经济组织和农民意见，在更为关键的决定征地环节没有听取农民意见的规定。借鉴有关国家和地区的经验，建议从以下方面完善征地程序：第一，土地利用总体规划、城乡建设规划涉及农用地转用的，应当专门听取相关集体组织和农民群众的意见。第二，征地项目在人大审议阶段，应当召开听证会听取拟征地所在的集体组织和农民的意见，听证会情况和相关意见应当连同其他审批材料一并报送征地审批机关。第三，征地决定不仅要在被征地集体公告栏中公告一定期间，还要书面送达已知的每一户被征地农民，确保其事前了解征地决定的内容。

3. 增加协议购买环节

从国外和我国台湾地区情况看，某项目即使被认定属于“公共利益”而允许征收，也不意味着政府必然动用征收权。在美国，政府确定征收地块后，首先要进行所有权调查并完成土地估价，之后以估价为基础与土地所有权人协商购买，只有协商购买不成的情况下才借助征收权。韩国和我国台湾地区均要求用地者先与土地所有权人协商购买所需土地，协商不成的才可申请征收。我国有必要借鉴上述经验，在征地程序中增加协议购买环节。为与目前征地程序尽可能衔接，可以考虑将该环节放在征地申请得到批准后，只有在法定期限内达不成协议的，才可实施强制征收。

4. **增加买回权制度**

为防止政府滥用强制权，许多国家和地区都规定被征地人的买回权制度。我国台湾地区《土地征收条例》就规定，有以下三种情形之一，原土地所有人可申请按原征收价额收回土地：第一，征收补偿费发给完竣届满三年，未依征收计划开始使用者；第二，未依核准征收原定兴办事业使用者；第三，依原征收计划开始使用后未满五年，不继续依原征收计划使用者。美国一些州也有类似规定。我们认为，可以借鉴上述经验，增加规定被征地集体的买回权制度，防止和遏制地方对土地"征而不用"的问题。

5. **加强农村集体征地补偿费分配、使用管理**

当前，农村集体征地补偿费分配不公、使用不透明和贪污、挪用、挥霍征地补偿款的问题时有发生，构成了被征地农民上访的重要原因。针对这一问题，应当健全制度，加强农村集体征地补偿费分配、使用管理：一方面，要与"长久不变"的制度走向统筹考虑，明确征地补偿费原则上应当主要归被征地农户；另一方面，要明确补偿费分配使用应当经集体成员全体会议而非代表会议讨论通过，使用情况也要向全体成员公开，以确保补偿费分配、使用的公平、公正和透明。

（三）完善对被征地农民合理、规范、多元保障机制

征地补偿标准低、被征地农民保障不充分是当前征地矛盾和纠纷的核心。被征地农民对征地不满，在很大程度上不是因为对是否属于公共利益有意见，而是对征地补偿不满。同时，地方政府之所以滥征滥占动机很强，也是因为征地补偿标准低，与招拍挂价格之间存在巨大利差。按照三中全会精神完善对被征地农民合理、规范、多元保障机制，可从以下方面着手：

1. **明确公正补偿原则**

土地被征收对于财产权人而言是其为了公共利益而作的特别牺牲，国家有义务按照填平补齐的原则给予公正补偿，这是各国的共识。如法国

《人权宣言》将“公平而预先补偿”作为征收前提、美国宪法将“公正补偿”作为前提、日本宪法将“正当补偿”作为前提。我国也应在法律中明确宣示对被征收人的公平补偿原则。

2. **稳步提高现金补偿标准**

发达国家和地区对被征地人的补偿以现金为主。美国将“公正补偿”定义为“公平的市场价值”。对于何谓公平的市场价值，《加利福尼亚民事程序法典》第 1263.320 条规定：“被征收财产的公平的市场价值为估价之日没有特别或紧急需要必卖也未被强迫的愿卖者和有准备、有意愿、有能力但也没有特别需要必买的愿买者都同意的最高价格，双方都对该财产合理的适宜、可得用途和目的完全知悉。”“被征收财产没有相关、可比市场的，其公平的市场价值为估价之日采用公正（Just）、公平（Equitable）估价方法评估的价值。”一些州如佐治亚和蒙大拿的宪法，还规定补偿应高于财产的公平市场价值，如特定情况下被征收人为获得充分补偿而支付的律师费和诉讼费也应纳入补偿范围。日本对被征收土地的补偿参考附近同类土地的交易价格进行计算，以公共利益认定公告时的相应价格，乘以到裁决时的物价变化校正系数，得出补偿金额。韩国、我国台湾地区则以公告的基准地价、土地现值为基础确定补偿地价。考虑到我国征地的实际状况，如果明确以市场交易价值作为现金补偿标准，一方面，由于土地用途、区位等不同，很难确定公认的市场交易价值；另一方面，现金补偿提得过高过快，很可能引起此前被征地农民找旧账问题，影响社会稳定。鉴此，我们认为，现金补偿应当尽可能与现行做法相衔接，可以参考韩国和我国台湾地区的做法，将目前并行的区片综合地价和统一年产值补偿制度统一为区片综合地价制度，取消土地管理法“按土地原用途补偿”的原则，授权省级政府定期调整，稳步提升现金补偿水平，这可能是更具合理性和可行性的做法。

3. **强化对被征地农民的安置保障**

在稳步提升对被征地农民“明补”的现金补偿的同时，应当将补偿的重点放到对被征地农民的安置保障上。发达国家和地区由于社会保障制度完善，可以不考虑被征地人的长远生计而一次性支付现金，但在我国这却是一个现实而重要的问题。农民土地被征收后，失去最基本的生产资料和赖以生存的生产手段，其社会身份、生产方式、生活来源等均发生较大变化，应当得到良好的安置保障，否则“种田无地、就业无门、社保无份”，不仅影响他们的长远生计，更会严重影响社会和谐稳定。建议从以下三个方面入手改革对被征地农民的安置保障：第一，改变目前“农民缴费、政府补贴”的社保缴费模式，由政府从土地出让收入中提取一定比例直接为农民缴纳保费，保证被征地农民即使不缴费也能享受到较高水平的保险待遇。第二，对农民的房屋不再按地上附着物补偿。对能够提供宅基地重建的，按重置价补偿；对不能提供宅基地重建的，由政府提供国有土地上大产权房屋，并尽可能让被征地农民有一套自住，还能有房屋出租或经商。计算补偿标准时应当考虑农民的宅基地面积。第三，加强对被征地农民的就业扶持，明确开发建设被征收土地，应当优先安排被征地农民就业；国家给予被征地农民免费的技能培训和就业指导，提高其就业能力；被征地农民自主创业的，国家给予信贷、税收扶持。

4. 将留地安置作为一种法定补偿方式

我国台湾地区在成片开发建设的“区段征收”中，采用了“抵价地”补偿制度。被征收人可自愿选择现金补偿或发给抵价地补偿，也可以选择部分领取现金补偿，部分申请发给抵价地。抵价地的总面积原则上为50%，特殊情况经核准也不得少于40%。“抵价地”制度使被征收人能够分享土地开发建设后的增值收益，保障了被征收人的权益，政府在减少征地阻力的同时，也减少了支付现金补偿的压力，是一种两全其美的制度。我国目前已有20多个省区市采用过留地安置方式，取得了较好的效果。我们认为，如果允许成片开发建设纳入征地范围，就应当借鉴我国台湾地区的经验，在总结各地实践的基础上，将留地安置作为法定补偿方式，确保被征地农民分享发展成果。

三、关于农村集体建设用地制度改革

农村集体建设用地既是重要的农村土地资源，又是农民集体的重要财产，但由于不能流动，严重影响了土地资源的优化配置和土地的增值收益。按照中共十八届三中全会精神推进农村集体建设用地制度改革，就要努力释放农村集体建设用地财产潜能，允许其直接参与工业化、城镇化进程，让农民获得土地收益。

（一）积极推进农村集体经营性建设用地流转

中共十八届三中全会作出了“在符合规划和用途管制前提下，允许农村集体经营性建设用地出让、租赁、入股，实行与国有土地同等入市、同权同价”的决定。我们认为，加快农村集体经营性建设用地流转制度改革，应当遵循“产权明晰、权能完善、农民自主、流转规范、用途管制、收益分享”的原则。

1. 坚持先确权后流转

目前我国绝大多数农村集体产权不清、成员范围不明，每个成员享有多少份额也不清楚，相应导致广大农民的产权意识和监督意识淡薄，在绝大多数地方由村委会代行产权代表人职能情况下，不可避免地存在村干部在土地事项上以权谋私、侵吞贪占等现象。这个问题不解决，农村集体建设用地流转极可能只会使少数干部受益、农民群众受损。因此，必须明确集体建设用地流转的前提是完成农村集体产权制度改革，在将包括集体建设用地在内的集体产权确权量化到人（户）后方可流转，这不仅有利于定纷止争，也有利于激发和增强农民参与管理、监督的自觉性和主动性，确保广大农民群众得到建设用地流转的实惠。近年来，一些地方实行集体资产“股份量化、公司管理”，或者成立社区土地股份合作社，土地股份量化到人，并根据成员变化动股（调整股份）不动地的做法，值得肯定和推广。

2. 促进农村集体建设用地多种方式流转

按照全会精神赋予集体建设用地使用权包括出租、出让、转让、入股、抵押等多种方式流转的权能。有同志认为，农民和农村集体组织经批准后“用自有土地、建自用建筑”，是农村集体建设用地的基本特征，允许农村集体建设用地流转和进入市场，与这一特征抵触，“农村集体建设用地”的法律概念本身将不复存在。我们认为，只要制度安排合理，允许集体建设用地使用权以多种方式流转不会影响土地集体所有的性质：农村集体建设用地作为农民集体拥有的建设用地，既可以自己使用，当然也可以在符合规划的前提下将使用权以出租、入股等形式流转并获得收益，这才是所有权题中应有之义。此外，通过法律规定，明确农村集体建设用地的使用权流转期限（包括入股）不得超过一定期限（比如可参照国有建设用地规定为50年），限定流转后用途（如不得搞房地产开发），可以有效避免失地风险，不会损害农民集体的土地所有权。实际上，目前很多开展试点的地方都允许集体建设用地以出租、出让、入股、抵押、转让等形式流转，并没有影响到农民集体的土地所有权。

3. **鼓励支持农民直接参与经营性建设用地开发**

要尊重农民集体的所有权人地位，保障农民在集体建设用地流转上的决定权。集体建设用地的所有权人是农民集体而不是政府，集体建设用地是否流转、以何种方式流转、流转给谁等，应由农民集体通过自身民主程序决定，政府可以指导帮助、规范监督，但不能直接干预，更不能包办代替。从目前一些地方的实践看，存在政府直接牵头集体土地流转并以分成方式获取流转收益的问题，这属于政府越位并与民争利，应予以纠正。从成都市等地的实践看，还应鼓励支持农民直接从事经营性建设用地开发，获取更多更直接的收益。

4. **促进建设用地规范流转**

集体建设用地流转涉及巨大的利益，为防止少数干部借机牟利，损害农民集体权益，应当重点建立两项制度：一是公开交易制度。建立农村产权交易所，集体建设用地必须在公开市场上以招标、拍卖等方式竞价流转，而不能一对一地私下交易；二是民主议决制度。对于方式最透明、收益最直接、风险最小的出租，经集体成员或集体成员代表会议 1/2 以上通过即可；对风险较大的出让、入股、抵押方式，应当经集体成员会议 2/3 以上多数通过。对集体建设用地使用权人再次转让使用权的，应当设定须征得农民集体同意的前提条件。

5. **坚持土地规划和用途管制**

在“种粮不如种菜、种菜不如种花、种花不如种房”的背景下，允许集体建设用地入市流转，客观上可能激发农民“卖地”的积极性。要从实行最严格的耕地保护制度出发，完善用途管制制度，加强农村土地利用规划和建设用地流转监管，防止耕地流失和流转后管理失控。

6. **合理调节流转收益**

农村集体建设用地流转收益远大于务农收益，这将会给耕地保护和农业发展带来巨大压力，对提高农业补贴水平形成倒逼机制。应当未雨绸缪，考虑应对措施：建议针对集体建设用地流转收益收取所得税等税金，并专项用于耕地保护补偿和农业补贴，以平衡城郊和农区、务农村民和非务农村民的利益，保护农民务农种粮的积极性。

（二）稳妥改革农村宅基地管理

经过几十年的制度变迁，“集体所有，村民使用；一户一宅，限制面积；福利分配，长期使用；限制权能，无偿收回”构成我国现行宅基地使用权制度的主要内容。随着工业化、城镇化的发展，农村宅基地管理也面临着新的问题，近年来各界改革宅基地管理制度的呼声一直很高。适应新形势的要求，中共十八届三中全会提出：“改革完善农村宅基地制度，选择若干试点，慎重稳妥推进农民住房财产权抵押、担保、转让，探索农民增加财产性收入渠道。”落实全会精神，应当重点关注以下问题：

1. **继续坚持“一户一宅”的要求**

近年来，一些学者从保障农民的财产权和平等权出发，认为应当取消“一户一宅”的限制。我们认为该意见不妥。“一户一宅”制度，不仅保障了每户农民都能有一块宅基地以安身立命（机会平等），而且也保障了农民之间宅基地数量的平等（结果平等），富者不能多占，穷者不会少得，体现了社会公平。在人多地少、工业化城镇化还将继续占用耕地的基本国情下，如果允许农村“一户多宅”，耕地红线将很难守住。城里人可以有几套商品房，而农村只能“一户一宅”，但这并不构成对农民的歧视。农民的宅基地属福利和保障性质，自然要防止一户多次享受。城镇居民购买保障性质的住房如经济适用房等，也要受到类似“一户一宅”的限制——已购买保障房的家庭也不能再购买另一套保障房。

2. 宅基地在特定情况下可以有偿使用

不区分情况全面实行宅基地有偿使用，不仅与土地归农民集体所有的制度安排相违，还可能导致宅基地使用上“富者通吃”的局面，有损宅基地制度的公平性。但为解决“一户多宅”“面积超标”“非法占地”“城镇居民取得宅基地”等历史遗留问题并防止上述问题继续蔓延，从保护耕地、维护集体利益和村民之间的公平出发，建议对特定情形下的宅基地使用实行有偿：一是对拥有两处以上宅基地的村民，可对其第一处以外的宅基地收取使用费；二是对面积超标的村民，可对其超标面积收取使用费；三是对非法占地建房行为因客观原因难以强制拆除的，可加倍收取使用费；四是对将房屋出租给他人的村民，可收取使用费，以防止借出租之名行买卖之实；五是包括城镇居民在内的非本村村民因继承等原因实际取得宅基地的，可加倍收取使用费，以保护集体利益，并促进闲置宅基地向本村符合条件的村民流转。

3. 目前不宜放开城镇居民到农村购置宅基地（买房）

1999 年以来，国务院多次重申禁止城镇居民在农村购置宅基地（买房）。近年来，很多学者建议废止这一禁令。我们认为目前放开这一禁令的条件还不成熟：一是与宅基地制度的设立目的不符。宅基地制度的出发点是为了保障本村村民“居者有其屋”的居住需要，而不是满足城镇居民的居住需要；二是不利于保护本村村民居住利益和耕地。宅基地的排他性强、社会性弱，如允许转让给非本村居民，不仅会挤压利用闲置宅基地解决本村新增人口居住问题的空间，还会阻塞将闲置宅基地收回复垦为耕地的渠道；三是无助于促进农民市民化。农民进城定居是一个系统工程和自然过程，需要相应的经济社会条件特别是就业、社保等为基础和保障。放开宅基地转让对那些已进城定居的农民可能会“锦上添花”（但他们由于不缺钱，很可能不会流转），对多数农民并不能起到“雪中送炭”的作用，推动农民进城定居更不啻是天方夜谭。四是可能助长土地投机。允许宅基地流转，极可能出现工商资本、城镇居民竞相购买、炒作宅基地的热潮，对经济发展和社会和谐稳定都会产生不利影响。

4. 宅基地（农民住房）流转对象原则上应为本集体符合条件的农户

考虑到宅基地制度的设立目的，宅基地（农民住房）流转的受让方原则上应当是本集体符合条件的农户。从试点探索出发，如将受让方扩大为本乡、本县其他符合宅基地取得条件的农户的，应设定如下条件：一是本集体符合宅基地取得条件的农户有优先购买权；二是应经本集体 1/2 以上农户同意；三是受让方应当按年向农民集体缴纳土地有偿使用费。抵押权实现后宅基地（农民住房）流转的，也应遵循同样规则。

5. 宅基地（农民住房）流转制度改革试点应规范开展

与承包经营权流转相比，宅基地使用权（农民住房）流转制度改革涉及的因素更为复杂，“试错”后的不利后果也更大，为防止各地自行其是对国家整体制度造成冲击和倒逼效应，并将探索失败的风险降至最小，应当明确各地探索应取得中央授权，并坚持不得流转给城镇居民的底线。同时，还要抓紧出台宅基地管理法规，为规范宅基地管理提供依据。

（三）慎重开展城乡建设用地增减挂钩

自 2004 年《国务院关于深化改革严格土地管理的决定》提出“鼓励农村建设用地整理，城镇建设用地增加要与农村建设用地减少相挂钩”以来，城乡建设用地增减挂钩在各地迅速推开，成为土地制度改革的一个热点。地方政府普遍认为，通过“增减挂钩”，既解决了工业化、城镇化急需的建设用地指标问题，也解决了农村建设用地空、散、乱的问题，不仅增加了耕地，也改善了农民的居住条件和农村环境，是一件好事。但也有不少专家学者对此持否定态度。

1.“增减挂钩”实施中存在问题和隐患

我们认为，“城镇建设用地增加要与农村建设用地减少相挂钩”的要求本身没有问题，但在具体落实中确实存在一些亟待解决的问题：一是结果是占用耕地。现实中，通过“城乡建设用地增减挂钩”获得的建设用地指标基本上被用于在城市郊区等其他地方征占耕地，建设用地只是挪了位置而没有真正增加耕地；在一些城郊农村，甚至直接将腾退的建设用地转为城镇建设用地或作为“土地储备”，实际上农村土地整体上被减少了；二是主导权在政府而不是农民。农村集体建设用地归农民集体所有，是否整理、如何整理应当由农民集体民主议决，但从地方做法看，整理过程往往采取与征地拆迁类似的做法推进，政府强势主导。一些地方还直接搞村庄合并，不仅打乱了原来的村组结构，也使农村集体经济组织运行遇到困难乃至失去依托；三是好处主要归政府而不是农民。地方政府不仅获得了建设用地或者建设用地指标，而且和开发商一起拿了土地整理好处的大头。

2.“增减挂钩”应当尊重农民的土地权利

一是必须尊重农民的土地所有权和使用权。目前地方在“增减挂钩”中强制或变相强制农民腾退宅基地、搞集中居住的做法，存在规避征收程序、变相征收农民土地的问题，其实质是不尊重乃至侵犯农民的土地权益。建议明确今后开展集体建设用地整理，必须经村民（集体经济组织成员）会议 2/3 以上多数通过，并取得宅基地使用权人同意，严禁强制腾退宅基地。土地整理应由农民自主进行，政府可以指导帮助但不能包办代替；二是必须切实保护耕地。使“增减挂钩”回归到土地整理和占补平衡的本义上来。一方面，严格建设用地指标管理，因建设用地整理增加的耕地（不含履行“占补平衡”义务整理出的耕地）可以作为增加下一年度建设用地指标的依据，不允许在国家年度建设用地指标之外“体外运行”。另一方面，应当由省级国土、农业等部门联合对整理后的耕地验收，确保其数量和质量符合要求；三是必须保障收益归农。在保障集体经济组织和农民在土地整理中主体地位的同时，还必须明确因整理获得的收益应当全部归农民集体所有，由农民集体以民主议决方式决定其分配和使用。政府在宅基地整理中可以起引导和扶持作用，但不能直接从中牟取资金利益。

第十章

不断健全完善“三权分离”的农地制度

农地制度作为农村的一项基础制度安排，事关农业发展、农民增收和农村稳定大局。经济社会日益发展从多方面对农地制度提出了新要求，有必要进一步完善现行“两权分离”的农地制度，明确把承包经营权界定为相对独立的承包权与经营权，构建以“三权分离”为特征的新型农地制度。

一、现行“两权分离”的农地制度已有创新必要

改革开放以来，家庭承包经营制度的确立，使我国逐渐形成了以所有权和承包经营权“两权分离”为特征的农地制度，农民集体拥有农地所有权，农户拥有土地承包经营权。这样的制度安排较好地处理了国家、集体和农民的利益关系，有效调动了农民的生产积极性，支撑了农业农村经济的持续发展，呈现出良好的制度绩效。随着经济社会的发展，农业生产经营主体、农地资源配置状况和农业外部环境条件都发生了深刻变化，“两权分离”的农地制度也面临一些矛盾和问题，承包经营权的设置已经越来越呈现出创新的必要。

（一）农村土地承包经营权实际包含多重权利

从法律法规和现实状况看，目前我国农户拥有的土地承包经营权实际上是一个包含多重权利的组合。《物权法》明确规定，土地承包经营权人

依法对其承包的耕地、林地、草地等享有占有、使用和收益的权利。正如目前农地的所有权和承包经营权分别归属农民集体和农户一样，土地承包经营权的各项权能既可由同一主体承担，也可在不同主体之间分割。历史沿革与国际经验都表明，各项权能在不同主体间的分割与界定，是决定农地资源配置效率的关键因素。

（二）笼统的农村土地承包经营权提法在法理上不够严谨

目前我国的法律法规和政策文件中对农地流转的正式提法均为农村土地承包经营权流转。农村土地流转包括转包、出租、互换、转让、股份合作等形式，其中转包、出租这两种主流形式所占比重将近80%。在绝大多数情况下，农户流转的实际上仅是承包经营权中的经营权部分。农户的承包权基于集体成员的身份产生，除了转让方式外，原有承包关系并未发生变化，农地承包权并未发生转移。因此，笼统称为农村土地承包经营权流转在法理上既不够严谨，容易动摇农民对长期拥有土地承包权的预期，也难以反映土地流转后相关主体权利义务关系变化的实质。

（三）土地承包权与经营权主体分离日趋普遍

改革开放之初，城乡之间二元分割，农村人口都依附于农地，土地承包权与经营权主体高度统一。随着农村劳动力转移，农民就业结构发生较大变化，目前农民工数量已达2.63亿，人户分离的农户家庭越来越多。在这种情况下，农村土地承包权主体与经营权主体发生分离的情况也日趋普遍。据统计，截至2012年年底，全国农村土地流转比例已经达到了21.2%。事实上，农村土地越来越呈现出明确所有权、稳定承包权、放活经营权的取向，实践发展日益对创新农地制度提出新要求。

二、实施“三权分离”的农地制度切实可行

农地制度事关国家、集体、农民各方利益，具有高度复杂性、敏感性，社会各界密切关注，哪怕是微调也必须谨慎推进。实施所有权、承包权、经营权“三权分离”的农地制度充分考虑到了现有的农地制度格局，

兼顾了各方利益，具备现实可行性。

（一）“三权分离”的农地制度具有深厚的历史基础

从历史上看，地主经济一直居于农村经济的主导地位，土地主要归地主所有，采取佃农经营方式，“田面权”与“田底权”相分离是土地经营最重要也是最基本的特征。特别是经过几千年的发展变化，到了近代，土地租佃关系已经高度发达，从成文法到习惯法，从正式制度到非正式制度都对土地租佃各方的权利义务有着明确界定。

（二）“三权分离”是对现行农地制度的继承和发扬

实施“三权分离”的农地制度，不是对现有农村土地制度的根本变革，而是在认可现行农地制度和农地利益格局的基础上，进一步界定和明晰所有、占有、使用、收益等各项权能在不同主体之间的分布。“三权分离”不会改变土地的集体所有性质，不会损害农民的农地相关权益，也与农地用途管制制度没有必然联系，是对现有农地制度发扬和优化。

（三）“三权分离”能够实现公平与效率的有机统一

实施“三权分离”的农地制度，明确界定“承包权”和“经营权”。一方面，保护承包权是对现有农地利益格局的认可和强化，土地承包权因农户的集体组织成员身份产生，受到法律的保护，不会轻易失去；另一方面，对经营权的强调和保护可使土地使用者有稳定的预期，通过土壤改良、基础设施完善等措施来提高土地资源的产出效率。保护承包权以求公平，用活经营权以求效率，“三权分离”可以实现公平与效率的有机统一。

三、构建“三权分离”农地制度的政策取向

健全完善“三权”分离的农地制度，虽然最终要靠法制规范，但更为基础和关键的是通过政策创新逐步推进，在各项具体政策与制度中体现“三权分离”的要求。

（一）明确土地承包权与经营权的内涵

在确保农村土地集体所有的前提下，对土地承包经营权进行适当分

解，明确界定为相对独立的承包权与经营权。农户通过承包，从集体获得包括承包权和经营权在内的完整权利。承包权长久不变，一般情况下不得变动；在整家迁入城镇并且完全自愿情况下，农户可以退出土地承包权；按照依法、自愿、有偿原则，农户可将获得的经营权向其他经营主体自由流转。

（二）土地承包权要逐步凸现财产功能

从集体获得的土地承包权是农户重要的财产权利，在农村劳动力大量转移的情况下，对农户承包权的保护要重点放在保护农户的土地财产权利上。要通过落实农村土地承包关系长久不变、扩大土地承包经营权权能等措施，强化土地承包权的物权功能，使其在土地征收（征用）和流转时能够获得拥有承包权所带来的资本收益，为增加农民财产性收入发挥作用。

（三）用活经营权提高农地资源配置效率

这是构建“三权分离”农地制度的重要目标。基本的考虑是在坚持农地农用和依法自愿有偿的前提下，通过健全土地流转市场、规范流转中介服务、强化流转合同的法律保护等措施，稳定土地经营权主体的预期，为稀缺农地资源在更大范围内优化配置创造条件，解决一些地方频频出现的有地无人种、有人无地种、土地粗放经营甚至撂荒的矛盾，以利于发展农地适度规模经营。

附录

河北省农村土地承包问卷调查结果分析

随着工业化、城镇化的深入发展和农业现代化的推进，我国农村土地领域出现了一些新情况、新问题，改革完善农村土地制度的呼声比较强烈。为了解农民群众对农村土地有关问题的看法和态度，我们深入河北省鹿泉市、衡水市桃城区，对8个乡镇16个村的219名农民进行了问卷调查①。调查结果显示：

一、农民尚缺乏清晰、强烈的土地产权意识

认为承包地归国家、集体所有的分别占31%、36.1%，认为归自己所有的占26%，还有6.9%的农民不清楚归谁所有。经追问，在认为承包地归自己所有的农民中，很多是因为不了解所有权与承包经营权的区别，将两者混同所致；认为归国家、集体所有的农民则往往补充一句："地是由我来承包。"这表明：由于土地承包制度保证了农民有地可种，农民并不关心土地归谁所有，因而缺乏清晰、强烈的产权意识；但受新中国成立以来实行几十年的土地公有制的浸润，土地公有仍是农民的主流认识；在"三十年不变"政策的影响下，很多农民也认识到自己对承包地享有比较

---

① 为保证数据的准确性，我们采用了访谈形式进行问卷调查。需要说明的是，由于村里的年轻人都出外务工，我们访谈的基本上都是中老年农民。

充分的权利。

二、农民对土地承包经营权证作用的主观认识超出了其客观作用

尽管25.1%的受访农民表示没有土地承包经营权证（特别是在个别定期调整承包地的村庄，村民几乎都没有土地承包经营权证），但多达85.4%的受访农民认为土地承包经营权证有用。当被问到有何作用时，受访农民往往回答“平时没什么用，但出现纠纷、征地补偿时可以证明土地是我的”。但农民的这一认识与法律规定是有很大差距的。按照《农村土地承包法》，承包经营权的凭据是承包合同，政府颁发的土地承包经营权证仅起到确认作用，一旦两者发生冲突，应当以承包合同为准。因此，承包经营权确权登记颁证工作要全面推进，必须解决好承包期内定期调地和承包经营权证法律作用的问题，否则不仅可能在一些村庄走过场，还可能产生不必要的矛盾。

三、二轮承包以来各村人口均呈上升态势

我们调查的16个村庄少则增加几十人，多则增加几百人，46.6%的受访农户增加了人口，人口没有变和减少的农户分别有34.7%、18.7%。同时，受访农户增加的人口在114人以上，远多于减少的29人。这意味着在设计“长久不变”政策措施时，应当对如何解决人口增加导致的人地矛盾重点考虑。

四、多数农民不支持“增人不增地、减人不减地”的政策，还有部分村庄定期调整土地

有64.8%[①]受访的农民认为该项政策不好，理由是30年时间太长，

① 分区域看，鹿泉市为59.5%，桃城区为70.3%，均超过了一半。这一结果与一些学者的调查结果基本一致，在党国英、廖洪乐等人的调查中，赞成随人口变化调整土地的农民均占第一位。

“死去的人占着地，增加的人没有地、吃不上饭，不公平”[①]。通过与村民座谈，我们感到，土地承载的社会保障功能以及现实经济利益（可以获得每亩100多元的农业补贴，流转可以获得价值600～1400斤小麦的租金，征地可以获得数万元乃至十几万元的补偿），是农民要求均分土地的重要动因。但农民对该政策的评判不仅仅基于自身利益，还受到传统公平观的影响：人口减少和没有变的村民按理是“增人不增地、减人不减地”政策的受益者，但仍分别有46.3％、60.5％认为此项政策不好。在群众“按人分地”观念的影响下，我们走访的16个村有8个村自二轮承包以来对土地进行过调整，除4个村是利用机动地或补充耕地为新增人口调了地外，有1个村进行过时间不固定的小调，还有3个村定期调整土地，分别为“3年一小调，5年一大调”“5年一小调，10年一大调”和“5年一大调”。这表明，尽管中央一直强调稳定土地承包关系，但在实行数十年的土地公有制的影响下，“土地均分、人人有份”仍然是相当数量农民群众的诉求。

五、多数农民认为三轮承包时应打乱重分

在“二轮承包到期后，你认为是否应该打乱重分”一项，回答“应该”的占40.6％，回答“应该但很困难”的占19.6％，只有39.3％的受访农民回答“不应该”。同时需要指出，受访农民对于该不该打乱重分的态度还受征地补偿分配方式的影响。鹿泉市近年来征地较多，补偿款除20％留给集体外，80％都给了被征地农户，因此53.2％的受访农民认为三轮承包时不应打乱重分，还有26.1％的农民认为“应该但很困难”，理由是“补偿款他要了，到时候拿我们的地给他可不行”。桃城区受访村庄由于征地较少，多数征地后“钱平分、地重分”，个别还在“三年一小调、五年一大调”，受访农民认为不应该打乱重分的占25％，认为“应该但很困难”的占13％，均低于鹿泉市一半左右。这从侧面要求将征地补偿制度

---

① 问卷调查也印证了这一态度，在回答“你们村要求调地的农民为什么想调地”时，选择“家里人增加了，没地不公平”的居首位，占82.2％。

改革与“长久不变”政策设计统筹考虑，防止两者不协调而增加农村纠纷。

六、多数农民认为三轮承包应当规定具体期限

认为三轮承包应当规定具体期限的占受访农民的71.2%。其中，选择10年的最多，占41%，理由是“10年的时间不短也不长，能够保证新增人口有地”；其次为30年，占19.9%；选择50年的只有2.6%。[①] 仅有24.2%的受访农民赞成“永远不变”。这与农民对“增人不增地、减人不减地”的态度一致，同样表明农民主要关注土地使用权的公平性，一些学者倡导的“永远不变”乃至“私有化”并不符合群众期待。

七、农民对工商企业到农村租地和承包地、宅基地抵押持开放态度

68%的受访农民愿意在价格合适的情况下将地租给企业，不愿意的主要是担心企业经营风险和毁坏耕地，也有人认为自己种更合算。59.4%的受访农民愿意拿承包地和宅基地抵押贷款，当被问到“难道不怕还不了贷款被收走地”时，多数认为在贷款时会考虑个人情况、提前掂量风险，不会随意抵押；也有少数表示“共产党不会让我们吃不上饭、住不上房”或者“没想过这个问题”，还有人表示“我要不让收，谁也收不走”。

八、多数农民对城镇居民到农村买房持否定态度

鹿泉市由于紧邻石家庄市，受访农民表示有城里人来农村买房的现象。但无论是鹿泉市还是桃城区，均有超过60%的村民对此持不赞成态度[②]，理由主要是占用本村土地资源、抬高土地价格、影响本村村民居住。表示“赞成”和“不好说”的分别占总数的20.1%和19.2%，理由主要是

① 此外，还有选择20年、5年、15年的，分别占16.7%、14.1%、5.7%。
② 分别为61.3%、60.2%。

买房是当事人双方的事，自己不好干预。这表明，国家出台的禁止城镇居民到农村买房的政策与农民群众的意愿一致，应当继续坚持。

九、多数农民愿意通过宅基地整理上楼居住

对于“如果交出宅基地，可以免费上楼居住，你是否愿意”这一问题，55.2％的受访农民表示愿意，理由主要是居住舒适、干净卫生；有14.2％的受访农民表示要看户型、面积决定；表示不愿意的占28.3％，主要是担心农机农具放置、粮食晾晒和上楼不方便，还有2.3％的农户表示“不好说”。值得注意的是，在工业化、城镇化发展较快的鹿泉市，愿意上楼的农民占到了63.1％，而在工业化、城镇化发展相对滞后的桃城区，只有47.2％的农民愿意上楼居住。这一方面说明农民上楼居住应当是一个自然过程，必须具备非农就业充分、非农收入较高等客观条件，并考虑农民的居住习惯；另一方面也表明农民尚缺乏宅基地使用权的财产权意识，其权利极可能在“宅基地整理”“新民居建设”“新农村建设”中被以极小成本拿走，需要国家出台规定来强化保护。

参考文献①

1. 丁关良．土地承包经营权基本问题研究．杭州：浙江大学出版社，2007 年

2. 姚洋．土地、制度和农业发展．北京：北京大学出版社，2004 年

3. 张红宇．中国农村的土地制度变迁．北京：中国农业出版社，2002 年

4. 北京天则经济研究所《中国土地问题》课题组．土地流转与农业现代化．管理世界，2010 年第 7 期

5. 陈家泽．土地资本化的制度障碍与改革路径．财经科学，2008 年第 3 期

6. 陈剑波．农地制度：所有权问题还是委托—代理问题．经济研究，2007 年第 6 期

7. 陈志刚，曲福田．农地产权制度变迁的绩效分析．中国农村观察，2003 年第 1 期

8. 韩长赋．毫不动摇地加快转变农业发展方式．求是，2010 年第 10 期

9. 黄少安，孙圣民，宫明波．中国土地产权制度对农业经济增长的影响．中国社会科学，2005 年第 3 期

10. 黄宗智，彭玉生．三大历史性变迁的交汇与中国小规模农业的前

① 本部分列出的只是部分参考文献，其余在文中以附注形式标注。

景．中国社会科学，2007 年第 4 期

11. 黄祖辉等．农村土地流转：现状、问题及对策．浙江大学学报（人文社会科学版），2008 年 3 月，第 38 卷第 2 期

12. 蒋省三等．土地制度改革与国民经济成长．管理世界，2007 年第 9 期

13. 廖洪乐．我国农村土地集体所有制的稳定与完善．管理世界，2007 年第 11 期

14. 廖西元等．中国特色农业规模经营“三步走”战略——从“生产环节流转”再到“承包权流转”．农业经济问题，2011 年第 12 期

15. 刘广栋，程久苗．1949 年以来中国农村土地制度变迁的理论和实践．中国农村观察，2007 年第 2 期

16. 刘淑春．改革开放以来中国农村土地流转制度的改革与发展．经济与管理，2008 年第 10 期

17. 刘同山等．兼业程度、地权期待与农户的土地退出意愿．经济与管理研究，2013 年第 10 期

18. 罗伊·普罗斯特曼等．中国农业的规模经营：政策适当吗．中国农村经济，1996 年第 6 期

19. 孙中华．关于稳定和完善农村基本经营制度的几个问题．农村经营管理，2009 年第 5 期

20. 陶然等．二轮承包后的中国农村土地行政性调整——典型事实、农民反应与政策含义．中国农村经济，2009 年第 10 期

21. 田传浩，贾生华．农地制度、地权稳定性与农地使用权市场发育．经济研究，2004 年第 1 期

22. 王志刚等．农业规模经营：从生产环节外包开始——以水稻为例．中国农村经济，2011 年第 9 期

23. 夏宁，夏锋．农民土地财产性收入的制度障碍与改革路径．农业经济问题，2008 年第 11 期

24. 许庆等．规模经济、规模报酬与农业适度规模经营——基于我国

粮食生产的实证研究．经济研究，2011 年第 3 期

25. 许庆等．中国农地适度规模经营问题研究综述．中国土地科学，2010 年第 4 期

26. 薛亮．从农业规模经营看中国农业特色现代化道路．农业经济问题，2008 年第 6 期

27. 姚洋．中国农地制度：一个分析框架．中国社会科学，2000 年第 2 期

28. 叶建平等．2005 年中国农村土地使用权调查研究——17 省调查结果及政策建议．管理世界，2006 年第 7 期

29. 叶贞琴．转变发展方式，打造粮食发展新增长势——关于我国粮食“九连增”后的若干思考．农民日报，2012 年 12 月 11 日

30. 俞海等．地权稳定性、土地流转与农地资源持续利用．经济研究，2003 年第 9 期

31. 曾芬钰．我国农村土地双重功能向单一功能演变的必然趋势．财贸研究，2005 年第 3 期

32. 张光宏．农地产权制度效率：历史分析与启示．农业经济问题，2005 年第 6 期

33. 张红宇．对当前农地制度创新的几点看法与评论．中国经济时报，2005 年第 7 月 8 日

34. 张红宇．构建以“三权分离”为特征的新型农地制度．中国经济时报，2013 年 7 月 26 日

35. 张红宇．现代农业与适度规模经营．农村经济，2012 年第 5 期

36. 张红宇等．关于扶持新型农业经营主体发展的若干思考．农民日报，2013 年 6 月 26 日

37. 张晓山．现代农业需走内涵式规模经营道路．中国发展观察，2007 年第 2 期

38. 张志强等．农村集体经济组织及其成员权和农村社区组织及其成员权混同的法经济学分析．农业经济问题，2008 年第 10 期

39. 赵阳．对农地再分配制度的重新认识．中国农村观察，2004 年第 4 期

40. 郑文凯，胡剑锋．农业适度规模经营的现实选择．瞭望新闻周刊，2006 年 3 月 27 日

41. 周天勇．土地制度的供求冲突与其改革的框架性安排．管理世界，2003 年第 10 期

后 记

2013 年 7 月，我们受全国政协经济委员会委托，开始组织撰写“中国新型城镇化理论与实践丛书”。在丛书即将付梓之际，我们还有几句话要对读者说一说。

这是一套与《国家新型城镇化规划（2014—2020 年）》相配套的丛书。

为配合这一规划的研究和制定工作，我们于 2013 年 9 月把通过广泛考察所形成的调研报告，特别是关于对新型城镇化六个问题的看法呈报国务院领导同志，国家发改委等部门根据领导同志的批示要求，对这些报告作了认真研究并采纳了其中许多建议。2014 年 3 月《国家新型城镇化规划（2014—2020 年）》正式发布之后，我们又依据规划对丛书作了相应补充完善，进而使丛书内容更加符合规划要求。

这是一套由著名经济学家与实际操作者共同打造的丛书。

著名经济学家厉以宁、艾丰教授和长期从事经济工作的石军同志多次谋划研究丛书构架设计和重要观点，并担任丛书编委会主任。中国社会科学研究院院长王伟光，国务院发展研究中心副主任韩俊、中国经济时报社社长许宝健、国务院发展研究中心金融研究所副所长巴曙松、东方文化与城市发展研究所所长刘锋和杨晓东、中国区域科学协会副会长郝寿义等著名专家和学者，也都出任编委会委员，并分别承担了相关书稿的撰写工作。

国家发展和改革委员会副主任何立峰（天津市原政协主席）、山东省政协副主席陈光、上海市浦东新区政协主席张俭、农业部农村经济体制与经营管理司司长张红宇、上海市浦东新区发展和改革委员会主任管小军、山东省临沂市市委书记张少军和漫园控股有限公司董事长、北京定福庄文化产业促进会常务副会长杨青山以及艾丰经济研究院副院长詹国枢、冉永平等同志应邀担任丛书编委会委员，并亲自组织相关书稿的撰写工作。

这是一套广泛吸纳各地经验和有关同志智慧而创作的丛书。

在撰写过程中，我们参考了全国各地提供的相关资料，并吸收了他们的成功经验和做法。还到北京、上海、天津、江苏、浙江、山东、湖北等省市作了实地考察，采纳了他们提出的诸多建议和意见，并在北京、上海、天津、山东、湖北五省市有关同志的支持下，完成了文化、科技、工业、物流、旅游驱动新型城镇化五本实践专著。吴新民、张金杰、高钰婕、张光源等同志亦对丛书撰写给予了有力指导和支持，在此一并表示感谢。

由于丛书撰写的时间紧、任务重，难免有阐述不到位甚至偏颇之处，敬请各位读者批评指正。

中国新型城镇化理论与实践丛书

编委会

2014 年 9 月

图书在版编目（CIP）数据

新型城镇化与农地制度改革/张红宇著.—北京：中国工人出版社，2014.3

（中国新型城镇化理论与实践丛书/厉以宁，艾丰，石军主编）

ISBN 978-7-5008-5722-8

Ⅰ.①新… Ⅱ.①张… Ⅲ.①城市化－土地问题－研究－中国 Ⅳ.①F321.1

中国版本图书馆CIP数据核字（2014）第050561号

新型城镇化与农地制度改革

出 版 人	李庆堂
责任编辑	安 静
责任校对	赵贵芬
责任印制	栾征宇
出版发行	中国工人出版社
地 址	北京市东城区鼓楼外大街45号 邮编：100120
网 址	http://www.wp-china.com
电 话	（010）62350006（总编室） （010）62005039（出版物流部） （010）62382916（职工教育分社）
发行热线	（010）62005996 （010）82075964（传真）
经 销	各地书店
印 刷	北京睿特印刷厂
开 本	710毫米×1000毫米 1/16
印 张	17.75
字 数	280千字
版 次	2014年12月第1版 2014年12月第1次印刷
定 价	52.00元